18 pictures and 18 stories

18 fotografías y 18 historias

Isidoro Valcárcel Medina, *Retratos callejeros* (*Street Portraits*), 1975.
Museu de Arte Contemporânea da Universidade de São Paulo Collection /
Colección del Museu de Arte Contemporânea da Universidade de São Paulo

18 pictures and 18 stories
A project accompanying *Performance in Resistance* by *Isidoro Valcárcel Medina*, conceived by *Bulegoa z/b* in dialogue with *If I Can't Dance, I Don't Want To Be Part Of Your Revolution*

18 fotografías y 18 historias
Un proyecto, que acompaña a *Performance in Resistance* de *Isidoro Valcárcel Medina*, ideado por *Bulegoa z/b* en diálogo con *If I Can't Dance, I Don't Want To Be Part Of Your Revolution*

If I Can't Dance,
I Don't Want To Be Part Of
Your Revolution

	p. 007 ...... *Foreword*, Frédérique Bergholtz
	p. 011 ...... *Prólogo*, Frédérique Bergholtz
Moosje Goosen	p. 017 ...... *1969 Campaign*
	p. 026 ...... *Campaña 1969*
Esteban Pujals Gesalí	p. 035 ...... *136 Blocks of Asunción*
	p. 039 ...... *136 manzanas de Asunción*
Emilio Moreno	p. 043 ...... *S/T (conocida como Herramientas de precisión)*
	p. 047 ...... *Untitled (also known as Precision Tools)*
José Díaz Cuyás	p. 051 ...... *Retratos callejeros*
	p. 056 ...... *Street Portraits*
Koen Brams	p. 061 ...... *Street Portraits*
	p. 069 ...... *Retratos callejeros*
Azucena Vieites	p. 077 ...... *El discurso sigue… su curso*
	p. 083 ...... *The Discourse Follows…its Course*
Jaime Vallaure	p. 089 ...... *Peón de rey*
	p. 103 ...... *King's Pawn*
Nuria Enguita Mayo	p. 117 ...... *El cuadro*
	p. 122 ...... *The Painting*
Aimar Pérez Galí	p. 127 ...... *La Visita*
	p. 136 ...... *The Visit*
Manuel Martínez Ribas	p. 145 ...... *El Sena por París*
	p. 149 ...... *The Seine through Paris*
Esther Ferrer	p. 153 ...... *El Sena por París*
	p. 158 ...... *The Seine through Paris*
Jon Mikel Euba	p. 163 ...... *El hombre de la capa*
	p. 175 ...... *The Man in the Cape*
Pierre Bal-Blanc	p. 187 ...... *Marathon*
	p. 199 ...... *Maratón*
Miren Jaio	p. 211 ...... *12 ejercicios de medición sobre la ciudad de Córdoba (J)*
	p. 220 ...... *12 Measuring Exercises on the City of Córdoba (J)*

Isaías Griñolo	p. 229	*El pintor en la calle*
	p. 240	*The Painter in the Street*
Pedro G. Romero	p. 251	*Encuesta en la cola del besamanos del Jesús de Medinaceli*
	p. 261	*Survey in the Queue of Worshippers, Church of Jesús de Medinaceli*
Dora García	p. 271	*Human Billboards*
	p. 279	*Hombres anuncio*
Myriam Van Imschoot	p. 287	*Untitled (also known as Pedestrian Crossing)*
	p. 291	*S/T (conocida como Paso de peatones)*
Juan Domínguez	p. 295	*S/T (conocida como Paso de peatones)*
	p. 300	*Untitled (also known as Pedestrian Crossing)*
GEACC	p. 305	*Etiquetas adhesivas*
	p. 309	*Stickers*
Carla Zaccagnini	p. 313	*Diccionario de la gente*
	p. 318	*The Dictionary of the People*
Isidoro Valcárcel Medina	p. 325	*No escribiré arte con mayúscula*
	p. 329	*I will not write art with a capital letter*
	p. 335	*Inventario*, Bulegoa z/b
	p. 348	*Inventory*, Bulegoa z/b
	p. 362	List of original actions photographed for *Performance in Resistance*
	p. 368	Lista de acciones originales fotografiadas en *Performance in Resistance*
	p. 374	*18 pictures and 18 stories* Tour
		Tour *18 fotografías y 18 historias*
	p. 376	Biographies
	p. 381	Biografías
	p. 386	Colophon
	p. 387	Colofón

Foreword

Frédérique Bergholtz

For many years the practice of Isidoro Valcárcel Medina was known to me only through the stories told by our Spanish friends. The name of Valcárcel Medina would often come up in conversations, usually in relation to affectively charged practices in performance art. A picture of Valcárcel Medina and his work formed in my mind, a composite image born out of the stories. This image was of an artist who merges a socio-political approach to art with a conceptual tradition, and works in a variety of mediums, often not object-based; a person whose loyalties lie with the experience of the audience, and is unyielding to institutional pressures.

The artist Jon Mikel Euba first brought the work of Valcárcel Medina to my attention. In 2007, If I Can't Dance, I Don't Want To Be Part Of Your Revolution invited Euba to present at Festival a/d Werf in Utrecht, and we later commissioned him to develop his piece *RE:Horse* as part of If I Can't Dance's *Edition III–Masquerade*. We got to know Miren Jaio within the framework of that production. In 2008, we travelled to Bilbao and made an exhibition at sala rekalde, where Leire Vergara was then curator. Out of these collaborations grew If I Can't Dance's close relationship to a particular part of the artistic community in the Basque Country.

In 2010, I decided it was time to act on my curiosity, and to initiate research on the performative components of Valcárcel Medina's practice, as part of If I Can't Dance's Performance in Residence programme. This programme researches historic performances that we consider important from the point of view of contemporary performance practice, and which then function as case studies for comprehensive projects that connect archival research to practice. What better researchers could I invite than Miren Jaio and Leire Vergara? At the time they had just founded Bulegoa z/b, together with Beatriz Cavia and Isabel de Naverán, and they proposed to respond to our invitation as a collective. Our invitation was also to Valcárcel Medina himself, whom we absolutely wanted to be part of the project. My intention was to familiarize an audience outside of Spain with the work of Valcárcel Medina, and in the process, familiarize myself.

A public conversation between Bulegoa z/b and Valcárcel Medina in Het Veem Theater in Amsterdam in February 2011, served as an introduction to the artist and his work. We took care to mediate the Spanish language in our conversations and in presenting Valcárcel Medina's sound pieces, writing and performances. A workshop with students of the Dutch Art Institute/MFA ArtEZ followed.

Out of these initial conversations it became clear that Valcárcel Medina was reluctant to revisit his earlier performances as part of a historical study. He proposed to make a new work instead, which he then immediately realized. This work, aptly titled *Performance in Resistance*, consists of eighteen photographs taken by photographer Rocío Areán Gutiérrez in Madrid over Easter, 2011. In each picture Valcárcel Medina features as the protagonist in a street situation or in a gallery space. On the paper frame of each photograph there is some typewritten information (title, date, city). On closer inspection however, it becomes clear that the eighteen photographs restage eighteen different actions originally performed by the artist between 1965 and 1993. Many of these performances were never documented. *Performance in Resistance* caters to our appetite for the documentation of performance art by presenting archival material of these older works, while at the same time fully showing that they are a contemporary fabrication. The work dislodges the past performances from their historical frame and places them firmly in the contemporary moment.

Bulegoa z/b proposed to present *Performance in Resistance* in a curatorial structure that would allow for further research and exploration of the artist's work. Throughout 2012 *Performance in Resistance* was shown in a number of institutions under the umbrella of *18 pictures and 18 stories*. Each time, three guests were invited to tell a story on the basis of one of the photographs. During the presentation of the stories, Valcárcel Medina was available on the phone to answer any question the storyteller or the audience might want to ask him.

The tour of *18 pictures and 18 stories* began in February 2012, with If I Can't Dance in Het Veem Theater in Amsterdam. It was then presented at Bulegoa z/b in Bilbao in April, and in July, it travelled to the Fundació Antoni Tàpies in Barcelona. The tour proceeded with a stop at CAC Brétigny in October, and in November, at BNV Producciones in Seville and Playground Festival in STUK arts centre/Museum M in Leuven. The last three stories were told at the Museu de Arte Contemporânea da Universidade de São Paulo (MAC USP), where the pictures remained for some months as part of an exhibition of Valcárcel Medina's work. At the end of the tour, we had collected twenty-one stories, plus a story written by Valcárcel Medina himself, about a photo that did not get taken.

This publication hosts all the voices, interpretations, facts and fictions that have been told during *18 pictures and 18 stories*, and thereby offers a spectrum of views and approaches to the work of Valcárcel Medina. Each story further propels the element of speculation beyond *Performance in Resistance* itself and addresses the friction between the live moment and the document, between past and present, between fact and fiction.

This book would not have come to life without Isidoro Valcárcel Medina's constructive resistance to our proposals. My appreciation of his responses and his willingness to collaborate is tremendous. I also warmly thank Bulegoa z/b for their inventiveness, their collective curatorial approach, and for all their work on the production of the *18 pictures and 18 stories* tour and this publication.

I would like to thank the partners who supported this publication and the tour of *18 pictures and 18 stories*: the Museu de Arte Contemporânea da Universidade de São Paulo (MAC USP), and Tate Modern in London, where this book is launched in the presence of the artist. We also thank the partners who co-produced stages in the tour, Het Veem Theater in Amsterdam, Fundació Antoni Tàpies in Barcelona, CAC Brétigny in Greater Paris, BNV Producciones in Seville, and Playground Festival in STUK arts centre/Museum M in Leuven.

I would like to thank If I Can't Dance's curator Tanja Baudoin for her dedicated and precise coordination of both the tour and the publication.

I immensely appreciate the vast amount of work that was put in by the editors and translators of this publication, mainly Janice McNab, Toni Crabb and Fernando Quincoces, and the simple and elegant book design that accommodates the pictures and stories, by Filiep Tacq.

Lastly, I'd like to thank each of the storytellers for the contributions that make up this idiosyncratic collection. Their stories offer a range of modes of engagement with the performance practice of Valcárcel Medina, and embrace the value of a subjective position in giving meaning to art.

Prólogo

Frédérique Bergholtz

Durante muchos años tuve conocimiento de la práctica de Isidoro Valcárcel Medina sólo a través de lo que me contaban nuestros amigos españoles. A menudo el nombre de Valcárcel Medina surgía en las conversaciones, generalmente en relación con prácticas de la performance con carga afectiva. En mi mente se formó una imagen de Valcárcel Medina y de su trabajo, una imagen heterogénea nacida de aquellas historias. Era la imagen de un artista que combina una aproximación socio-política al arte con una tradición conceptual y que trabaja en una diversidad de medios, muchas veces sin base objetual. Una persona que se mantiene fiel a la experiencia del público y permanece inconmovible ante las presiones institucionales.

Fue el artista Jon Mikel Euba quien primeramente llamó mi atención sobre la obra de Valcárcel Medina. En 2007, If I Can't Dance, I Don't Want To Be Part Of Your Revolution invitó a Euba a presentar en el Festival a/d Werf de Utrecht su pieza *RE:Horse* —cuyo desarrollo le encargaríamos más tarde— como parte de *Edition III–Masquerade* de If I Can't Dance. Fue en el marco de esa producción cuando conocimos a Miren Jaio. En 2008 viajamos a Bilbao e hicimos una exposición en la sala rekalde, de la que entonces era comisaria artística Leire Vergara. De esas colaboraciones nació la estrecha relación de If I Can't Dance con una parte determinada de la comunidad artística del País Vasco.

En 2010 decidí que era momento de dar continuidad a mi curiosidad e indagar, dentro del programa Performance in Residence de If I Can't Dance, en los componentes performativos de la práctica de Valcárcel Medina. Performance in Residence es un programa que investiga performances históricas que estimamos importantes desde el punto de vista de la práctica de la performance contemporánea, y que después sirven para estudios de caso en proyectos más extensos que enlazan la investigación del archivo con la práctica. ¿Y a qué mejores investigadoras podía yo invitar que a Miren Jaio y Leire Vergara? Por esa misma época ellas habían fundado Bulegoa z/b junto con Beatriz Cavia e Isabel de Naverán, y me propusieron dar respuesta como colectivo a nuestra invitación. Una invitación que iba dirigida igualmente al propio Valcárcel Medina, a quien queríamos tener a toda costa en el proyecto. Mi intención era que el público fuera de España tuviese conocimiento de la obra de Valcárcel Medina y que, al hacerlo, yo misma pudiese conocerla mejor.

   Una conversación en público entre Bulegoa z/b y Valcárcel Medina en febrero de 2011 en el Het Veem Theater de Ámsterdam sirvió como presentación del artista y su obra. Nos ocupamos de hacer de mediadoras del castellano en nuestras conversaciones y en la presentación de las piezas sonoras, escritos y performances de Valcárcel Medina. A esto siguió un taller con estudiantes del Dutch Art Institute/MFA ArtEZ.

   Ya por estas conversaciones iniciales se vio claramente que Valcárcel Medina era reacio a revisitar sus antiguas performances dentro de un estudio histórico. En su lugar propuso hacer una obra nueva, que realizó de inmediato. Esta obra, acertadamente titulada *Performance in Resistance*, consiste en dieciocho fotografías tomadas en Madrid por la fotógrafa Rocío Areán Gutiérrez durante la Semana Santa de 2011, en todas las cuales Valcárcel Medina es protagonista de una escena de calle o de interior. Sobre el papel que encuadra cada foto hay una información (título, fecha, ciudad) escrita a máquina. Al examinarlas más detenidamente se aprecia sin embargo que las dieciocho fotografías reescenifican dieciocho diferentes acciones realizadas originalmente por el artista entre 1965 y 1993. Muchas de aquellas performances nunca se documentaron. *Performance in Resistance* satisface nuestro afán de documentación de la performance presentando material de archivo de esas obras antiguas, pero nos muestra al mismo tiempo que son un remedo contemporáneo. La obra desplaza de su marco histórico las acciones antiguas y las sitúa firmemente en un momento actual.

    Bulegoa z/b propuso presentar *Performance in Resistance* en una estructura curatorial que dejase margen a una ulterior investigación y exploración de la obra del artista. A lo largo de 2012 *Performance in Resistance* fue mostrada en una serie de instituciones en el ámbito de *18 fotografías y 18 historias*. En cada parada se invitó a tres personas a contar una historia basada en una de las fotografías. Durante la presentación de las historias Valcárcel Medina estuvo disponible al teléfono para responder a cualquier pregunta que el narrador o el público deseasen hacerle.

    La gira de *18 fotografías y 18 historias* comenzó en febrero de 2012 con If I Can't Dance en Het Veem Theater de Ámsterdam. Luego en abril se presentó en Bilbao en Bulegoa z/b, y en julio viajó a la Fundació Antoni Tàpies de Barcelona. La gira continuó en octubre, con una parada en CAC Brétigny, y en noviembre, en BNV Producciones de Sevilla y el centro de arte STUK/Museum M de Lovaina dentro del Playground Festival. Las tres últimas historias se narraron en el Museu de Arte Contemporânea da Universidade de São Paulo (MAC USP), donde las fotos permanecieron varios meses formando parte de una exposición de la obra de Valcárcel Medina. Al finalizar la gira habíamos recogido veintiuna historias, más otra historia escrita por el propio Valcárcel Medina acerca de una foto que no se llegó a sacar.

    Esta publicación acoge todas las voces, interpretaciones, hechos y ficciones que se narraron durante *18 fotografías y 18 historias*, ofreciendo así todo un espectro de visiones y aproximaciones a la obra de Valcárcel Medina. Cada historia impele el elemento especulativo hasta más allá de la propia *Performance in Resistance* y aborda la fricción entre el momento en vivo y el documento, entre pasado y presente, entre hecho real y ficción.

Este libro no habría cobrado vida sin la resistencia constructiva de Isidoro Valcárcel Medina a nuestras propuestas. Agradezco muchísimo sus respuestas y su disposición a colaborar. Asimismo agradezco afectuosamente a Bulegoa z/b su inventiva, su enfoque curatorial colectivo y todo el trabajo hecho en la producción de la gira y la publicación de *18 fotografías y 18 historias*.

Desearía dar las gracias a los centros que asociados a nosotros han apoyado esta publicación y la gira de *18 fotografías y 18 historias*: el Museu de Arte Contemporânea da Universidade de São Paulo (MAC USP) y Tate Modern de Londres, donde tiene lugar el lanzamiento de este libro con la presencia del artista. Asimismo agradecemos a los otros socios que coprodujeron etapas de la gira: Het Veem Theater de Ámsterdam, Fundació Antoni Tàpies de Barcelona, CAC Brétigny del Gran París, BNV Producciones de Sevilla y festival Playground del centro de arte STUK/Museum M de Lovaina.

Mi agradecimiento a Tanja Baudoin, comisaria de If I Can't Dance, por su entrega y exacta coordinación tanto de la gira como de la publicación.

Valoro enormemente el ingente trabajo realizado por los editores y traductores de esta publicación, y en especial por Janice McNab, Toni Crabb y Fernando Quincoces, y el diseño sencillo y elegante que Filiep Tacq ha dado al libro para conjugar fotos e historias.

Por último, me gustaría dar las gracias a cada uno de los narradores por las contribuciones que componen esta colección tan particular. Sus historias ofrecen un abanico de maneras de abordar la práctica performativa de Valcárcel Medina y avalan la importancia de una posición subjetiva a la hora de dotar de sentido al arte.

Moosje Goosen was one of the speakers invited for the first stage of *18 pictures and 18 stories*, presented by If I Can't Dance at Het Veem Theater in Amsterdam on 26 February 2012, together with Esteban Pujals Gesalí and Emilio Moreno. She spoke about the picture *Campaña 1969 (1969 Campaign)*.

Goosen is a writer of fiction and art criticism who has a background in Spanish Literature studies. When we approached her, Goosen was unfamiliar with the work of Valcárcel Medina, but we sensed a closeness in her storytelling ability and her interest in speculative writing.

Campaña 1969. Madrid and Murcia, 1969

Moosje Goosen

Ways of forgetting

Campaña 1969 is a public performance that only truly comes into existence when it has slipped the mind—when it dwells in the absence of a memory. This pleases me, for I'm a forgetful person: of all the days I've lived, there's not a single one I remember from beginning to end. This frightens me. My memory of a horror movie is stronger than what it led to—my first kiss. When I try to recall it, the pink gelatinous and slithering mass of *The Blob* comes to mind, devouring that first sensation of a warm, pink tongue entering my mouth. The mind is, indeed, a slippery thing. I once dreamt of a retrospective of art works that I had come to forget over the years. I walked through galleries with black squares on walls—they weren't Malevich's. At a certain moment, I stepped into an unannounced black hole. This is where the dream ended, and I slept safely through the night with blackness blocking my view.

Campaña 1969 consisted of the artist, Isidoro Valcárcel Medina, handing out flyers in the streets of Madrid and Murcia. He disappeared then reappeared some fifty years after, with a folder and papers under his arm. I can't tell if people noticed his absence.

Isidoro distributed print-outs that gestured towards the flash of future forgetting. On his flyers, language played out a simple but magical trick:

think about what Georges Méliès did with the motion picture, making things, people—himself—pop up on the screen, only to disappear from view in the next moment. Isidoro wrote language (one sentence) erasing itself, a verbal trick.

Méliès' *Le Diable noir* from 1905 functions as a perfect visual analogy if you wish to explain the workings of memory and forgetting to a child: in this short film, a devilish white-bearded prankster in a black cat suit wreaks havoc in a gentleman's hotel room: in a sequence of jump cuts, furniture multiplies, vanishes, and shifts position, while the devil himself jumps in and around and out of the picture, driving an otherwise well-mannered chap insane as this man tries to rid himself of the mischievous unwanted guest. Memory is the devil. Memory is everything that occurs in that room.

Georges Méliès, *Le Diable noir* (1905).
Courtesy of Georges Méliès' Children ASBL.

Isidoro's campaign flyers read: NO OLVIDE OLVIDARLO UNA VEZ LEÍDO (or in English, ONCE READ, DON'T FORGET TO FORGET). Isidoro's memorandum is a thoughtful reminder of his work's apparent attempt at instant self-erasure by the self-destructive force of language. It asks for conscious forgetting and for a collective pact with that devil called memory. How to write absence into history? How to remind oneself to forget? If (and only if) you follow Isidoro's instruction, it has already disappeared from your thinking. But here I'm reminded once more of the gentleman in his hotel room, who keeps throwing around furniture, which, in its turn, keeps popping up, again and again. The room inside our heads is a tragicomic place; you can't throw things out once they have entered the mind. The mind, however, can refurbish, distort and empty out to its own liking. Thoughts can go up in smoke against our will.

Burn after reading

It is impossible to trace the trajectory of one's own forgetting, for the brain will inevitably take the reverse path of remembering instead. Your mother and father in a rubber boat: try to erase that mental image from the mind. Your brain is doomed to fail at this command. The elimination of the thought of your mother and father in a rubber boat invokes the exact image of it. This boat, whether on open sea, a river, or in a backyard swimming pool, refuses to drift away from the mind the moment I ask you to get rid of such a ridiculous idea.

Another ridiculous idea is that of an amputated limb that refuses to forget itself. Silas Weir Mitchell was a nineteenth-century neurologist and is known today as a pioneer in the study of phantom limb syndrome: the phenomenon of neurons that keep conjuring an absent body part. Once believed to be a hallucinatory memory that comes to haunt the body after the traumatic event of amputation, we know now that it is, indeed, a neurological condition: the brain literally keeps sending signals to a part of the body that is no longer there.

As a young boy, Silas Weir Mitchell was tormented by his own imagination. Once, his mother sentenced him to his room for twenty-four hours because young Weir insisted he had seen a pink elephant on Chestnut Street, in his hometown of Philadelphia. In his room, he dared not sleep at night, for fear that the Holy Ghost would appear to him. Weir took books seriously, his favourite being the *Arabian Nights*. He knew each of Sheherazade's nocturnal stories by heart. Then came the day that his mother threw the book into the fireplace, in the hope that her son would devote his time to studying instead. It was more than a cruel punishment from mother to son: apparently she did not realize that Sheherazade perpetuated her storytelling at night in order to prevent the sultan from taking her life. By throwing the book into the fire, Sheherazade was killed, in the end, not by the sultan but by Mitchell's very own mother. The *Arabian Nights* left a burning impression in Mitchell's memory, as did the parental book burning. His mother didn't succeed in repressing Mitchell's passion for literature however—in his career as a physician, he introduced his ideas about phantom limbs by means of storytelling. His first writing on the subject was a fictional case study of the quadruple amputee George Dedlow, a fictional character who is reunited with his spirit limbs during a séance. Ironically, the adult Mitchell opposed Freud's theories about repression. He deemed it such nonsense that he ended up throwing Freud's book—that 'filthy thing'—into the fire.

Isidoro's *Campaña 1969* was a performance carried out during the dictatorship of Francisco Franco. It succeeds with your cooperation and your complicity in forgetting. The work can only speak for itself when it has been eliminated from the public record—once it has left the impression of absence in the memory and all there is left to communicate is the mute and dumbstruck insistence of something forgotten.

In the instant of forgetting, *Campaña 1969* is transformed from a public performance into an intervention in the most private space of all: our minds. It moves from the streets of Madrid and Murcia to the interior of the brain.

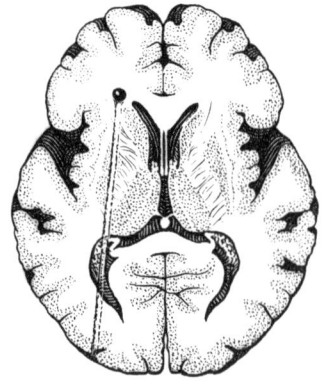

Illustration of Abraham Lincoln's brain showing point of impact and path of fatal bullet. Medical drawing by Duncan K. Winter. Courtesy of the Otis Historical Archives at the National Museum of Health and Medicine, Maryland.

What would Abe Lincoln say about memory?

Three days prior to his assassination, President Lincoln had a dream in which he saw a corpse wrapped in funeral vestments, inside his presidential home. "Who is dead in the White House?" he asked a soldier guarding the body. "The President," answered the soldier; "he was killed by an assassin."

Lincoln's death offered a morbid and exclusive opportunity to look inside the president's brain. The dream might still linger inside. Duncan K. Winter's illustration shows the impact and path of the bullet that killed Abraham Lincoln on 15 April 1865. It's the closest we can get to the assassination: it propels us straight into the heart of the matter, yet it utterly fails to attest to the history of that specific moment. Peeking inside Abe Lincoln's brain makes me wonder what his last thoughts might and could have been—if he had any, or, whether the bullet that intruded into his brain made any possible thinking about its fatal impact impossible. The bullet is unmistakably there inside the brain, but the question is: did it also ever enter into and occur to Lincoln's mind?

Another president's brain

When Ronald Reagan was diagnosed with Alzheimer's in 1994, he wrote a Farewell Letter to the Nation:

My Fellow Americans,

I have recently been told that I am one of the millions of Americans who will be afflicted with Alzheimer's disease.

Upon learning this news, Nancy and I had to decide whether as private citizens we would keep this a private matter or whether we would make this news known in a public way.

In the past Nancy suffered from breast cancer and I had my cancer surgeries. We found through our open disclosures we were able to raise public awareness. We are happy that as a result many more people underwent testing.

They were treated in early stages and able to return to normal, healthy lives.

So now, we feel it is important to share this with you. In opening our hearts, we hope this might promote greater awareness of this condition. Perhaps it will encourage a clearer understanding of the individuals and families who are affected by it.

At the moment I feel just fine. I intend to live the remainder of the years God gives me on this earth doing the things I have always done. I will continue to share life's journey with my beloved Nancy and my family. I plan to enjoy the great outdoors and stay in touch with my friends and supporters.

Unfortunately, as Alzheimer's disease progresses, the family often bears a heavy burden. I only wish there was some way I could spare Nancy from this painful experience. When the time comes I am confident that with your help she will face it with faith and courage.

In closing let me thank you, the American people, for giving me the great honor of allowing me to serve as your President. When the Lord calls me home, whenever that may be, I will leave with the greatest love for this country of ours and eternal optimism for its future.

I now begin the journey that will lead me into the sunset of my life. I know that for America there will always be a bright new dawn ahead.

Thank you, my friends. May God always bless you.

Sincerely,

Ronald Reagan

(Once written, don't forget to forget)

Over the course of Alzheimer's disease, the brain begins to consume itself. It becomes so utterly self-absorbed that at first it shrinks like a dry sponge, until eventually it produces insurmountable amounts of negative space, holes that quite literally manifest 'absent-mindedness.'

1969 Campaign

Towards the end of his life, Reagan needed to be reminded about his former presidency. One day, while visiting the ranch of a close friend, Reagan grabbed a ceramic miniature model of the White House from a fish tank in the living room. When Nancy asked what he held in his hand, he looked at it and replied,

> I don't know.
> But I think it has something to do with me.

My own memory card

I was eight years old and was told not to look at the man in army uniform. The man inside the uniform had fought in the former Dutch Indies. My grandparents, originating from that place and past, did not wish to speak about this history and whenever there was a pressing reminder of it, the issue was resolved by looking away. This time, I did not look away. The man in uniform took part in a public gathering, and had mounted newspaper clippings, photos and other war memorabilia on an improvised wall. I walked to the wall, and feigned interest in his documentation while in fact I was checking out the war veteran from the corner of my eye. At a certain moment, he looked straight back at me and I quickly returned to his pictures—old photos, many of which featured the man that stood next to me. In one of these photos, I saw his younger self, and this younger self was missing a leg. From here onwards, things started to get blurry. For a fraction of a moment, I could feel my own leg losing its consciousness, as if the absence of this man's leg had come to inhabit mine. Immediately, I looked at the legs of the man in uniform. Inside the uniform, there were two, no doubt about it. My eight-year-old self reasoned that his leg had grown back in a mysterious case of religious or scientific marvel, and as I was slowly figuring it out, my own leg regained consciousness. I never forgot this moment of forgetting: for a brief moment, my leg had gone astray without the rest of me. My mind had failed to remember a simple but crucial fact and my brain had acted accordingly.

Farewell to arms

"How difficult it is to die," whispered General Franco on his deathbed in 1975. Indeed, it was impossible for him to expire while being kept alive by an arsenal of life-support machines, at the insistence of the Marqués de Villaverde, the Franco family doctor. After thirty-five days of struggle against death, then life, the dictator was allowed his final breath. Legend has it that he was waved off by the dismembered, sinister hand of Santa Teresa de Jesús, mummified and captured in a reliquary and presented to Franco in 1936 by the National Army, so as to spiritually guide him in his leadership of the nation. Santa Teresa de Jesús is dispersed throughout Spain: her left eye and right hand are kept in Ronda, while her fingers have spread out to different parts of the country. Her arms and heart are in Alba de Tormes, Salamanca, as is the remainder of her dismembered and disfigured body, which is contained inside a marble arch. Only her left foot and jaw strayed outside of Spain, and are currently kept in Rome.

Santa Teresa's hand accompanied Franco on all his travels.

It was on his bedside table on 20 November 1975.

Santa Teresa's hand.

MADRID y MURCIA, 1969

"CAMPAÑA 1969"

Post scriptum

At the end of the path of forgetting, and through a brainstorm of minds and bodies that insist on remembering, erasing, and displacing, we arrive at a question that is fundamental for Isidoro's campaign:

Can we forget?

Isidoro's campaign is a performance that asks for the writing of meaningful absence in history. It is a reminder of the performativity of language, it is language performing. Words that write erasure. Isidoro's message intends to eliminate itself, but not the gesture of communication. Therefore, what remains in the end is a faint memory of the artist handing out blank pieces of paper in the streets of Madrid and Murcia.

Moosje Goosen participó como narradora junto con Esteban Pujals Gesalí y Emilio Moreno en la primera parada de *18 fotografías y 18 historias*, que If I Can't Dance presentó el 26 de febrero de 2012 en Het Veem Theater de Ámsterdam. Goosen, escritora de ficción y crítica de arte formada en literatura española, habló acerca de la fotografía *Campaña 1969*. Cuando contactamos con ella aún no conocía la obra de Valcárcel Medina, pero sentimos que ésta era afín a su capacidad narrativa e interés por la escritura especulativa.

Campaña 1969. Madrid y Murcia, 1969

Moosje Goosen

Maneras de olvidar

Campaña 1969 es una performance pública que sólo llega a existir de verdad cuando ya la hemos olvidado, cuando permanece en la ausencia de recuerdos. Es algo que me agrada, porque soy una persona olvidadiza: de entre todos los días que he vivido no hay uno solo que recuerde de principio a fin. Me asusta pensarlo. Mi recuerdo de cierta película de terror es más fuerte que aquello que provocó: mi primer beso. Cuando intento acordarme de éste, lo que me viene a la mente es la masa rosada, deslizante y gelatinosa de *The Blob* que devora la sensación primera de una lengua cálida y rosada entrando en mi boca. La mente sí que es algo resbaladizo. Una vez soñé con una retrospectiva de obras de arte que con el paso de los años había olvidado. Me paseaba por unas salas en cuyas paredes había cuadrados negros, que no eran el de Malévich. En un determinado momento pisé sin darme cuenta un agujero negro. Allí se acabó el sueño, y el resto de la noche dormí apaciblemente sin ver nada excepto tinieblas.

Campaña 1969 consistió en que el artista Isidoro Valcárcel Medina se dedicó a repartir octavillas por las calles de Madrid y de Murcia. Luego desapareció, y cincuenta años más tarde volvió a aparecer con una carpeta y unos papeles bajo el brazo. No sé decir si la gente se percató de su ausencia.

Campaña 1969

Isidoro distribuía unos impresos que ponían de manifiesto el chispazo del olvido futuro. En sus hojas el lenguaje jugaba con un truco sencillo pero mágico: pensemos cómo en su cine Georges Méliès hacía surgir de repente en pantalla a unas personas —él mismo— que un instante después se esfumaban de la vista. Isidoro escribía un lenguaje (una sola frase) que se borraba a sí mismo con un truco verbal.

Si deseásemos explicarle a un niño el mecanismo de la memoria y el olvido *Le Diable noir* (1905) de Méliès sería una perfecta analogía visual: en este cortometraje un diablillo revoltoso de barba blanca y con disfraz de gato negro pone patas arriba la habitación de hotel de un caballero. En una secuencia a base de saltos de imagen los muebles se multiplican, desaparecen y cambian de sitio, mientras que dando brincos el diablo entra, se agita y desaparece de la imagen sacando de quicio a un hombre, normalmente comedido, que sólo busca librarse de tan desagradable visitante. La memoria es el diablo. La memoria es todo lo que sucede en la habitación.

Georges Méliès, *Le Diable noir* (1905).
Cortesía de Georges Méliès' Children ASBL.

En las hojas de la campaña de Isidoro se lee: "NO OLVIDE OLVIDARLO UNA VEZ LEÍDO". El memorándum de Isidoro es un amable recordatorio de que su obra busca expresamente el borrado instantáneo de sí misma a través de la fuerza autodestructiva del lenguaje. Solicita un olvido consciente y un pacto colectivo con ese diablo llamado memoria. ¿De qué modo escribir la ausencia dentro de la historia? ¿De qué modo acordarse de olvidar? Si se obedecen (y sólo si se obedecen) las instrucciones de

Isidoro, éstas ya han desaparecido del pensamiento. Pero de nuevo recuerdo aquí al caballero de la habitación de hotel, que no para de apartar los muebles y éstos por su lado no dejan de reaparecer una y otra vez. La habitación que tenemos en la cabeza es un lugar tragicómico: uno no puede arrojar al exterior las cosas que ya han entrado en la mente. Pero la mente, eso sí, puede reelaborar, distorsionar y hacer limpieza a su antojo. Los pensamientos pueden esfumarse en contra de nuestros deseos.

Quémese después de leído

Resulta imposible seguir la trayectoria de nuestro propio olvido porque entonces el cerebro tomaría inevitablemente la senda inversa del recuerdo. Tu madre y tu padre están en un bote de goma: intenta borrarte de la cabeza esa imagen mental. Tu cerebro está condenado a no obedecer la orden. La supresión del pensamiento de tus padres en un bote de goma invoca exactamente su imagen. Da igual que esté en mar abierto, en un río o en una piscina: el bote se niega a alejarse de la mente tan pronto como yo pido que desaparezca esa idea tan ridícula.

Otra idea ridícula es la de un miembro amputado que se niega a olvidarse de sí mismo. Silas Weir Mitchell fue un neurólogo del siglo XIX al que hoy se recuerda como pionero en el estudio del síndrome del miembro fantasma, el fenómeno de las neuronas que siguen evocando una parte ausente del cuerpo. En otra época se creyó que esto era un recuerdo alucinatorio que afecta al cuerpo tras el trauma de la amputación; ahora sabemos que de hecho se trata de un trastorno neurológico: el cerebro sigue enviando, literalmente, señales a una parte del cuerpo que ya no está ahí.

A Silas Weir Mitchell le atormentó durante su infancia su propia imaginación. En cierta ocasión su madre le castigó a permanecer veinticuatro horas en su cuarto por empeñarse él en asegurar que había visto un elefante rosa por la calle Chestnut, en su ciudad natal de Filadelfia. De noche, en su habitación, no se atrevía a dormirse por miedo a que se le apareciese el Espíritu Santo. Weir se tomaba muy en serio los libros; su preferido eran *Las mil y una noches*. Se sabía de memoria cada una de las historias nocturnas de Sherezade. Su madre incluso llegó un día a arrojar el libro a la chimenea, por ver si de ese modo su hijo dedicaba más tiempo a los estudios. Aquello fue más que el castigo cruel de una madre a su hijo: es evidente que ella no entendió que si Sherezade seguía contando de noche sus historias era para que el sultán no le quitase la vida. Al echar el libro al fuego, quien acabó matando a Sherezade no fue el sultán, sino la propia madre de Mitchell. *Las mil y una noches* dejaron una impresión imborrable en la memoria de Mitchell, como también la dejó su quema por parte de la madre. Sin embargo, no consiguió reprimir la pasión de Mitchell por la literatura: a lo largo de su carrera como médico, éste presentaba sus ideas sobre los miembros fantasma valiéndose de relatos. Su primer escrito sobre el tema fue el estudio, en forma de ficción, del caso de cuádruple amputación de George Dedlow, un personaje inventado, que reencuentra los fantasmas de sus extremidades en una sesión de espiritismo. Lo irónico es que Mitchell rechazó las teorías de Freud sobre la represión. Opinaba que eran tal disparate que acabó arrojando el libro de Freud —una "asquerosidad"— al fuego.

La acción *Campaña 1969* de Isidoro fue una performance llevada a cabo en tiempos de la dictadura de Franco. Para tener éxito necesita de nuestra cooperación y de nuestro olvido. La obra solamente puede hablar por sí misma cuando ha quedado borrada de la memoria pública, es decir, una vez que ha dejado la impresión de una ausencia en la memoria y que todo cuanto queda por comunicar es la muda y confusa insistencia de algo olvidado.

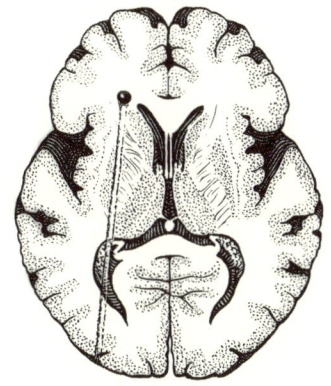

Ilustración del cerebro de Abraham Lincoln en la que se muestra el punto de impacto y la trayectoria de la bala asesina. Dibujo médico de Duncan K. Winter. Cortesía de los Otis Historical Archives del National Museum Health and Medicine de Maryland.

En el instante de olvidar, *Campaña 1969* se transforma y pasa de ser una performance pública a ser una intervención en el más privado de todos los espacios: nuestras mentes. De las calles de Madrid y Murcia se traslada al interior del cerebro.

¿Qué diría Abe Lincoln acerca de la memoria?

Tres días antes de ser asesinado, el presidente Lincoln vio en sueños un cadáver ataviado con ropas fúnebres en el interior de la residencia presidencial. "¿Quién es el muerto de la Casa Blanca?", le preguntó a un soldado que velaba el cuerpo. "El Presidente", respondió el soldado; "un asesino le ha matado."

La muerte de Lincoln ofreció una oportunidad única y morbosa de observar por dentro el cerebro del presidente. Tal vez en su interior persistiese aún el sueño. La ilustración de Duncan K. Winter muestra el impacto y el recorrido de la bala que mató a Abraham Lincoln el 15 de abril de 1865. Es lo máximo que podemos aproximarnos al asesinato: nos introduce de lleno en el meollo de la cuestión y sin embargo no consigue en absoluto dar testimonio de la historia de aquel momento concreto. Echar una ojeada al cerebro de Abe Lincoln hace que me pregunte cuáles pudieron ser sus últimos pensamientos, si acaso tuvo alguno o si la bala que se le alojó en el cerebro hizo imposible cualquier pensamiento sobre el fatal impacto. La bala está inequívocamente dentro del cerebro, pero la pregunta es: ¿penetró y alcanzó también en algún momento la mente de Lincoln?

El cerebro de otro presidente

Cuando a Ronald Reagan le fue diagnosticado alzhéimer en 1994, escribió una Carta de Despedida a la Nación:

Estimados conciudadanos:

Recientemente he sido informado de que soy uno de los millones de estadounidenses que padecerán la enfermedad de Alzheimer.

Campaña 1969

Al conocer esta noticia, Nancy y yo hubimos de decidir si como ciudadanos particulares debíamos mantenerla en privado o bien darla a conocer con carácter público.

Hace unos años Nancy sufrió de cáncer de pecho y yo también hube de ser operado de cáncer. Comprobamos que por el hecho de comunicarlo sin reservas aumentamos la percepción pública de ese mal. Nos felicitamos de que como consecuencia de ello otras muchas personas se sometieran a pruebas de reconocimiento.

Nuestros casos se trataron a tiempo y pudimos seguir haciendo una vida sana y normal.

Por eso ahora nos parece importante informarles de esto. Al abrir nuestros corazones esperamos contribuir a una mayor concienciación pública sobre dicha dolencia. Quizá ello anime a comprender mejor a las personas y a las familias que la padecen.

Por el momento me encuentro bien. Aspiro a vivir los años que Dios quiera concederme sobre esta tierra haciendo las mismas cosas que siempre hice. Seguiré compartiendo el viaje de la vida con mi querida Nancy y con mi familia. Me propongo disfrutar del aire libre y continuar en contacto con mis amigos y seguidores.

Por desgracia, a medida que avanza la enfermedad de Alzheimer la familia a menudo debe soportar una pesada carga. Ojalá hubiese algún modo de ahorrarle a Nancy experiencia tan dolorosa. Confío en que llegado el momento, con ayuda de ustedes, ella será capaz de afrontarla con fe y valentía.

Por último permítanme agradecerles a ustedes, el pueblo de Estados Unidos, haberme concedido el honor de servirles como Presidente. Cuando el Señor me llame de vuelta, cuandoquiera que ocurra esto, me iré con un inmenso amor a nuestro país y un eterno optimismo respecto a su futuro.

Comienzo ahora el viaje que me llevará al ocaso de mi vida. Sé que Estados Unidos siempre tendrá por delante un nuevo y radiante amanecer.

Gracias, amigos míos. Que Dios les bendiga siempre.

Atentamente,
Ronald Reagan

(No olvide olvidarlo una vez escrito)

En el curso de la enfermedad de Alzheimer el cerebro comienza a consumirse a sí mismo. Se ensimisma y reabsorbe tan totalmente que al principio se encoge como una esponja seca, hasta que finalmente genera cantidades insuperables de espacio vacío, unos agujeros que son la manifestación literal de un "espíritu ausente".

Hacia el final de su vida Reagan necesitaba que le recordasen que había sido presidente. Un día, estando de visita en el rancho de un amigo, Reagan pescó de una pecera del salón una figurita de cerámica que representaba la Casa Blanca. Cuando Nancy le preguntó qué era lo que tenía en la mano, él lo miró y contestó:

No lo sé. Pero creo que tiene algo que ver conmigo.

Mi tarjeta de memoria propia

Yo tenía ocho años y me habían dicho que no debía mirar al hombre de uniforme. El hombre dentro del uniforme había combatido en las antiguas Indias Holandesas. Mis abuelos procedían de aquellos lugares y de aquel pasado, y no querían mencionar la historia. Cuando algo les obligaba a recordarla, la cuestión se solucionaba mirando hacia otro lado. Esa vez yo no miré a otro lado. El hombre de uniforme participaba en una concentración pública y había montado recortes de periódico, fotos y otros recuerdos de guerra en un tablón improvisado. Yo me acerqué y fingí estar interesada en su documentación, aunque en realidad estaba observando de reojo al veterano de guerra. En cierto momento él se fijó en mí y yo rápidamente me volví a mirar las imágenes. Eran viejas fotos en muchas de las cuales aparecía el mismo hombre que estaba a mi lado. Vi que en una de las fotos, mucho más joven, le faltaba una pierna. A partir de ahí las cosas se pusieron borrosas. Durante apenas un instante sentí que una de mis piernas perdía la conciencia, como si la ausencia de la pierna del hombre hubiese pasado a habitar en mí. Miré a las piernas del hombre de uniforme. Dentro del uniforme había dos, sin ninguna duda. La niña de ocho años que era yo llegó a la conclusión de que la pierna había vuelto a crecerle gracias a alguna clase de milagro religioso o científico, y mientras yo hacía cábalas mi pierna recobró la conciencia. Jamás he olvidado ese momento de olvido: durante un rato una pierna se había extraviado sin el resto de mí. Mi mente había sido incapaz de recordar un hecho sencillo pero crucial y mi cerebro había actuado en consonancia con ello.

Adiós a las armas

"¡Cuánto cuesta morirse!", musitó el general Franco en su lecho de muerte en 1975. Sin duda le era imposible expirar mientras por decisión de su médico, el marqués de Villaverde, estuviese mantenido en vida por un arsenal de aparatos de soporte vital. Después de treinta y cinco días de lucha contra la muerte, al dictador le permitieron exhalar su último suspiro. Fue despedido, según cuentan, por la siniestra mano cortada de Santa Teresa de Jesús, que se conservaba incorrupta en un relicario y que Franco había recibido en 1936 como regalo del Ejército Nacional para ayudarle espiritualmente a guiar los destinos de la nación. La santa se halla repartida

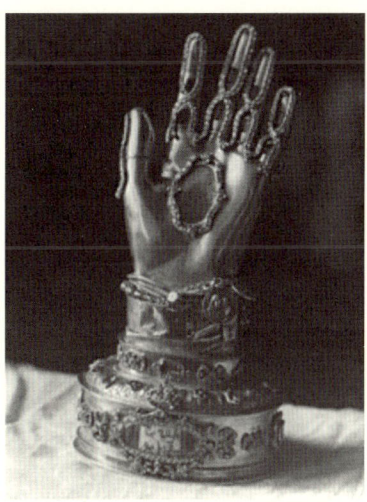

La mano de Santa Teresa.

por toda España: el ojo izquierdo y la mano derecha están en Ronda, mientras que los dedos se han esparcido por diversos lugares del país. Los brazos y el corazón están en Alba de Tormes (Salamanca), igual que el resto de su cuerpo desmembrado y desfigurado, que se guarda en un sarcófago de mármol. Sólo el pie izquierdo y la mandíbula salieron de España y se conservan actualmente en Roma.

La mano de Santa Teresa acompañaba a Franco en todos sus viajes.

El 20 de noviembre de 1975 estaba sobre su mesa de noche.

Post scriptum

Al final de la senda del olvido, tras un arrebato de mentes y cuerpos empeñados en recordar, borrar y desplazar, llegamos a una cuestión fundamental para la campaña de Isidoro:

¿Podemos olvidar?

La campaña de Isidoro es una performance que exige escribir dentro de la historia la ausencia significativa. Es un recordatorio de la performatividad del lenguaje, es ejecutar lenguaje. Palabras que escriben la supresión. El mensaje de Isidoro busca eliminarse él mismo, pero no así el gesto de comunicación. Lo que en consecuencia queda al final es un tenue recuerdo del artista mientras reparte hojas de papel en blanco por las calles de Madrid y de Murcia.

Esteban Pujals Gesalí was invited for the first stage of *18 pictures and 18 stories*, which was presented by If I Can't Dance at Het Veem Theater in Amsterdam on 26 February 2012. He spoke about *136 manzanas de Asunción* (*136 Blocks of Asunción*). He was accompanied by speakers Moosje Goosen and Emilio Moreno. We invited Pujals Gesalí as a connoisseur of the work of Valcárcel Medina, as he has written about the work extensively.

136 manzanas de Asunción. Asunción, 1976

Esteban Pujals Gesalí

This photo has been taken in Plaza de Jacinto Benavente, a busy square in central Madrid, and it shows no less than six people, seven if one counts the model in the advertisement. Apart from the young man on the ad, the photo shows an elderly couple to the left, as well as two women, a mother and her teenage daughter perhaps, the daughter holding an ice-cream cone in her hand. It also shows IVM himself, seen from the back and walking briskly, and a woman stretching her legs the way one does after standing for a long time. From what I know about the square (I happen to live in central Madrid) and from the picture itself, I derive the impression that she is a prostitute. The photo has a title: *136 manzanas de Asunción*, an ambiguous phrase, as 'manzanas' and 'Asunción' are both polysemous words in Peninsular Spanish. Anyone familiar with IVM's work however, will know that *136 manzanas de Asunción* is the title of a performance executed by IVM when he visited Paraguay's capital city in 1976. The point of that piece seems to have been related to an attempt to gather information about Paraguay directly from its citizens. At the time, Paraguay was under the rule of the sinister dictator Alfredo Stroessner, who had taken power in 1955 and whose rule would last until 1989.

What IVM did in July 1976 was to select an area in the centre of Asunción where the streets form a regular grid, and then to make certain rules, which he would follow strictly. The area consisted of 136 blocks and he was to survey each one of the blocks by approaching a passer-by and inviting him or her to walk around the block with him while they chatted. If the first person IVM approached refused to walk with him he would try somebody else, but after the second refusal he would forget that block and move on to the next. In all, he was not very successful, as only twenty-six people accepted the proposal to walk with him. This may have had something to do with the mistrust that the political situation presumably inspired in the citizens of Asunción. But a few compensated for this by walking with him around two or three blocks, so in all he surveyed 31 blocks and skipped 105.

I know all this because a document exists that partly registers IVM's activities in Asunción. The document consists of nine typed sheets of paper, the first of which shows the title of this performance, and describes the rules that IVM followed in carrying it out. The second sheet shows a kind of simplified map of the 136 *manzanas* or blocks, with the names of all the streets in the area and the numbered blocks. The numbers corresponding to those blocks where IVM managed to engage someone to talk and walk with him are underlined. The remaining seven sheets are entitled *Transcriptions*, and present an edited version of the conversations the artist held with the twenty-six people he managed to engage in conversation. It is an *edited* version because, as stated on the first page of the document, people would often ask him about all kinds of things that he thought irrelevant to the project. So the seven pages contain summarized versions of often contradictory information about particular blocks, or about the city, or about Paraguay, that each of the twenty-six people he talked to provided him with. It seems that after each conversation, IVM sat on a bench or went into a café and wrote some notes as a register of what his interlocutor had told him, and he later put all this information together in the typed *Transcriptions*. This document is not the artwork, or even part of the artwork. As an artwork, the performance existed only while IVM was performing it. But as with so many of his works, there remains some kind of trace or register that relates to the performance, the function of which is both to work as a memory aid and also to provide some kind of proof that the performance did happen. So what we have today of *136 manzanas de Asunción* is a kind of score registering the blocks IVM walked around accompanied by a man or a woman and what it was that they told him.

Considered very generally, it must be said that the text of the transcriptions sounds an indefinably sad note, which may or may not have to do with the political climate in Stroessner's Paraguay. At the same time, it is also true that the transcript can be locally fascinating here and there, as well as, occasionally, very funny. The informants are young women, young men, older women, and older men, and their conversation deals with a very wide range of topics. But there is one particular subject that gets mentioned again and again and that is the Chaco. The Chaco is a huge and underpopulated geographic area, parts of which are in Argentina and Bolivia, and a part of which is about half of Paraguay, the northwestern half. It was the scene of a territorial war between Paraguay and Bolivia between 1932 and 1935. IVM is advised to go and visit the Chaco by a man of about sixty walking with him around block 60. Another man, some seventy years old, tells him that during the Chaco war he was on the same gunboat as Stroessner, Paraguay's president. A young man who walks around blocks 74 and 75 tells him that although for Paraguayan men military service is compulsory and lasts two years, in the Chaco it is only one year, but in the Chaco, soldiers wear no shoes.

There are many more references to the Chaco in the transcript, perhaps more than twenty, and they cover a wide variety of topics. But after the Chaco, the second most frequent subject in the *Transcriptions* is prostitution. The third person accepting the offer to walk around the block, an old man, tells him that although prostitution is forbidden, there is a lot of it, particularly in *whiskerias*. A young woman later says exactly the same. IVM actually walks around block 14 accompanied by two prostitutes. And it is one of the prostitutes who utters the most remarkable sentence of all when she tells the artist that the other prostitute's pussy "is like a canoe," "tiene la concha como una canoa," in Spanish.

Apart from the fact that the picture shows IVM in a busy *Madrileño* square that might suggest some vague relation to the urban scenery of 1976 Asunción, there would seem to be little else connecting the photo and its title. That is, unless we interpret the presence of prostitutes in both the *Transcriptions* and the photo as pointing towards some sense, on IVM's part, of the superficial similarity between his position as an artist, stopping strangers on the street to ask them to accompany him, and the Madrid prostitute's soliciting of her potential customers. The ironic suggestion of an analogy between prostitution and art, particularly in the case of IVM's art, with its obsidian-like resistance to absorption by market forces, is a witty conceptual point that the photo could be suggesting. So my story ends with phoning IVM and asking him if this is what he intended. He admits that the woman stretching in the photo is indeed a prostitute, but at the same time resists an interpretation of the piece that reduces it to just this connection. He says that both the 1976 performance and the 2011 photo include a wide variety of people, thematic threads, and potential perspectives, as well as being very open to chance and to what audiences might decide to highlight in their thinking about each piece.

Esteban Pujals Gesalí intervino en la primera parada de *18 fotografías y 18 historias*, presentada por If I Can't Dance en Het Veem Theater de Ámsterdam el 26 de febrero de 2012. En su presentación habló sobre *136 manzanas de Asunción*. En la narración le acompañaron Moosje Goosen y Emilio Moreno. Invitamos a Pujals Gesalí como buen conocedor de la obra de Valcárcel Medina, sobre cuya obra ha escrito ampliamente.

136 manzanas de Asunción. Asunción, 1976

Esteban Pujals Gesalí

La foto había sido tomada en una plaza concurrida del centro de Madrid y en ella aparecen seis personas, o siete si tenemos en cuenta al modelo que aparece en el anuncio de la derecha. Aparte de este joven, la foto muestra a la izquierda a una mujer y a un hombre de edad avanzada, así como a dos mujeres, tal vez madre e hija, la hija con un helado en la mano. También muestra la foto al propio IVM, visto desde detrás y caminando vigorosamente, como suele, así como a una mujer que estira las piernas a la manera en que se estiran las piernas cuando se ha estado de pie largo rato. Por lo que yo sé de la plaza (vivo en el centro de Madrid) y por la fotografía misma, me da la impresión de que se trata de una prostituta. El pie de la foto reza: "136 manzanas de Asunción", lo que es muy ambiguo, pues tanto "manzanas" como "Asunción" son palabras polisémicas en español peninsular. Pero cualquiera que conozca la obra de IVM sabe que *136 manzanas de Asunción* es el título de una pieza de acción que IVM ejecutó en Paraguay cuando visitó la capital de este país en 1976. El sentido de aquella acción se relacionaba con el intento de recabar información sobre el país de manera directa conversando con los habitantes de la ciudad. En aquel momento Paraguay estaba gobernado por el siniestro dictador Alfredo Stroessner, quien había tomado el poder en 1954 y cuyo régimen se prolongaría hasta 1989.

Lo que IVM hizo en julio de 1976 fue seleccionar una zona del plano del centro de Asunción, en la que las calles presentan una disposición en cuadrícula regular, y trazar ciertas reglas que después siguió estrictamente. La zona consistía en 136 manzanas, y él se proponía explorarlas acercándose a los transeúntes para invitarles a caminar en torno a una manzana mientras charlaban. Si la primera persona a la que se dirigía se negaba, IVM lo volvía a intentar con otra, pero después de la segunda negativa abandonaba la manzana y pasaba a la siguiente. En general, no tuvo mucho éxito, pues solamente veintiséis personas aceptaron la propuesta de caminar con él. Esto puede haberse relacionado con la desconfianza que la situación política sin duda inspiraba entonces entre los habitantes de Asunción. Pero algunas personas compensaron esta carencia caminando con IVM alrededor de dos o tres manzanas, de modo que en total cubrió 31 manzanas y abandonó 105.

Sabemos todo esto porque existe un documento que registra parcialmente las actividades de IVM en Asunción durante esos días de 1976. El documento consiste en nueve hojas de papel, la primera de las cuales muestra el título de esta acción, "136 manzanas de Asunción", y describe las reglas que IVM siguió para llevarla a cabo. La segunda hoja muestra una especie de plano simplificado de las 136 manzanas con los nombres de las calles y las manzanas numeradas. Los números que corresponden a las manzanas en las que IVM consiguió que alguien le acompañase y charlase con él aparecen subrayados. Las restantes siete hojas aparecen encabezadas por el título "Transcripciones" y presentan una versión editada de las conversaciones que mantuvo con las veintiséis personas con las que consiguió charlar mientras caminaba con ellas. Es una versión "editada" porque, como explica la primera página del documento, los interlocutores a menudo le preguntaban a él toda clase de cosas que IVM consideró irrelevantes al proyecto. De modo que las siete páginas de las "Transcripciones" contienen una versión resumida de la información, a menudo contradictoria, de la que las veintiséis personas proveyeron a IVM sobre la manzana en la que se encontraban, o sobre la ciudad o sobre el país. Al parecer, después de cada conversación, IVM se sentaba en un banco o entraba en un café y tomaba notas para registrar lo que su interlocutor le había dicho, y más tarde reunió esta información en las "Transcripciones" mecanografiadas. Este documento no es la obra ni siquiera parte de la

ASUNCIÓN, 1976

"136 MANZANAS DE ASUNCIÓN"

obra. Como obra, la acción existió sólo mientras IVM la estaba ejecutando. Pero como sucede en muchas obras de IVM, existe algún tipo de registro en relación con la acción, cuya función es a un mismo tiempo servir como ayudamemoria y probar en algún sentido que la acción tuvo realmente lugar. De modo que lo que tenemos hoy de *136 manzanas de Asunción* es una especie de partitura en la que se registran qué manzanas recorrió IVM acompañado por una mujer o un hombre y qué le dijeron en cada una.

Considerado de manera muy general, hay que decir que el texto de las transcripciones evoca una indefinible tristeza, que puede o no relacionarse con el clima político del Paraguay de Stroessner. Al mismo tiempo es también cierto que algunos detalles de la transcripción son divertidos y en ocasiones hilarantes. Los informantes son mujeres jóvenes, hombres jóvenes, mujeres maduras y hombres maduros, y la conversación cubre una amplia gama de temas. Pero hay un tema específico que reaparece una y otra vez, y este tema es el Chaco. El Chaco es una enorme región geográfica muy poco poblada que se extiende por zonas de Argentina y Bolivia y constituye aproximadamente la mitad de Paraguay, al noroeste del país. Fue el escenario de la guerra territorial más reciente del continente, una guerra entre Paraguay y Bolivia que duró desde 1932 hasta 1935. En las transcripciones un hombre de unos sesenta años que le acompaña caminando alrededor de la manzana 60 le aconseja a IVM visitar el Chaco. Otro hombre, de unos setenta años, le dice que durante la guerra del Chaco sirvió en la misma cañonera que Stroessner, el presidente del país. Y un joven que camina con IVM en torno a las manzanas 74 y 75 le dice que aunque para los paraguayos el servicio militar es obligatorio y dura dos años, en el Chaco dura sólo un año, aunque en el Chaco los soldados van descalzos.

Hay otras muchas referencias al Chaco en la transcripción, tal vez más de veinte, y cubren una amplia variedad de temas. Pero después del Chaco, el tema más frecuente que aparece en las "Transcripciones" es la prostitución. La tercera persona que acepta la sugerencia de IVM de caminar en torno a la manzana, un anciano, le dice que aunque la prostitución está prohibida, está también muy presente, sobre todo en las whiskerías. Más tarde, una joven que acompaña a IVM alrededor de la manzana 126 le dice exactamente lo mismo. Pero IVM camina en torno a la manzana 14 acompañado de dos prostitutas, y es una de ellas la que pronuncia la frase más memorable de toda la trascripción. Dice de la otra prostituta que "tiene la concha como una canoa".

Aparte del hecho de que la foto muestra a IVM en una abigarrada escena urbana, lo que podría sugerir una vaga relación con la Asunción de 1976, no parece haber nada en la foto que la conecte de manera específica con su título, a menos que interpretemos la presencia de prostitutas en las "Transcripciones" de las actividades de IVM en Asunción y en la foto como una sugerencia por parte del artista de la similitud superficial entre su posición en la acción de 1976, al acercarse a los viandantes para pedirles que le acompañen alrededor de la manzana, y la de la prostituta madrileña al dirigirse a sus clientes potenciales. La ironía que asoma en esta sugerencia de la analogía entre el arte y la prostitución —especialmente en su aplicación al arte de IVM, obsidionalmente resistente a la absorción por las fuerzas del mercado— constituye sin duda una ingeniosa potencialidad conceptual a la que tal vez la foto esté apuntando.

Por ello mi narración concluyó con la llamada telefónica a IVM. Al preguntarle si era esto lo que la foto pretendía sugerir, el artista admitió en primer lugar que la mujer que se estira en la foto era, en efecto, una prostituta, pero que se resistía a que la interpretación de la pieza se redujera a esta simple conexión. Tanto la acción de 1976 como la foto de 2011, dijo, incluían a otras personas, otros hilos temáticos y otras perspectivas potenciales, además de estar abiertas al azar y a lo que al público se le pudiera antojar en su consideración de ambas piezas.

Emilio Moreno presentó su respuesta a *S/T* (conocida como *Herramientas de precisión*) el 26 de febrero de 2012, durante la primera parada de *18 fotografías y 18 historias* en Het Veem Theater de Ámsterdam. Junto con Moosje Goosen y Esteban Pujals Gesalí fue uno de los primeros participantes en el proyecto. Se le invitó a participar en *18 fotografías y 18 historias* por ser un artista que ha conversado en varias ocasiones con Valcárcel Medina, la primera vez en Madrid hace algunos años y más tarde en Ámsterdam.

S/T (conocida como *Herramientas de precisión*). Milán, 1987

Emilio Moreno

Quiero existir anotado. Ojear un papel, asombrarme y decir: mira, es una palabra, ¡y se parece a mí! Quiero poder recitar mi propia etimología, ser conjugado, derivado, dividido y flexionado. Quiero delimitarme, como una palabra delimita lo que es real. Ser escupido por boca de marinos, y que sus diferentes acentos me cambien el peinado. Quiero ser como las razones de un lunático, más verdad que la verdad. Pero, eso sí, sólo ser en el escenario, donde el lenguaje es honesto y nuestro acuerdo con las palabras es diáfano. Quiero ser en el lenguaje, ¿de qué otra manera se puede ser?

En el escenario soy inofensivo porque soy sólo palabras, luego soy sólo ficción. Aquí visto cada término como los jóvenes se visten de soldados, confiando en que el uniforme legitime mi verdad. La misma verdad que perdieron los *Seis personajes en busca de autor* de la obra de Pirandello. Ellos, huérfanos, entran en una supuesta realidad buscando su razón para existir, su autor, su drama. Para caminar por el escenario, todo fantasma, toda criatura requiere un motivo por el que ser personaje. Una función vital. Lo que se necesita para ser.

En una frase las palabras también son personajes que ignoran serlo. En ambos casos su inconsciencia no evita que sigan existiendo; al contrario, eso es lo que les permite estar, ése es su drama. El personaje no es capaz de sentir ni ofender sin escenario. Se limita a existir desorientado hasta que el autor lo lleva al vestidor con una pasión bajo el brazo. Por eso cuando abrimos cualquier libro por cierta página le encontramos confesando lo que toca. Y aun volviendo a esta página cien mil tardes, el personaje seguirá articulando sus palabras como si fuera la primera vez, nunca de manera mecánica. Tan vivo y violento como le obliga su drama. Porque pronunciar esas líneas, en ese momento, es llevar la Tierra a sus espaldas.

Alguien escribió: "A través de este arte podrán contemplar la variación de las veintisiete letras". Parece claro que, en medio de esta orgía, siempre podemos hablar. *Siem-pre po-de-mos ha-blar.* Palabra a palabra construimos edificios conceptuales con párrafos a dos aguas. Colocamos palabras, como se colocan las piedras para delimitar espacios de lo real, y nos sentimos más seguros, abrigados, como quien cierra la puerta al entrar. Pero esa relación entre las estructuras arquitectónicas y las literarias también revela el fraude que es el lenguaje. Me explico: imagina un edificio medieval. Fue pensado y construido según las motivaciones religiosas, estéticas y funcionales de un arquitecto. En su mente el edificio no se relaciona sólo con los árboles que acorralan al río, o con el granito que forma aquella colina, sino que también resalta sobre el trigo agostado y da sombra por un lado preciso. Los planos de este edificio dejan ver la naturaleza meticulosa de una persona, hablan de su arrogancia, de su devoción, e incluso de cómo se relacionaba con la aristocracia.

    Este edificio se construyó con piedras que, en principio, existían sin ningún propósito. Fueron tratadas con rigor afilado para que cada pieza respondiera a las exigencias del drama que el autor tenía en mente. Pero ¿cómo se vería afectado ese drama si, años después, alguien decidiese construir exactamente ese mismo edificio en un continente distinto? No hablo de hacer uno igual, un duplicado. No. Me refiero a marcar, una a una, todas sus piedras, desmantelar cada pieza cuidadosamente, cargarlo todo en una proa que mira al Oeste durante semanas y, una vez en el lugar elegido, colocar cada piedra en su posición correcta para construir exactamente el mismo edificio, esta vez ante un horizonte distinto.

    Esta técnica, conocida por los arquitectos como anastilosis, ayuda a reconocer el funcionamiento del lenguaje. Como personajes mercenarios las mismas cinco palabras pueden articular un haiku por la mañana y sentenciar a muerte al mediodía. Y uno podría pensar que la solución sería in-

Herramientas de precisión

ventar un lenguaje en el que cada una de las cosas, cada grano de arena, cada matiz de sombra, tuviera un nombre propio. Pero incluso en este caso, las palabras serían demasiado ambiguas, demasiado generales. Necesitaríamos crear, también, palabras para referirnos a cada una de todas las cosas, atendiendo a la hora del día y a la edad y circunstancias de cada una de las personas. Esencialmente esta tarea no es imposible, pero, mientras decidimos, deberíamos acatar la irrealidad del lenguaje y forzar sus cualidades hasta el extremo. En vez de intentar definir, digo, quizá sería más adecuado utilizar las palabras únicamente con fines literarios. Aprovechar esa ficción suya y disfrutarlas sólo encima de un escenario. Un intento sencillo consistiría en elegir unas palabras encorbatadas, algunas de las más sospechosas, e intentar construir un relato para los domingos.

Emilio Moreno, *Herramientas de precisión* (2012).
If I Can't Dance en el Het Veem Theater, 26 de febrero de 2012. Fotografía: Sal Kroonenberg.

Emilio Moreno

Este texto forma parte de *Herramientas de precisión* (2012), una performance de Emilio Moreno en la que el artista intenta organizar cincuenta palabras sacadas de los nombres de entidades financieras de todo el mundo en busca de una narrativa. A medida que dicha narrativa se va construyendo, los folios en que están escritas las palabras se disponen en el suelo a modo de piedras que completan un plano arquitectónico. Éstas son algunas de esas palabras:

    HORIZON – COMPASS – RIVER – ADVANCE – FOUR OAKS –
    HOLLYSPRINGS – MONTE DE PIEDAD – MINERS – DIAMOND
    – CLEAR MOUNTAIN – GLACIER – SUN – CASCADES – LAKE –
    SUNFLOWER – VILLAGE – FIRST HOME – FAMILY –
    FIDELITY – TRUST – EVERTRUST – SOVEREIGN

Herramientas de precisión es una reacción a la obra del mismo nombre de Isidoro Valcárcel Medina.

Emilio Moreno presented a response to *S/T* (conocida como *Herramientas de precisión*), *Untitled* (also known as *Precision Tools*), during the first stage of *18 pictures and 18 stories* at Het Veem Theater in Amsterdam, on 26 February 2012. He was one of the first contributors to the project along with Moosje Goosen and Esteban Pujals Gesalí. Moreno was invited to contribute to *18 pictures and 18 stories* as an artist who has been engaged in several conversations with Valcárcel Medina, firstly some years ago in Madrid, and later on in Amsterdam.

S/T (also known as *Herramientas de precisión*). Milan, 1987

Emilio Moreno

I want to be annotated. To skim a sheet of paper and say, in astonishment: look, a word, and it's like me! I want to recite my own etymology, to be conjugated, derived, divided and inflected. I want to be delineated, as a word delineates what is real. To be spat from the mouths of sailors, my hairstyle changing with each different accent. I want to be like the reasons of a lunatic, truer than the truth. But I only want to be on the stage, where language is honest and our agreement with words is diaphanous. I want to be in language; how else can you be?

I am inoffensive on the stage because I am nothing but words; therefore I am nothing but fiction. Here, I wear each term like the young dress up as soldiers, trusting that my uniform will legitimate my truth. The very same truth that Pirandello's *Six Characters in Search of an Author* lost. The orphaned characters enter an apparent reality in search of their own reason for living, author, drama. To be on stage, any ghost, any creature requires a reason to become a character. A vital function. What you need in order to be.

Words in a sentence are also characters in ignorance of what they are. In both cases their lack of consciousness does not stop them from existing; on the contrary, it is what allows them to be, and that is their drama. Characters cannot feel or cause offence without a stage. All they can do is exist in disorientation until their author ushers them into the dressing room as bearers of his or her passions. So that when you open any book on a certain page, there they are, making the confessions they were made to make. And you can go back to the same page on a hundred thousand afternoons and the characters will still be there speaking their words, never mechanically, always as if for the first time. As full of life or violence as their own drama forces them to be. To speak their lines, right then, is to carry the world on their shoulders.

Somebody wrote: "In this art you may observe the variations of the twenty-seven letters." In such an orgy speaking is obviously always a possibility. *Al-ways a pos-sib-il-it-y.* Word by word we build conceptual edifices with sloping paragraph roofs. We place words like we lay stones to create the contours of real space, and feel safer, sheltered, like someone closing the door on entering. But the relationship between architectural and literary structures also reveals the fraudulence of language. To explain further: imagine a medieval building. Behind its conception and construction are the religious, aesthetic and functional motivations of an architect. In his mind, the building was not only related to the trees bordering the river, or the granite of the hill; it also stood out against the parched wheat, and cast a shadow in a precise direction. The building's floor plan reveals the meticulous nature of a certain person, and tells of his arrogance, his devotion, and even his relationship to aristocracy.

The building I speak of was built out of stones whose existence initially had no particular purpose. They were treated with sharp rigour so that each piece would respond to the demands of the drama in its maker's mind. But how would this drama be affected if, years later, someone decided to build exactly the same building on a different continent? And I don't mean building another one exactly like it, a duplicate. No. I mean marking each stone, one by one, pulling down the building piece by piece, loading it onto a boat that will head west for weeks, and, once it reaches the chosen site, laying each stone in the correct position in order to build exactly the same building, but this time with a different horizon.

The technique, known by architects as *anastylosis*, can shed light on the way language functions. Like mercenary characters, the same five words can articulate a haiku in the morning and a death sentence at noon.

MILÁN, 1987

"S/T" (conocida como
"Herramientas de precisión")

"Milanopoesia". Festival internazionale di poesia, musica, video, performance,
        danza e teatro

Precision Tools

And you might think the solution would be to invent a language in which each thing, each grain of sand, each shade of a shadow, would have a name of its own. But even then, words would be too ambiguous, too general. We would also need to create words to refer to each one of every thing, and to account for the time of day, and age, and circumstances of each person. In essence this is not an impossible task; but while we decide, we should yield to the unreality of language and force its qualities to the extreme degree. Instead of attempting to define, would it not be better to use words towards a purely literary end? To make the most of the fiction they are, and enjoy them nowhere else but on the stage. One simple attempt would be to pick out words wearing suits and ties—some of the most suspect—and try to build a Sunday narrative with them.

Emilio Moreno, *Herramientas de precisión* (*Precision Tools*) (2012).
If I Can't Dance at Het Veem Theater, 26 February 2012. Photography: Sal Kroonenberg.

Emilio Moreno

This text is a part of *Herramientas de precisión* (*Precision Tools*), 2012, a performance by Emilio Moreno in which he attempts to organize fifty words taken from financial entities worldwide. As the narrative is composed, the sheets of paper the words are written on are laid on the ground like stones making up an architectural floor-plan. Here are some of the words:

HORIZON – COMPASS – RIVER – ADVANCE – FOUR OAKS –
HOLLYSPRINGS – MONTE DE PIEDAD – MINERS – DIAMOND
– CLEAR MOUNTAIN – GLACIER – SUN – CASCADES – LAKE –
SUNFLOWER – VILLAGE – FIRST HOME – FAMILY –
FIDELITY – TRUST – EVERTRUST – SOVEREIGN

Herramientas de precisión is a reaction to the work of the same name by Isidoro Valcárcel Medina.

José Díaz Cuyás realizó su presentación sobre *Retratos callejeros* en la segunda parada de *18 fotografías y 18 historias* el 20 de abril de 2012 en el espacio de Bulegoa z/b en Bilbao. A continuación le siguieron Azucena Vieites y Jaime Vallaure. Comisario de *Ir y venir de Valcárcel Medina* en la Fundació Antoni Tàpies en 2002, resultado del primer y único intento hasta la fecha de hacer una retrospectiva del artista, Díaz Cuyás es alguien que conoce a Valcárcel Medina desde hace años, cuando su obra no despertaba el interés que suscita en la actualidad.

Retratos callejeros. Barcelona, 1975

José Díaz Cuyás

Sobre cómo hacer de sí mismo sin morir en el intento

La pieza de la que me corresponde hablar se llama *Retratos callejeros*. Los motivos de mi elección son diversos, pero todos giran en torno a dos cuestiones implícitas en su título. Una tiene que ver con lo que pasa en la calle, la otra con los rostros de la gente que pasa. Lo que voy a tratar de hacer es tirar de este hilo, y entre las posibles maneras de relatar voy a decantarme por la que me resulta más familiar: la charla o la exposición pública sobre la obra de un artista. Aquí tenemos la imagen. Si preguntamos por el lugar, ya vemos que es la calle, sin más atributos. Y si lo hacemos por las figuras, las principales son dos personas: una subiendo de espaldas, creo que se trata de Miren, y la otra parada de frente, en actitud de sacarle una foto, en la que podemos reconocer al artista. La calle como lugar se repite en buena parte de las imágenes que componen esta colección de dieciocho, pero lo que unifica a todas sin excepción es la figura protagonista de Valcárcel. De manera que si toda la serie podría ser considerada como una suerte de autorretrato múltiple del artista, en ésta que nos ocupa tropezamos, ya de entrada, con una primera ambigüedad. Aunque se aluda a retratos en general, bien podríamos sostener que se trata, más bien, de un autorretrato callejero.

Pero sigamos con lo que sabemos de la imagen. Se trata de una versión de otra acción fotográfica anterior, realizada para la Sala Vinçon de Barcelona en 1975 y que el año siguiente formará parte de la muestra *3 ejercicios*, celebrada en el Studio Levi de Madrid. Estos tres ejercicios tenían como leitmotiv la calle y el retrato de gente anónima. Los *Retratos de estudio* consistieron en una serie de retratos a la carta. Previamente se había repartido por la calle una nota en la que se hacía a los viandantes el siguiente ofrecimiento: "Ponemos a su disposición hasta finales de enero nuestro estudio fotográfico para que Ud. pueda realizar y tener su retrato personal o familiar". Cada cual elegía cómo quería ser retratado, formando una colección no sólo de individuos cualesquiera, sino sobre todo de su modo particular de ofrecerse a la imagen. En *Hombres anuncio* se invitaba a los transeúntes a retratarse con una frase escrita sobre una pizarra que debían portar por la calle. Doble retrato, por tanto: el que resulta de elegir la sentencia con la que el participante anónimo se mostrará por la ciudad, y el que resulta de captarlo en el momento de la acción. Del primer ejercicio no ha quedado nada; del segundo, sólo la documentación gráfica del propio artista llevando su tablero.

Por lo que respecta a *Retratos callejeros*, aquí tenéis el resultado. El ejercicio consistía, como indica literalmente su título, en unos retratos callejeros de gente anónima tomada al paso. Los encuadres eran neutros, de medio cuerpo, como también era neutra e indiferente la selección de los retratados. Ninguna intención de establecer tipos, nada de figuras sociales; simplemente gente, en el más noble sentido de la palabra, que pasaba por allí. En los tres casos se trataba de retratos que no identificaban a ningún sujeto, sino a individuos anónimos, a alguien cualquiera haciendo el ejercicio de mostrar su singularidad en tránsito. Tampoco por parte del artista había ninguna voluntad de imponer a los retratados su impronta subjetiva, ningún enfoque o control. Su ejercicio se limitaba a mostrar el resultado fotográfico de los encuentros con toda aquella gente.

Aquí vemos esta especie de collage que forman unas fotos junto a otras y que es, por lo que sé, una de las escasas imágenes que han sobrevivido. Pero tampoco debemos buscar en ella ninguna voluntad compositiva. No era de este modo como se mostraron originalmente, sino como retratos individuales. De aquellos ejercicios fotográficos no queda en la práctica casi nada, y lo poco que queda no es exactamente lo que se expuso, lo que

Isidoro Valcárcel Medina,
Retratos callejeros,
Barcelona y Madrid (1975).

resulta revelador de su particular relación con el medio*. En aquella exposición se vieron, en efecto, fotografías, pero para el autor eran meros registros de una acción; su sentido descansaba en el acto de la toma en mayor medida que en los valores formales de la imagen emulsionada. De ahí su premeditada despreocupación por el material fotográfico. En esta nueva colección de dieciocho tomas, en las que remeda para la cámara dieciocho antiguas piezas de acción, la cuestión, como veremos, es diferente, pero también se aprecia en ellas una voluntad semejante de huir de lo que suele entenderse como fotografía de calidad. No porque su motivación, ni antes ni ahora, sea la de hacer fotos malas o feas per se, sino porque manteniéndose indiferente al resultado el autor parece invitarnos, ayer como hoy, a buscar su posible valor en otra parte.

En el caso de aquellos *Retratos callejeros* originarios este retraimiento del valor era especialmente evidente al tratarse de acciones fotográficas, hechas por y para la cámara. No es éste el caso de los demás ejemplos de la serie, algunos de ellos basados también en fotografías de época, pero cuya función entonces, a diferencia de la obra que nos ocupa, se limitaba a documentar acciones ajenas al dispositivo fotográfico. La cuestión es

---

* Nota editorial: En noviembre de 2012 supimos que el MAC USP de São Paulo conserva fotografías originales de *Retratos callejeros*. Seis de ellas se reproducen aquí en el frontispicio.

que si en aquel momento, al ser *Retratos callejeros* una obra propiamente fotográfica, se ponía más en evidencia ese valor huidizo de la imagen — que como ya hemos sugerido debía buscarse en el acto de la toma—, ahora, en esta nueva versión, que viene a ser una puesta en escena actualizada de la anterior, el asunto resulta bastante más esquivo. Mientras que la acción de 1975 consistía en hacer retratos sistemáticos y despreocupados de la gente deambulando por la ciudad, en este nuevo *remake* ya no es el artista el que hace retratos, sino que es él el retratado en la pose de estar retratando a una viandante. Aquí el sentido de la imagen sigue pesando del lado del acto: se trata sin duda de una acción fotográfica. Es lo mismo que ocurre de hecho con el resto de las fotos de esta serie de dieciocho que, ahora sí, han pasado a convertirse todas ellas en piezas de acción fotográfica, por y para la cámara. Pero hay también un evidente desajuste respecto a las anteriores. En éstas ya no se pretende registrar un acontecimiento, sino teatralizar o impostar antiguas acciones para el objetivo. Es esto lo que hace tan chirriante y, a la vez, tan desternillante y tan gamberra esta suerte de autoparodia que nos propone el artista.

Valcárcel no sólo nos ofrece un autorretrato pantomímico de sí mismo y de su propia práctica, sino que lo hace como cumplida respuesta a la invitación que se le había hecho. El programa Performance in Residence trata de investigar y activar la obra de artistas que han trabajado en el ámbito de la performance. Él lo ha hecho de manera brillante y extensa en el pasado, pero desde hace años se muestra remiso a este tipo de prácticas. Cabe pensar, conociendo su trayectoria, que frente a la expansión y amaneramiento de lo performativo esta línea de trabajo ha dejado de interesarle. A esto se añade su peculiar concepto de la actividad artística como algo radicalmente contingente y escueto, ceñido al momento presente y siempre en relación crítica con la situación en que se produce (incluyendo, como cabe esperar, la función de la institución arte y la suya propia como artista). Defensor de una poética radical del acontecer, en su lógica no hay justificación para repetir una obra pasada, ni para volver a hacerla ni para volver a mostrarla. Excepto, claro está, que no se trate de la misma obra. Éste es el caso de esta *Performance in Resistance* en la que Valcárcel, como artista del escapismo y de la fuga, pese a cumplir convenientemente las condiciones del encargo, se resiste tanto a repetir sus viejas acciones como a realizar, en propiedad, performance alguna.

Por ello se vale del recurso a la fotografía, entendida, ahora sí, como obra final. El dispositivo fotográfico ya no está al servicio de un acontecimiento abierto a la contingencia, como era el caso cuando Valcárcel asumía como obras sus acciones urbanas, sino que, al contrario, ahora es lo que acontece, dispuesto como una escenificación, lo que está al servicio de la cámara. Lo que se pretende es componer una figura cercana a aquélla que quedó plasmada entonces en la fotografía. No tanto remedar las acciones en sí como su imagen fija y, en algunos de los diecisiete ejemplos restantes, remedar, a la manera de un *tableau vivant*, las viejas fotografías que las documentaban. De aquí ese aire de componenda que guardan todas ellas, con esa apariencia *vintage* premeditadamente torpe y con ese recurso manifiesto al pastiche, en el que tanto da una calle de Córdoba como otra de Madrid, o un puente sobre el Sena como otro sobre el Manzanares. El sentido de la obra ya no reside en lo que pasó, en lo que aconteció en el aquí y ahora, sino en su pose.

Ahora es el artista el que, ante la obligación de revisitar antiguas acciones, se nos presenta como alguien cualquiera, haciéndose portador de una imagen con la que no se identifica. Como en una mascarada, Valcárcel se nos ofrece haciendo de sí mismo en aquella situación, sólo para evidenciar, sin renunciar a su memoria, la distancia que hoy lo separa de lo que pasó. Parece obvio que la performance ha perdido el carácter transitivo y peligroso que tuvo en sus inicios para convertirse en una categoría más del repertorio artístico. Ha creado de hecho toda una imaginería propia. Si en el 75 su empeño era sustraerse a la fosilización de la imagen poniendo el valor en el instante y el acto, ahora, cuando la performance ya ha desarrollado y consolidado una "imagen", opta por parodiar esa "imagen" establecida actuando descaradamente para la cámara con la misma despreocupación e indiferencia con que antaño utilizaba el medio fotográfico. Ya no se trata de acciones urbanas, sino de la gestualidad impostada, detenida y figurada —hecha imagen— de una supuesta acción. De manera que ese valor huidizo del que hablábamos habrá que buscarlo ahora en otro lugar: en el intersticio que media entre la instantánea y la teatralización de la acción, entre el retrato de una persona cualquiera y el autorretrato, entre la acción en tránsito y el *tableau vivant*, o entre el reclamo de volver a la performance y la elaboración de un intempestivo, cómico y poco atractivo álbum de fotografías.

José Díaz Cuyás made his presentation on *Retratos callejeros* (*Street Portraits*) at the second stage of *18 pictures and 18 stories,* on 20 April 2012, at Bulegoa z/b, Bilbao. He was followed by Azucena Vieites and Jaime Vallaure. He was the curator of *Ir y venir de Valcárcel Medina* at the Fundació Antoni Tàpies in 2002—the end result of the first and only attempt at a retrospective of the artist's work—and has known Valcárcel Medina for years, from a time when the artist's work was not drawing the attention it does now.

Retratos callejeros. Barcelona, 1975

José Díaz Cuyás

On how to play yourself without dying in the attempt

The piece I am going to talk about is called *Retratos callejeros* (*Street Portraits*). I have chosen this piece for different reasons, all of which revolve around two concerns implicitly contained in its title. One of these is the passage of events in the street, the other is the faces of the people passing by. I will attempt to draw on this thread, and among the possible forms of narration I could use I will opt for what is most familiar to me: the talk, or public presentation of an artist's work. Here is the image. If we ask where it is located, we can see it is a street, with no further attributes. If we ask about the figures in it, two people stand out: one of them, Miren, I think, is walking away from the camera; the other, recognizably the artist, is standing facing it and appears to be taking a photo of her. The city street occurs repeatedly in many of this group of eighteen photos; but what serves to unify them all without exception is Isidoro as the prominent figure. If we take the whole series to be a sort of multiple self-portrait of the artist, we come across an initial ambiguity in this one. Although the image might be an allusion to portraiture in general, we could justifiably claim that it is actually a street self-portrait.

But let's go back to what we know of the image. It is a version of a previous photographic action carried out for the Sala Vinçon, Barcelona, in 1975, which was included in the following year's *3 ejercicios* (*3 Exercises*) exhibition at Studio Levi, Madrid. The leitmotif of these three exercises was the portraiture of anonymous people in the city streets. *Retratos de estudio* (*Studio Portraits*) were a series of à la carte portraits. Before they were taken a note had been handed out in the street with an offer to passers-by: "We are opening our photo studio to you until the end of January. Make a portrait of yourself and your family and take it home with you." Each person chose how he or she wanted to be portrayed, and became part, not only of a collection of individuals, but also a collection of particular ways of representing themselves in images. In *Hombres anuncio* (*Human Billboards*) passers-by were invited to portray themselves carrying a blackboard with a sentence written on it. A double portrait, then, arising on the one hand from the choice of sentence the anonymous participant carries through the city, and on the other from capturing him or her at the moment of action. Nothing has remained of the first exercise; of the second we have only the image documenting the artist himself holding his own billboard.

The result of *Retratos callejeros* can be seen here. The work consisted, as the title literally indicates, of street portraits of anonymous people going by. Neutrally framed, half-length shots portraying neutrally selected subjects. There is no intent here to categorize, no kind of social figure is implied; we simply see people, in the noblest sense of the word, who were passing by. In none of the three cases are the subjects identified; they are anonymous individuals, someone, anyone, carrying out an exercise of showing his or her singularity in transit. For his part, the artist has no will to impose his own subjective stamp, focus, or control on his subjects. His exercise was simply to show the photographic outcome of his encounters with people.

Here you can see the sort of collage the photos make up together. As far as I know this is one of the few images that remain of this. But we needn't look for any kind of will to compose here. This was not how the series was originally shown: it was exhibited as individual portraits. There is actually hardly anything left of those photographic exercises, and the little that remains is not exactly what was exhibited—which reveals a

Isidoro Valcárcel Medina, *Retratos callejeros* (*Street Portraits*), Barcelona and Madrid (1975).

particular relationship with the medium.* The original exhibition showed photographs, certainly, but for the artist these were merely a register of an action; their meaning lay in the act of shooting the image more than in the formal values of the photographs. Hence his deliberate lack of concern for his photographic material. In this new collection of eighteen shots, in which he mimics eighteen action pieces done years previously, there is a different issue to consider; however, we can also observe in them a similar eschewal of what is normally considered to be quality photography. Not because there is any motivation, either here or before, to take bad or ugly photographs, but because the artist, both today and yesterday, seems to be inviting us to search elsewhere for their possible value.

This drawing back from value was particularly obvious in the original *Retratos callejeros*: the portraits were photographic actions performed by the camera, for the camera. The same does not apply to the others in the series. Although some of these are also based on period photographs, their function was restricted to documenting actions in which the photographic apparatus did not play an intrinsic part. At that time, the fact that

---

* Editor's note: In November 2012 we found out that the MAC USP in São Paulo has several of the original photographs of *Retratos callejeros* (*Street Portraits*). Six of these are reproduced on the frontispiece of this book.

Retratos callejeros was a photographic work served to emphasize the elusive value of the image. As I have suggested, this value can be understood as being in the act of taking the photograph; now, in the new version, an updated mise en scène of the previous one, it becomes harder to pinpoint. Whereas in his 1975 action the artist took systematic, casual portraits of people strolling through the city, in the current remake he has chosen to portray himself posing at photographing passers-by. The meaning of the image still lies predominantly in the act: this is a photographic action, and this is also the case with the other seventeen photographs in the series, which this time can definitely be said to have become photographic action pieces, performed by and for the camera. However, there is a discordance between this and the previous series. The idea in the remake is no longer to register an event; it is now to theatricalize it, to fake actions of years past, before the lens. This is what gives this sort of self-parody by the artist its jarring, but also slightly hilarious, mocking quality.

Valcárcel has not only given us a pantomimed portrait of himself and his practice; he has done this as a dutiful response to an invitation given to him. The programme of Performance in Residence aims to research into and activate the work of artists working in performance. This was a frequent practice of his in the past and he did it brilliantly. For some years now, though, he has been reluctant to continue with such work. Looking back at his trajectory, one might think that, with the expansion of the performative and its affectation, it may no longer interest him as a line of work. Additionally, he conceives the work of art as something stark and radically contingent, tightly bound to the present and standing in critical relationship to the situation it arises in (including, of course, the function of the art institution and of himself as an artist). As a defender of a radical poetics of happening, there is no justification in his manner of thinking for the repetition of a past work, either for doing it again or for showing it again—unless, of course, it is no longer the same work. In this *Performance in Resistance*, Valcárcel behaves as the escape artist he is: while dutifully fulfilling the conditions of his commission, he refuses to repeat the actions of the past or to make any kind of performance as such.

This is why he makes use of photography, and why this time around he has made it the final product of his work. The apparatus of photography is no longer used to portray a random occurrence as it was when Valcárcel treated his actions in the city as final works. This time around, what occurs before the lens has been staged and enacted for the camera. What he intends is to create a figure similar to the one registered in the previous set of photographs. This is closer to a mimicry of the still image left by the actions than a mimicry of the actions themselves; in some of the other seventeen in the series, it becomes a sort of tableau vivant of the old photographs that documented them. Hence the phoney feel of these images, with their deliberately clumsy vintage air and patent use of pastiche—where Madrid can replace Córdoba and a bridge over the Seine is as good as one over the Manzanares. The meaning of the work no longer lies in what happened, in the here and now, but in the fact that it is staged.

It is now the artist who responds to his obligation to revisit previous actions by presenting himself as just anyone, becoming an image of a self he does not identify with. In a kind of masquerade, Valcárcel shows himself feigning being himself in the situations portrayed, merely to provide an image of the distance that separates him today from what happened yesterday, without betraying the memory of it. Performance obviously seems to have lost the transitory, perilous character it had in the beginning to become one more category in the repertory of art, having created an entire imagery of its own. Whereas in 1975 he strove to escape the tendency for images to become fossilized by placing value on the instant and the act, now that performance has developed and consolidated an 'image', he chooses to parody this established 'image' by blatantly acting before the camera with the same lack of concern and indifference with which he once treated photography. He is no longer performing urban actions; he is now faking and freezing the gesture of what we take to be an action and turning it into a stereotyped image. The elusive value I mentioned must now be sought somewhere else: in the interstice between the snapshot and the theatricalization of the action; between the portrait of someone, anyone, and the self-portrait; between the action in transit and the tableau vivant; or between the call to return to performance and the making of an untimely, comical and rather unappealing photo album.

Koen Brams was invited to contribute to the sixth stage of *18 pictures and 18 stories* in Playground Festival at STUK arts centre/Museum M in Leuven on 11 November 2012, along with Dora García and Myriam Van Imschoot.

He responded to the picture *Retratos callejeros* (*Street Portraits*) with a fictional story. Brams was approached for his knowledge of the conceptual art tradition, particularly in Belgium.

Retratos callejeros. Barcelona, 1975

Koen Brams

Black box

1. Entry

Entering the city on the train, sitting on the left-hand side. The train gives a deep sigh and slowly pulls away. Rain lashes against the window; the wind buffets through the trees and bushes on the other side of the tracks. The first graffiti, silver-hued, fill the view: HAVOC, BEURK, SURINE. The train thunders past the backs of houses; white laundry fluttering above an asphalt roof. A whistle blows and the train rides into a short tunnel. There's a moment of complete darkness followed by a view of gardens awash with rubbish. The train crosses the canal bridge with a metallic rhythmic clatter. Changing its sound, it shuffles over the river, entering a kind of no man's land; an area stranded within a tangle of tracks. Beyond that are cars, hidden behind a metres-high hedge. Then Le Ram Dam. The train trundles painfully slowly into the station and finally grinds to a halt. A red-faced man, dressed all in green, walks past the window casting a vacant look into the carriage.

2. The map

The city lies nestled between countless steep hills from which it enjoys being admired. A vain city. Looking at it on a map, we see that the rivers converging here form the elegant and graceful shape of a woman's body. Her cunt: the Impasse du Canal.

3. The model

He first photographs her wearing a speckled grey V-neck pullover and miniskirt. Then in yellow trousers and a white sleeveless see-through blouse. After that, in a red dress, black gloves, scarf and tights. Finally in nothing but stockings, a miniskirt and cap. The photographer and model have been working for hours on end when he asks to photograph only her hands. He asks her to remove her rings and bracelet; he wants her hands to be naked. He then dictates the posture of her hands. "Hold your right hand against your chest, as you cup your left hand underneath it. Put your face on your left hand, with all your fingers bent except the index finger and hold the back of your right hand against your chest." "Slide your hand between the two buttons on your jacket with all fingers pointed, except the middle and ring fingers." "Cup your left breast with your right hand and point the index finger of your left hand towards your chest, the other fingers of the left hand resting on your left breast." "Place the back of your right hand against your left breast and use your right hand to grasp the left hand that is protruding into the air with the fingers bent."

4. The chase

A woman has sat down in the metro train. She is tall and slim; her head small and round, with long brown hair tied into a ponytail and brown almond-shaped eyes, which glance vivaciously up and down. As she stretches, he notices a piece of tanned skin appear under her top and the black lace of her panties protrude above her dark blue trousers. She is wearing bright yellow flat shoes. She has two bags and two mobile telephones, a smartphone and a normal mobile, which she eyes continually.

As he leaves the train, he notices that she also stands up, but then he loses sight of her. He walks to the platform of another metro line. When the train arrives and comes to a halt, he spots the woman again and decides to sit opposite her. She doesn't look at him and he glances at her only sporadically. He doesn't want her to think he's spying on her. After two stations, the woman gets out, and he follows. They both walk towards another platform, where they again take the train in the same direction. He chooses a seat diagonally opposite her. Will his destination be the same as hers? At the fourth station from last, she remains seated. She doesn't leave the train at the third station from last, or at the second from last, or at the penultimate station. Now the metro train enters his station. And to his considerable excitement, the woman leaves the train and walks slowly towards the station exit. He decides to go up the stairs, while the woman dawdles in the station. She slowly ascends the stairs behind him. She waits at a crossing, even when the green light flickers on. Only when the light again turns to green does she cross the road to a newspaper kiosk. A little later, she does the opposite and approaches the newspaper kiosk on the other traffic island. She then moves towards another crossing. When the light turns green, she crosses and enters a supermarket. After several minutes, she is outside again, slurping a cold cappuccino. She then returns to the place near the crossing between the two traffic islands. She tries to take something from her handbag, holding one side of the handbag firmly with one hand and delving into the bag with the other. She grabs her smartphone and checks for messages, walking slightly nervously to and fro. The man walks past her demonstratively and looks in her direction. His glance meets her eyes. She looks at him a moment, almost with empathy, but does not recognize him. She has not recognized him.

5. The passers-by

"Who are you taking photographs for?" asks a spirited old woman. When the photographer says that he's doing it for himself, she is immediately reassured. "Then that's no problem, carry on," she murmurs. Another woman, also elderly, asks the photographer if he's been sent there by the State. When he replies to this question in the negative, she is visibly relieved and they each go their separate ways. Someone else, a man aged thirty or so, also wants to know why the photographer is working in his street. "There are a lot of burglaries here, you know," he says excitedly. The photographer is upset by the insinuation and his explanation turns into a halted stutter. The man walks away but barely a few minutes later he returns, this time to ask the photographer if he minds if he takes a snapshot of him. There is no time for a reply as just a few seconds later he hears the click of the camera shutter. The photographer photographed.

6. The hand

As the bus begins to move, her slender hand grabs the support rail. The bus gathers speed and the hand pales from its efforts. The bus stops and she lets go of the rail, her hand brushing against his leg. Suddenly the bus starts to move again and she reaches towards the rail as quickly as possible, again touching his leg. With every sudden movement made by the bus, the muscles and bones in her hand bulge, the veins swell and the nails turn red and purple. The woman's expression remains unmoved. The security camera records the entire scene; above the entrance to the bus is a sign that says that the driver has no access to the videotape.

7. The little black box

The appearance of the little black box is a powerful moment, as it suddenly sucks up the first version of the story—the inventions of the sole character—like an enormous black hole, before releasing a new fabrication onto the viewer.

a. The test

The test implies an external perspective with regard to the test subjects in order to extrapolate test cases. The test may be functional or non-functional. The test designer selects correct and incorrect input and determines what is the correct input. There is no knowledge of the internal structure of the objects to be tested. In the test, nothing (or very little) of

BARCELONA, 1975

"RETRATOS CALLEJEROS"

Sala Vinçon

the effect is known to the tester. The test is generally conducted by people who need know little or nothing about the internal structure of the objects to be tested. The higher the level of the test, and therefore the larger and more complicated the box is, the more the test designer is forced to simplify the testing. Although this method can reveal unimplemented parts of the specification, it is impossible to be sure that all possible situations have been tested.

8. The shadow

The sun is shining on his back. In front of him, on the pavement, there is an enormous area of shade which is barely recognizable as a human body, let alone his own. His legs are stretched enormously, his arms melted with his torso, his head a square. He presses the button, hears a popping sound and notices that something has come to distort his shadow. He himself hasn't moved or changed position. Suddenly he feels a jab in his side. Like a shot, as if stung by a wasp, he turns around leaving the camera dangling from his neck. The photographer is face to face with a wondrous being, male, dressed in a green overall with white fluorescent stripes over a green-brown pullover, and with a green-ochre cap on his head. Before he gets the chance to strike up a conversation, if conversation would even be possible, the Green Man has taken flight. With great strides, greater than the length of his legs would suggest was possible, he runs away. Even before the photographer gets a chance to point his camera at the man, he has completely disappeared from sight.

9. The pose

With her two elbows leaning on the railing, she has thrown back her head and neck. Her face is unseen, apart from a section of chin and neck. Her arms, slightly bent, with her hands hanging down, are touching her stomach. The grey T-shirt she is wearing under a black jacket is slightly pulled up, revealing a narrow strip of flesh. She is wearing a medallion. The taut lines of her neck and stomach couldn't be in greater contrast to the hands flapping loose and lively next to her stomach.

10. The doll

In the public gardens someone has placed a green doll in front of a white advertising hoarding. The doll consists of no more than two fluorescent green sticks, attached at angles to each other. She is wearing a green underskirt, and on top of that a green apron, a dark green pullover, a green scarf and a green cap. The doll has no feet; her hands are made of washcloths knotted onto the stick. In the gardens green sticks have also been stuck in the soil; a piece of the fence is painted green and countless green sticks are hanging from a rope on the white advertising hoarding. On the white surface of the hoarding, several verses of a poem have been written in elegantly flowing handwriting: "Dites, quel est le pas des mille pas qui vont et passent/Sur les grandes routes de l'espace/Dites, quel est le pas qui doucement, un soir, devant ma porte basse/S'arrêtera?"

11. The surveillance camera

The man has followed the woman to the door of a café. Just as she is about to open the door, the man grabs her body and kisses her neck. The woman turns around briefly, simultaneously enraged and concerned, but before she can do anything, the man has gone. At first the woman moves to follow her assailant, but after a few hesitant seconds, she turns back. In a daze she watches the man run away until he enters a side street and disappears from sight. She stands there, incensed, shouting as loudly as she can and gesticulating. The bystanders, none of whom saw what took place, stare at the woman incredulously. What has happened? What is the reason for her angry outburst? A woman approaches her and seems to ask what is wrong. Waving her hands frantically in the air, totally hysterical, the victim tells her what happened. The woman places her hand on the victim's arm and calms her. They both enter the café. This is the final black-and-white image that the security officer is able to capture. Now that the woman has become inaccessible to him in the café, he turns his attention to other screens. He sees children playing in a park; someone pacing up and down at a bus stop and then his attention is suddenly drawn to a speeding vehicle ramming into several posts before coming to a halt against the front of a house.

12. The sentence

"It is clear what you're looking for, but who are you?" He will probably never know who formulated this sentence. A man or a woman? A young woman or an old man? Or was the sentence generated by a machine and not by a human? "It is clear what you're looking for, but who are you?"

13. The movement

It is not the camera that moves, but the girl. Ever so slowly she turns on her own axis. She continues turning even when the camera only captures the pleated skirt. The same happens when the camera focuses on the embroidered top in the viewfinder. The girl is still rotating extremely slowly as the camera shows her face: her flushed cheeks, hair in plaits, skin glistening. Her blue eyes glitter but stare blankly ahead. The girl has no legs and feet.

14. The telescope

On one of the hills from which the city can be admired, a rust-coloured platform has been built allowing those of an inquisitive mind to view the city from an extra few metres higher. Having climbed onto the platform, the spectator sees the city spread before him. He can see the city as a whole but at the same time he is just a coin away from exploring any individual part of the city. He hears the coin drop into the telescope with a dull thud. As the timer in the telescope audibly counts down the seconds one by one, he peers with one eye at the marketplace then moves the telescope slightly to the left to focus on a busy shopping street. He sees the door of a shop open and as the telescope continues to zoom in, he catches sight of a strange man, dressed all in green, sitting on a cardboard box, with one leg drawn up and the other stretched out in front of him. The Green Man is watching a television monitor, divided into four screens in which the images are continually changing. Just as his viewing time runs out, the spectator sees the Green Man himself appear on one of the four screens.

15. Exit

Leaving the city in the train, sitting on the right-hand side. Two jackdaws squabble over a sandwich in the station before the train pulls away. The first graffiti appear: beab, SURINE. An electricity cabinet is scrawled with it; VALKE is chalked onto a house. The train shakes its way between two slopes completely overgrown with green. Another electricity box covered with graffiti. Suddenly a broken-down advertisement hoarding, just two planks remain, on which only the word Humanités is visible. Then a view of meadows, a water tower. A woman, skimpily dressed in a white sleeveless dress, is walking along a narrow path between the train tracks and the meadow. She is on the telephone, completely alone. Less than a second later she is reduced to a white dot in a landscape of countless shades of green.

Koen Brams fue invitado a participar en la sexta parada de *18 fotografías y 18 historias* en el festival Playground del centro de arte STUK/Museum M de Lovaina el 11 de noviembre de 2012 junto con Dora García y Myriam Van Imschoot. Brams propuso una historia de ficción como forma de respuesta a la foto *Retratos callejeros*. Se pensó en él por su conocimiento de la tradición del arte conceptual, y de modo particular la de Bélgica.

Retratos callejeros. Barcelona, 1975

Koen Brams

Caja negra

1. Entrada

Llegada en tren a la ciudad, en un asiento del lado izquierdo. El tren suelta un suspiro profundo y poco a poco se pone en marcha. La lluvia azota la ventana; el viento sacude los árboles y matorrales al otro lado de las vías. La primera pintada, de color plateado, cubre la vista: HAVOC, BEURK, SURINE. El tren retumba al pasar junto a la trasera de las casas; sobre un tejado de asfalto ondean unas sábanas blancas. Suena un silbido y el tren penetra en un túnel corto. Hay un momento de oscuridad total seguido de una vista de jardines atestados de basura. El tren cruza el puente del canal con un rítmico traqueteo metálico. Se desliza sobre el río cambiando de sonido y entra en una especie de tierra de nadie; un área aprisionada en la maraña de las vías. Detrás hay coches, ocultos tras setos de más de un metro. Después Le Ram Dam. El tren se deja ir y con dolorosa lentitud entra en la estación hasta que por fin se detiene chirriando. Un hombre de rostro colorado, vestido por completo de verde, pasa junto a la ventana echando una ojeada perdida al interior del vagón.

2. El plano

La ciudad está cercada por innumerables montes escarpados desde donde le gusta ser admirada. Una ciudad presumida. Vista sobre el plano, observamos que los ríos que confluyen aquí forman los rasgos elegantes y esbeltos de un cuerpo de mujer. Y su coño: el Impasse du Canal.

3. La modelo

Primero él la fotografía vestida con un jersey gris moteado con cuello en V y minifalda. Luego con pantalones amarillos y una blusa transparente blanca sin mangas. Tras esto, con un vestido rojo, guantes negros, pañuelo y leotardos. Por último, nada más que con medias, minifalda y gorra. Fotógrafo y modelo llevan horas trabajando cuando él le pide fotografiarle únicamente las manos. Le pide que se quite los anillos y el brazalete; quiere que tenga desnudas las manos. Después le dicta la postura de las manos. "Ponte la mano derecha sobre el pecho y sostenla por debajo con la izquierda. Apoya la cara sobre la mano izquierda, doblando todos los dedos menos el índice, y coloca el dorso de la mano derecha contra el pecho." "Desliza esa mano entre los dos botones de tu chaqueta con todos los dedos extendidos excepto el corazón y el anular." "Sujétate el seno izquierdo con la mano derecha y apunta el índice de la mano izquierda hacia el pecho, descansa sobre el seno izquierdo los demás dedos de la mano izquierda." "Coloca el dorso de la mano derecha contra el seno izquierdo y usa esa mano derecha para agarrarte la izquierda, que se adelanta en el aire con los dedos doblados."

4. La persecución

Una mujer se ha sentado en el vagón de metro. Es alta y delgada; tiene la cabeza pequeña y redonda, con largo pelo castaño recogido en una coleta y ojos castaños de forma ovalada que miran de arriba abajo con viveza. Al estirarse la mujer, él nota un trozo de piel morena que le asoma debajo de la camiseta y le ve la goma negra de los pantis por encima de sus pantalones azul oscuro. Lleva zapatos sin tacón de un amarillo chillón. Tiene dos bolsos y dos teléfonos móviles, un *smartphone* y un móvil normal, a los que no quita ojo.

Cuando él se baja del tren advierte que también ella se pone en pie, pero la pierde de vista. Él camina hasta el andén de otra línea de metro. Cuando el tren llega y se detiene, vuelve a ver a la mujer y decide sentarse enfrente de ella. Ella no lo mira, y él sólo la ojea esporádicamente. No quiere que piense que la espía. Dos estaciones más adelante la mujer se baja y él la sigue. Los dos caminan hasta otro andén, donde de nuevo toman el metro en la misma dirección. Él elige un asiento frente a ella, algo escorado. ¿Irán otra vez los dos al mismo destino? Faltando cuatro estaciones para el final ella permanece sentada. No baja del tren ni cuando quedan ni tres ni dos estaciones, y tampoco en la penúltima estación. Ahora el metro llega a la estación de él, que con considerable excitación la ve bajar del tren y caminar despacio hacia la salida. Él decide subir las escaleras mientras la mujer se demora en la estación. Ella sube lentamente las escaleras tras él. Se detiene en un semáforo, aunque la luz verde todavía parpadea. Sólo cuando el semáforo vuelve a cambiar a verde cruza ella la calzada hacia un kiosco de prensa. Poco después hace el recorrido de vuelta y se acerca al puesto de periódicos que hay en la otra glorieta de la calle. Luego va hasta otro paso de peatones. Cuando la luz se pone en verde, ella cruza y entra en un supermercado. Minutos más tarde vuelve a salir sorbiendo un *cappuccino* frío. Después regresa al sitio próximo al paso de peatones entre las dos glorietas. Intenta sacar algo de su bolso de mano sujetando un costado del bolso con una mano y rebuscando dentro con la otra. Coge su *smartphone* y comprueba si tiene mensajes mientras se pasea de un lado a otro un poco nerviosa. El hombre pasa con toda intención junto a ella y le dirige una mirada. Sus ojos se encuentran con los de ella. Ella lo mira un momento, casi con empatía, pero no lo reconoce. No lo ha reconocido.

5. Los transeúntes

"¿Para quién está usted sacando fotos?", le pregunta una anciana muy decidida. Cuando el fotógrafo le dice que son para él, ella se tranquiliza enseguida. "Ah, entonces no pasa nada, siga, siga", murmura. Otra mujer, también mayor, le pregunta al fotógrafo si es que lo envía el Estado.

Cuando él le responde negativamente, parece muy aliviada y cada uno se va por su lado. Otra persona, un hombre de unos treinta años, quiere saber también por qué está trabajando el fotógrafo en su calle. "Es que por aquí hay muchos robos, sabe usted", dice bastante alterado. Al fotógrafo la insinuación le pone nervioso y casi tartamudea al tratar de explicarse. El hombre se aleja pero vuelve unos minutos después y le pregunta al fotógrafo si tiene inconveniente en que le saque una foto. No hay tiempo para la contestación porque segundos más tarde suena el clic del obturador de la cámara. El fotógrafo fotografiado.

6. La mano

Cuando el autobús se pone en marcha, ella se aferra a la barra con una mano fina. El autobús aumenta la velocidad y la mano palidece por el esfuerzo. El autobús se para, ella suelta la barra y deja caer la mano, rozando la pierna de él. De repente el autobús vuelve a arrancar y ella levanta la mano a la barra lo más rápido que puede, tocándole otra vez la pierna. Con cada movimiento brusco del vehículo se le marcan los músculos y huesos de la mano, las venas se hinchan y las uñas se ponen rojas y moradas. La expresión de la mujer no cambia. La cámara de seguridad graba toda la escena; encima de la entrada del autobús hay un letrero que dice que el conductor no tiene acceso a la cinta de vídeo.

7. La pequeña caja negra

La aparición de la pequeña caja negra es un momento decisivo, porque de pronto engulle la primera versión del relato —las invenciones del único personaje— igual que un enorme agujero negro, antes de ofrecerle al espectador una nueva recreación.

a. El test

El test requiere una perspectiva externa respecto de los sujetos del test, a fin de extrapolar los casos que se prueban. El test puede ser funcional o no funcional. El diseñador del test puede elegir entre input correcto e incorrecto y determina cuál es el input correcto. No se tiene conocimiento de la estructura interna de los objetos a prueba. En el test nada (o muy poco) del efecto es conocido por el probador. Normalmente el test lo realizan personas que poco o nada necesitan saber sobre la estructura interna de los objetos sometidos a prueba. Cuanto más elevado sea el nivel del test, y por tanto mayor y más complicada la caja, tanto más estará obligado el diseñador del test a simplificar la prueba. Aunque este método puede poner de manifiesto partes de la especificación no implementadas, es imposible tener la seguridad de que todas las situaciones posibles han sido testadas.

8. La sombra

El sol brilla a su espalda. Delante de él, en la acera, hay una enorme zona de sombra apenas reconocible como la forma de un cuerpo humano, y menos aún del suyo. Sus piernas se prolongan extraordinariamente con los brazos soldados al cuerpo, la cabeza es un cuadrado. Aprieta el botón, oye un chasquido y percibe que algo ha venido a distorsionar su sombra. Él no se ha movido ni cambiado de postura. De repente siente una punzada en el costado. Se vuelve veloz, como picado por una avispa, dejando que la cámara le cuelgue del cuello. El fotógrafo se encuentra ante un ser portentoso, un hombre vestido con un mono verde con bandas fluorescentes y debajo un jersey verde-marrón, con una gorra verde-ocre en la cabeza. Antes de tener ocasión de iniciar una conversación, en caso de que tal conversación hubiese sido posible, el Hombre Verde se ha dado a la fuga. A grandes zancadas, mucho más largas de lo que podría sugerir la longitud de sus piernas, el tipo sale corriendo. Antes de que al fotógrafo le dé tiempo a apuntarle con la cámara, ya ha desaparecido por completo de la vista.

9. La pose

Con los dos codos apoyados en la barandilla, ella ha echado la cabeza y el cuello hacia atrás. No se le ve la cara, salvo una fracción del mentón y el cuello. Los brazos, doblados ligeramente y con las manos colgando, le tocan el estómago. La camiseta gris que lleva bajo la chaqueta negra está un poco recogida y deja ver una estrecha franja de carne. Lleva un medallón. Es imposible un mayor contraste entre las líneas tensas del cuello y el estómago y las manos que penden sueltas y llenas de vida junto al estómago.

10. La muñeca

En los jardines públicos alguien ha colocado una muñeca verde delante de un panel publicitario blanco. La muñeca está hecha de forma muy sencilla, con dos palos fluorescentes verdes cruzados y atados. Lleva unas enaguas verdes, y sobre ellas un delantal verde, un jersey verde oscuro, una bufanda verde y una gorra verde. La muñeca no tiene pies; las manos están hechas con unas toallitas anudadas al palo. En los jardines, además, han clavado en el suelo unos palos verdes; un pedazo de la verja está pintada de verde e incontables palos verdes cuelgan de una cuerda en el panel publicitario blanco. En la superficie blanca del panel se ven, escritos con letra elegantemente fluida, varios versos de un poema: "Dites, quel est le pas des mille pas qui vont et passent/Sur les grandes routes de l'espace/Dites, quel est le pas qui doucement, un soir, devant ma porte basse/S'arrêtera?"

11. La cámara de vigilancia

El hombre ha seguido a la mujer hasta la puerta de un café. Justo cuando ella va a abrir la puerta, el hombre la agarra por el cuerpo y le besa el cuello. La mujer se gira un poco, a la vez enfadada y perturbada, pero antes de que pueda hacer algo el hombre se ha ido. Al principio la mujer empieza a seguir al asaltante, pero tras vacilar unos segundos, se vuelve atrás. Ofuscada, observa cómo el hombre huye corriendo hasta meterse por una calle lateral y desaparece. Ella se queda allí, enfurecida, gritando con todas sus fuerzas y gesticulando. Los viandantes, ninguno de los cuales ha visto lo sucedido, miran incrédulos a la mujer. ¿Qué ha pasado? ¿A qué viene ese enfado? Una mujer se acerca a ella y parece preguntarle qué es lo que ocurre. Agitando frenéticamente las manos al aire, totalmente histérica, la víctima le cuenta lo sucedido. La mujer pone una mano en el brazo de la víctima y la apacigua. Las dos entran en el café. Ésa es la última imagen en blanco y negro que el empleado de seguridad puede captar. Ahora que dentro del café la mujer es inaccesible para él, dirige su atención hacia las otras pantallas. Ve a niños jugando en un parque; alguien que pasea arriba y abajo en una parada de autobús y luego su atención es atraída de pronto por un vehículo que a toda velocidad embiste varios postes y termina empotrándose contra la fachada de una casa.

12. La frase

"Está claro lo que busca, ¿pero quién es usted?" Probablemente él nunca sabrá quién pronunció esta frase. ¿Un hombre o una mujer? ¿Una muchacha o un viejo? ¿O generó la frase una máquina y no un ser humano? "Está claro lo que busca, ¿pero quién es usted?".

13. El movimiento

Lo que se mueve no es la cámara, sino la muchacha. Con muchísima lentitud va girando sobre su eje. Aún continúa girando cuando la cámara ya sólo capta la falda plisada. Ocurre lo mismo cuando el visor de la cámara enfoca la camisa bordada. La muchacha sigue rotando muy pausadamente cuando la cámara muestra su cara: mejillas sonrosadas, trenzas, piel reluciente. Brillan los ojos azules, pero miran fijamente al frente. La muchacha no tiene piernas ni pies.

14. El telescopio

En uno de los montes desde donde puede admirarse la ciudad han construido una plataforma de color herrumbroso que permite a las personas curiosas contemplar la ciudad desde unos cuantos metros más de altura. Tras ascender a la plataforma, el espectador divisa la ciudad que se extiende frente a él. Puede verla en su totalidad, pero al mismo tiempo, por una simple moneda, podrá explorar cualquier rincón concreto de la urbe. Oye caer la moneda dentro del aparato con un golpe sordo. Mientras el reloj del telescopio va contando los segundos, él escudriña con un ojo la plaza del mercado y luego mueve el catalejo un poco más hacia la izquierda para fijarse en una concurrida calle comercial. Ve la puerta abierta de una tienda y al acercar el zoom su vista tropieza con un hombre extraño, vestido todo él de verde, que está sentado sobre una caja de cartón, con una pierna recogida y la otra estirada delante. El Hombre Verde está pendiente de un monitor de televisión dividido en cuatro recuadros cuyas imágenes cambian sin cesar. En el preciso instante en que el tiempo de observación se acaba, el espectador ve cómo el propio Hombre Verde aparece en una de las cuatro pantallitas.

15. Salida

Salida en tren de la ciudad, en un asiento del lado derecho. Antes de que el tren arranque, dos grajillas se disputan un sándwich en la estación. Aparecen las primeras pintadas: beab, SURINE. Un armario eléctrico cubierto de ellas; en una casa, escrita con tiza, la palabra VALKE. El tren se abre camino entre dos laderas invadidas por la vegetación. Otro armario eléctrico recubierto de grafitis. De repente, un panel publicitario casi destrozado, sólo le quedan dos planchas, en el que es visible la palabra Humanités. Luego un panorama de prados, una torre de agua. Una mujer, someramente ataviada con un vestido blanco sin mangas, va caminando por el caminito que discurre entre las vías del tren y el prado. Está hablando por teléfono, completamente sola. Menos de un segundo después queda reducida a un punto blanco en un paisaje de infinitos tonos de verde.

Azucena Vieites leyó su texto sobre *El discurso sigue… su curso* en la segunda parada de *18 fotografías y 18 historias* el 20 de abril de 2012 en el espacio de Bulegoa z/b en Bilbao después de José Díaz Cuyás y antes de Jaime Vallaure. Sabíamos de su afinidad con aspectos de la práctica de Valcárcel Medina a través de conversaciones personales y referencias en textos.

El discurso sigue… su curso. Granada, 1993

Azucena Vieites

1.
Quisiera decir, a modo de introducción, que cuando se me invitó a formar parte de estas lecturas, tuve que aclarar que ni soy experta ni soy gran conocedora del trabajo de Isidoro Válcarcel Medina, que lo que sí he hecho es citarlo en un par de ocasiones en algunos textos y charlas sobre mi obra, en el marco de otras citas o referencias al trabajo de artistas que me servían para hablar sobre/pensar/mostrar el que yo realizo.

Casualmente estaba por Bilbao en febrero del año pasado y pude ir a Bulegoa z/b cuando Isidoro lo visitó en una jornada para esta misma propuesta. Además, de nuevo casualmente, tengo el catálogo de su proyecto *Ir y venir* de la Fundació Antoni Tàpies desde que salió, en el año 2002. Me "enganchó" el apartado de la selección de textos de Isidoro que se compone de fragmentos inéditos de conferencias y talleres o artículos para prensa, especialmente el titulado "¿Qué es dar una conferencia?". Este texto es el que cité en uno que yo misma, por encargo, escribí sobre mi propia práctica.

La propuesta que Bulegoa z/b lanzaba era que tenía que seleccionar una de las dieciocho fotografías resultado del proyecto *Performance in Resistance* y elaborar un relato. Dice la propuesta: "A través de una multiplicidad de relatos narrados desde distintas ciudades se pretende tejer un texto a múltiples voces que dé cuenta de la riqueza y complejidad de la obra de Valcárcel Medina."

En realidad, como ya he aclarado desde el principio, no soy experta ni gran conocedora de su obra, con lo cual en la elección que yo tenía que hacer se incorporaba este factor de un conocimiento limitado. Mirando las fotografías me di cuenta de que en una de ellas, en la última, aparecen dos personas que conozco, sentadas en un banco, mientras Isidoro parece leerles algo. Ésa podía ser la razón para escoger la imagen: conozco a quienes aparecen en la fotografía. Debajo se puede leer mecanografiado: "GRANADA, 1993". Ésta podría ser otra razón.

En un encuentro que tuve con Miren Jaio en Madrid para charlar sobre la idea que yo tenía de relato y sobre mis dudas en cuanto a la elección de la imagen, casualmente, sin que yo le contara nada de lo anterior, y ya van tres, ella me propuso esa misma, ya que pensó que podía ser adecuada, en relación con lo que yo le estaba contando, a la idea que tenía de relato en la cabeza:

> Me preguntabas por teléfono que por qué te comenté en Madrid que *El discurso sigue... su curso* era, de las 18 piezas de Valcárcel, la que pensaba que mejor podía adecuarse a tu relato. Recuerdo que en un primer momento te hablé de *Paso de peatones*. Me va a costar un poco porque en realidad lo que yo recuerdo es haberte ido escuchando explicar aquellos momentos en los que habías mencionado su obra en un par de textos tuyos. Ahí, según ibas identificando los asuntos de su práctica (entendiendo práctica como búsqueda) que te interesan especialmente y que en cierto sentido ves reflejados en la tuya, iba viendo claro que tenía que ser *El discurso* la pieza que mejor te iba.

Le comentaba a Miren en aquel encuentro que algo que me interesa del trabajo de Valcárcel Medina tiene que ver con la idea de lo absurdo y del proceso. Así, al escribirme, a petición mía, unas breves notas sobre aquello que me comentó en Madrid acerca de *El discurso*, comenta:

> ... escribir un discurso que apenas nadie va a escuchar. Esos nadies, además, sólo escucharán un fragmento. La acción consiste en que Isidoro iba

por la calle preguntando a la gente: "Oiga, ¿le importaría a usted que le leyera un poco de esto que tengo aquí escrito?". Caso de que le permitieran leerles un fragmento (cosa que no siempre sucedía), él lo leía y seguía hacia delante en busca de nuevos oyentes. El discurso, creo entender, lo leía completo mientras recorría la ciudad, pero más allá de él mismo (su autor), nadie lo escuchaba en su totalidad.

En otro momento Miren también me comenta:

El discurso, como muchas otras obras suyas, revela la fragilidad de ese consenso general sobre el que se sostiene el arte como sistema, ese acuerdo de que el arte para ser arte ha de ser y es una forma comunicable. Por otro lado, esa renuncia o ese reconocimiento del fracaso constitutivo de toda obra de arte, de su incapacidad para comunicar o mostrarse totalmente, no hace más que reafirmar la fe (o el anhelo) en el poder del arte para comunicar.

Y termina diciéndome:

… es poco más o menos lo que se me ocurre de por qué creo que *El discurso* es tu foto.

Ya desde un principio quise conectar todo esto con la idea de leer el transcurrir de mi propio discurso y mostrar como relato la última versión del mismo. Así, si se me permite la literalidad, yo, como Valcárcel Medina, volvería sobre algo ya hecho. Se trataría no tanto de "contar" como de leer este relato. Para ello he estado ensayando su lectura y paradójicamente, no "me sé" la "conferencia", es decir, no sé cómo va a ser el proceso, ni el resultado, ante un público y en tanto que "experiencia".

La versión última de este texto/discurso propio del que he hablado es una especie de síntesis de reflexiones anteriores que elaboré en el verano de 2011 para una propuesta que me llegó desde un grupo de la universidad en Pontevedra. Se trataba de escribir un texto sobre el significado de la palabra "arte" para elaborar un diccionario que agrupara las colaboraciones de diferentes artistas.

2.

Una de las razones de ser de la práctica artística creo que tiene que ver con la capacidad para escapar de las convenciones y provocar extrañamiento. También creo que los procesos de trabajo deben estar abiertos al conocimiento y dejar márgenes para lo desconocido. No sirve para nada, como dice Valcárcel Medina, que el conferenciante diga públicamente lo que "se sabe" o lo que "ya" "se sabe" (no lo que sabe, que según él sería una determinación intachable), ya que no aporta nada, es inútil, ya está logrado; saberse la conferencia no es la situación ideal para darla[1].

En una ocasión vi a un dúo musical (Chico y Chica) salir a escena. Cuando comienza la música se quedan delante del público, mirándolo fijamente y se mantienen de esa manera, sosteniendo la mirada, divertidos. Parece el principio de algo, pero resulta desconcertante en la medida en que continúa la música, no empiezan a cantar y ese principio se prolonga más de lo que pudiera ser necesario. En otra ocasión un artista invitado a una mesa redonda (me parece recordar que se trataba de Valcárcel Medina) de manera (creo) un tanto consciente (o por las circunstancias) apenas habla.

En los dos casos se desvela lo que representan o no representan en relación a lo que se presupone que tienen que ser o a lo que tienen que hacer, como un dúo musical cantar, como una o un artista-conferenciante[2] decir algo, cubrir ese espacio de tiempo. Ambos podrían parecer impostores al no cumplir unas expectativas previas, al no responder a una convención previa. La experiencia que yo tuve, sin embargo, fue la de que lo representado en un caso y en el otro respondía a una cierta idea de "verdad", problematizando las expectativas del público. Es un ejercicio de gran radicalidad no tratar de contener, de llenar silencios o espacios "vacíos", de construirlos desde la convención. En ese esfuerzo por no tratar de contener, el resultado tiene lugar donde una menos lo espera y es desde ahí

---

[1] *Ir y venir de Valcárcel Medina*. Barcelona / Murcia / Granada: Fundació Antoni Tàpies / Comunidad Autónoma de la Región de Murcia / Centro José Guerrero, 2002.

[2] Quiero hacer un zoom hacia "una o un artista-conferenciante". Es importante pensar sobre cómo el lenguaje, y los discursos, se construyen en relación al género. La experiencia de trabajo que yo he tenido con Erreakzioa-Reacción junto a Estibaliz Sadaba se ha desarrollado así.

GRANADA, 1993

"EL DISCURSO SIGUE... SU CURSO"

"2º Encuentro de performances y nuevas formas de creación"

donde se excede a la propia representación, cargándola de capas de sentido, haciéndola más compleja.

En mis últimos proyectos he querido mirar hacia los modos de hacer de la infancia, por su capacidad de sorpresa, falta de convención y voluntad de construir lenguaje. En una entrevista de Peio Aguirre al artista Jon Mikel Euba publicada por If I Can't Dance (marco también de este proyecto) éste decía que cuando dibuja, cuando trabaja, no lo hace porque quiera contar o decir algo, sino porque quiere ver algo. Desde esa misma voluntad de querer ver, o en todo caso de transmitir o expresar algo, se nos muestran algunos de mis trabajos más recientes, como *Coloring Book*[3]. Esta propuesta incorpora una idea de traducción en la práctica artística, en un esfuerzo por comprender un momento concreto de la cultura contemporánea. Intenta representar desde lo lúdico y la fantasía e introduce la experiencia y las expectativas presentes en los procesos de la vida cotidiana.

Sobre esta noción de experiencia y de expectativa pienso en un ciclo que vi hace tiempo sobre la obra de Jack Smith, en cómo transformaba lo ordinario en algo fantástico, extraordinario, y en ese transformar lo ordinario en fantástico nos encontramos con una idea de fracaso en el sentido de que todo falla, nada funciona, todo sale mal. LTTR, un grupo feminista queer de Nueva York que estuvo presente en la sección de publicaciones de la documenta 12, titulaba su tercera publicación *Practice More Failure* (Practica más fracaso). Hace poco descubrí esta cita de Quentin Crisp: "If at first you don't succeed, failure may be your style" (Si al principio no triunfas, quizás el fracaso sea tu estilo).

Para Cathy Lomax[4] es importante extender su trabajo a otros campos; retoma el espíritu DIY del punk y cuestiona el virtuosismo técnico como requisito fundamental a la hora de hacer algo. Cuando se interesa por artistas busca una actitud, un tipo de energía que contagie, que invite a la acción.

Para una representación de un deseo queer los códigos cambian en tanto que representación para un público. La relación entre artista y audiencia

---

[3] *Coloring Book*. Autoeditable *Zehar* AE 01, Donostia-San Sebastián, Arteleku, 2010.

[4] Artista, dirige Transition Gallery en Londres y edita *Arty*.

genera formas de representación y reconocimiento en torno a la indumentaria, los gestos, la mirada, el cuerpo.

Carme Nogueira[5] nos habla del contexto y del papel del espectador como generador de sentido, el lugar del espectador como un agente en la obra, o al menos en su interpretación. Habla de una ampliación de la referencia en el espacio de la obra de arte, de una secuencia, una multiplicidad de imágenes a un tiempo, que amplíen la escena. Desmontar la lógica narrativa para incorporar un punto de vista no tan central, o incluso más de un punto de vista, con lo cual la audiencia pueda ser también parte activa de la propia obra.

El blog sobre performance que Itziar Okariz coordinó para *Zehar* a finales de 2009 decía en una de sus entradas:

> Joan Jonas no es articulada a la manera que uno espera de las piezas de arte cristalinas, pone sus aproximaciones unas al lado de las otras (suceso, *tableau vivant*, objetos, film, dibujos, cámara, etc.), amontonadas. Hay algo extraordinario en ese mostrar cómo se produce un registro. La audacia del registro, la diferencia y la similitud con lo que sucede, comparte con Houdini la pasión por mostrarnos la falacia de los médiums y al mismo tiempo ser una ilusionista. El sentido de posibilidad está exacerbado. Se da un ligero desplazamiento, precisamente una desarticulación.[6]

---

[5] Carme Nogueira, "La representación como puesta en escena: contextos", conferencia en el seminario *Mutaciones del feminismo*, Donostia-San Sebastián, Arteleku, 2005.

[6] Itziar Okariz, "Joan Jonas el jueves pasado, *Reading Dante*, en el *Performing Garage*", blog Performance Edición, Donostia-San Sebastián, Arteleku, 2009.

Azucena Vieites read her text on *El discurso sigue... su curso* (*The Discourse Follows...its Course*) at the second stage of *18 pictures and 18 stories* on 20 April 2012, at Bulegoa z/b, Bilbao, following on from José Díaz Cuyás and before Jaime Vallaure. We knew of her affinity with aspects of Valcárcel Medina's practice through conversations and text references she has made.

El discurso sigue... su curso. Granada, 1993

Azucena Vieites

1.
By way of introduction: when I received this invitation, I had to make it clear that I'm not an expert on Isidoro's work and am not even very familiar with it. What I have done is quote him occasionally in texts and talks on my work, in reference to work by other artists that helps me to speak about/think about/show what I do.

Last February I happened to be in Bilbao and passed by Bulegoa z/b while Isidoro was also there. Coincidentally, I've had the catalogue of his *Ir y venir* project for the Fundació Antoni Tàpies since it came out in 2002. I was 'hooked' by the section containing a selection of texts by Isidoro made up of unpublished fragments of talks, workshops, and articles for the press, particularly *¿Qué es dar una conferencia?* (*What does it mean to give a talk?*). I quoted this in a text I was commissioned to write on my own work.

Bulegoa z/b proposed that I choose one of the eighteen photographs from *Performance in Resistance* and create a narrative from it: "Through the multiple narratives told from different cities we hope to weave a multiple-voice text that will account for the richness and complexity of Valcárcel Medina's work." As I made clear to start off with, I'm not an expert on his work. This limited knowledge was an influential factor in the choice I was to make. When I looked at the photos, I realized that there were two people I knew in one of the pictures, who are sitting on a bench; Isidoro appears to be reading something to them. This might have been the reason I chose the image, that I knew the people in it. Or it might have been the words typed underneath: "GRANADA, 1993."

During a meeting in Madrid with Miren, to discuss my narrative doubts over which image I should choose, she, coincidentally, without me mentioning any of this, suggested the same photo, thinking that it might fit what I was talking to her about, the idea I had in mind for my story:

> You asked me over the phone why I said in Madrid that *El discurso sigue... su curso* would fit your narrative best out of Valcárcel's eighteen pieces. I remember initially speaking to you about *Paso de peatones*. It's a little hard for me to say, because in actual fact what I remember is listening to you talking about when you'd mentioned his work in a couple of your own texts. Then, as you gradually pointed out the aspects of his practice (I take practice to mean a search) that particularly interest you and that you feel are in some way reflected in your own, it slowly came to me that *El discurso* was the best piece for you.

During our meeting, I commented that I was interested in the idea of the absurd and the use of process in Valcárcel Medina's work. Then, when she answered my request to write me a few brief notes on what she had said to me in Madrid, she commented:

> ...Writing a discourse that almost nobody will hear. Each of those nobodies will also only hear a fragment of it. The action consisted in Isidoro walking through the streets asking people, "Excuse me, would you mind if I read you a bit of this text?" If they were willing to let him read them some of it (which they weren't always) he did so, and then walked on in search of new listeners. If I understand right, he read through the complete text as he walked through the city, but apart from Valcárcel himself, nobody else heard it from beginning to end.

On another occasion, Miren also said to me:

> *El discurso*, like many of his other works, reveals the fragility of the general consensus underpinning the art system—the agreement that art must be and is a communicable form in order to be art. On the other hand, renouncing or recognizing the inherent failure of any artwork, its incapacity to communicate or reveal itself in its entirety, simply reaffirms the faith in (or longing for) art's power to communicate.

And she ends up saying:

> ...I can't think of all that much to say on why I think *El discurso* should be your photo.

From the beginning, I wanted to connect all this with the idea of reading out the ongoing development of my own discourse and offering the latest version of it as a narrative. In this way—and excuse me for being so literal—I, like Valcárcel Medina, would go back to something done previously. It would not be about 'telling' the story, but about reading it. In order to do so, I've been rehearsing my reading of it. Paradoxically, I don't know the talk 'off by heart'; that is, I don't know what the process will be like in the end, or the result, towards/before a public and as an 'experience'.

This text is a sort of synthesis of previous thoughts that I put together in the summer of 2011 for a proposal from a university group in Pontevedra. I was asked to write on the meaning of the word 'art' for a dictionary bringing together collaborations by different artists.

2.

One of the reasons I think art exists as a practice is our capacity to break free of conventions and cause estrangement. I also think that work processes should be open to knowledge and leave space for the unknown. It is useless, as Valcárcel Medina says, for the speaker to publicly say what 'is known' or what is 'already known' (not what he or she knows, an unimpeachable determination, according to him). To do so offers nothing, it is useless, it has already been done; knowing what you're going to say is not the ideal way to give a talk.[1]

I once saw a two-person band (Chico y Chica) come out onstage. When the music started, they stood in front of the public, staring hard at them, and didn't move for a while, mockingly holding their gaze. It looked like the beginning of something but it was disconcerting—the music went on, but they didn't start singing, and the beginning was drawn out for longer than necessary. Another time, an artist invited to a debate (I think it might have been Valcárcel Medina) hardly spoke. This was (I think) more or less a conscious decision (though it may have been due to the circumstances). On both occasions, what the artists represented or did not represent, in relation to what they supposedly had to be or do, was revealed: a band ought to sing; an artist-speaker[2] ought to say something, to cover the allotted time space. In either case they might be considered to be impostors by not fulfilling previous expectations or responding to established conventions. However, my experience was that what was represented on each occasion responded to a certain idea of the 'truth' by calling into question the public's expectations. To not attempt to contain or fill silences or 'empty' spaces, to not construct them out of convention, is a highly radical exercise. In the endeavour to not attempt to contain, results come about just where you least expect them, and it is there that representation overflows itself and acquires other layers of meaning, and greater complexity.

In my most recent projects I have looked at the ways children work, their ability to surprise, the lack of conventions and the will to build language. In an interview between Peio Aguirre and artist Jon Mikel Euba, also published by If I Can't Dance, Euba said that when he draws or works he doesn't do so because he wishes to tell or say something, but because he wants to see something. The will to see, or transmit or express

---

[1] Valcárcel Medina, I., *Ir y venir de Valcárcel Medina*, Barcelona / Murcia / Granada: Fundació Antoni Tàpies / Comunidad Autónoma de la Región de Murcia / Centro José Guerrero, 2002.

[2] I want to zoom in on this phrase, 'an artist-speaker'. [TN: In Spanish, un o una artista-conferenciante, habitually un (masculine/feminine generic).] It's important to think about how language, and discourses, are constructed in relation to gender. The work I did with Erreakzioa-Reacción and Estibaliz Sadaba was developed around this.

something, is behind some of my most recent works, such as *Coloring Book*.³ Here, I incorporated the idea of translating into art practice, in an effort to understand a particular moment in contemporary culture. I try to represent play and fantasy, and introduce experience and expectations present in the processes of everyday life.

On the notion of experience and expectation, I think back to a series of screenings I saw some time ago on the work of Jack Smith, on how he transformed the ordinary into something fantastic and extraordinary; in this transformation we come across an idea of failure, in the sense that everything breaks down, nothing works, everything turns out wrong. LTTR, a queer feminist group from New York who were included in the documenta 12 magazine section, titled their third magazine *Practice More Failure*. I also recently found this from Quentin Crisp: "If at first you don't succeed, failure may be your style."

Cathy Lomax⁴ considers it important to broaden her work into other fields; she revisits the DIY spirit of punk and questions the idea of technical skill as a prerequisite for any kind of work. She seeks a certain attitude in an artist, a kind of contagious energy, a call to action for others.

In representations of queer desire, codes change in the representing of something to a public. The relationship between artist and audience generates forms of representation and recognition based on attire, gestures and movements, the gaze, the body.

On context and the role of the viewer in generating meaning, Carmen Nogueira⁵ mentions the viewer's position as an agent in the work, at the very least in the interpretation of it. She speaks of a broadening of the artwork's referential space, of a sequence, a simultaneous multiplicity of images that enlarge the setting of the work. Breaking down the narrative logic and incorporating a less central viewpoint, or possibly even multiple viewpoints, allows the audience to become an active part of the work itself.

---

[3] Vieites, A., *Coloring Book* Autoeditable *Zehar* AE 01, Donostia-San Sebastián, Arteleku, 2010.

[4] Artist, director of Transition Gallery, London, editor of *Arty*.

[5] Nogueira, C., 'La representación como puesta en escena: contextos,' talk at the seminar *Mutaciones del feminismo*, Arteleku, Donostia-San Sebastián, 2005.

One of the posts in the performance blog coordinated by Itziar Okariz for *Zehar* in 2009 read as follows:

> The work of Joan Jonas is not articulated in the way you expect from crystalline art pieces. She places approximations side by side (happenings, tableaux vivants, objects, film, drawings, the camera, etc.) as cumuli. There is something extraordinary in this way of showing how things are registered. The audacity of the register, the difference and similarity between it and the actual occurrence, shares the passion of Houdini for debunking mediums yet being an illusionist at the same time. The sense of possibility is exacerbated. There is a slight displacement, a de-articulation, to be precise.[6]

---

[6] Okariz, I., 'Joan Jonas el jueves pasado, Reading Dante,' in *Performing Garage*, blog by Performance Edición, Arteleku, Donostia-San Sebastián, 2009.

Jaime Vallaure realizó el relato performativo sobre *Peón de rey* en la segunda parada de *18 fotografías y 18 historias* el 20 de abril de 2012 en el espacio de Bulegoa z/b en Bilbao a continuación de José Díaz Cuyás y de Azucena Vieites. Codirige la editorial Entreascuas, donde ha publicado dos trabajos de Valcárcel Medina: *2000 d. de J.C.* (2001) e *Intonso* (2011). A lo largo de toda su disertación Vallaure mantuvo el gesto del artista en la fotografía "Peón de rey".

Peón de rey. Murcia, 1965

Jaime Vallaure

A
Este trabajo fue pensado exclusivamente para ser visto, no leído.
El hecho de que adquiera esta forma ahora es consecuencia de un compromiso previo que no afectó a lo sucedido.
Ahora bien, la escritura sí se ve profundamente afectada por lo hecho. Lo escrito tiene que dar testimonio de lo que tuvo lugar un viernes 20 de abril de 2012.

Este texto está organizado en tres categorías: A, B y C.
El nivel A habla sobre la relación entre el acontecimiento y su relato. Intenta, a su manera, desenmarañar la traslación de lo visto y vivido a lo relatado y leído. La acción y su documento.
El nivel B trata sobre las intenciones de lo hecho. Ideas, pensamientos, referencias que se tuvieron en cuenta en su momento para la confección de la acción.
El nivel C describe lo más fielmente posible la acción que tuvo lugar. No se van a usar para su reconstrucción ni material de audio ni imágenes de registro. Sólo la memoria.

B

El punto de partida: el aspecto va a ser un tanto demencial. Entre cómico, burlesco y patético. Este escollo hay que superarlo. Se trata de que juegue a favor, no en contra.

Pero es que algo de patético tienen estas fotos, la más evidente *Maratón* (Madrid, 1981), aunque también *El pintor en la calle* (Madrid, 1978) u *Hombres anuncio* (Madrid, 1976).

Hay algo de falso, como de cartón piedra, en todo este trabajo, que resulta extraño, ajeno a la práctica llamemos habitual (si es que existe) de Valcárcel.

Esa extrañeza es la que se quiere poner de manifiesto y compartir haciendo una conferencia como *tableau vivant*.

La idea es crear una situación lo más parecida a la foto elegida.

Buscar lo que se tenga más a mano para recrear la foto fija. Nada de disfraces complejos. Lo que haya en los armarios más cercano a lo fotografiado.

Encontrar el aire, el tono general.

No se trata tanto de calcar la foto, sino más bien de recoger su espíritu, su juego.

Se trata de dar una conferencia en una posición fija, sin moverse; moviendo sólo los labios para poder hablar.

Sin embargo, se propone un pequeño cambio: avanzar la peonza de una casilla a otra para que el discurso también pueda avanzar. Seis casillas, las mismas en las que puede moverse el peón. Peonza y peón. Peón y peonza.

C PE2

La acción comienza cuando el actante coloca el tablero de ajedrez en el suelo y adopta lo más fielmente posible la posición de la fotografía "Peón de rey" (Murcia, 1965), que sirve como modelo y que el público ha podido observar previamente sobre una mesa.

Se contempla detenidamente la foto varias veces.

Se coloca una peonza en la posición de peón de rey de blancas PE2.
Se fija definitivamente la posición de la foto.
Esta posición estática se mantiene un tiempo largo en silencio.
No sucede nada más.

A1
… Pero mi pesadumbre pedía una imagen justa, una imagen que fuese al mismo tiempo justicia y justeza: justo una imagen, pero una imagen justa. Tal era para mí la fotografía del invernadero.[1]

Resulta evidente, y más para todo aquel que conozca a Valcárcel, que es imposible que tenga veintiocho años en la foto.
Hay un dato erróneo.
O bien se trata de una pista para poder abordar el trabajo.

Peón de rey es una supuesta reconstrucción (no hay documentación visual de la acción original) de una acción del año 1965 que lleva el mismo nombre.
Bajo esa premisa me tomo la libertad de reelaborar en mi persona la imagen previamente reconstruida.

La acción consiste en mantenerse estático todo el tiempo mientras se realiza la conferencia. Tan sólo plantear un pequeño avance de peonza entre las seis casillas disponibles por las que puede moverse un peón de rey (PE2, PE3, PE4, PE5, PE6, PE7). Mantener esa estaticidad para el no iniciado implica un sobreesfuerzo que inevitablemente afecta al discurso, terminado de rodillas por imperativo fisiológico.

Esa imagen, la mía, reconstruyendo la reconstrucción de Valcárcel, no va a mostrarse aquí. Su visionado no cumpliría en absoluto su justeza. Sería una broma como mucho simpática, si no patética. Al ser estática y estar el

---

[1] Roland Barthes, *La cámara lúcida*. Barcelona, Paidós Comunicación, 1990, p. 125. La fotografía a la que hace mención Barthes es una foto de su madre que nunca aparece en el libro y que es el eje absoluto del texto.

esfuerzo ausente deja de tener sentido. Se crea así una paradoja irresoluble, ya que la diferencia entre lo hecho y lo escrito se hace insalvable. Sólo aquél que acudió al acto puede retener en la memoria la imagen justa. El que lee, como mucho conseguirá evocarla.

> La acción sólo se realizó una vez.
> Una tarde del 20 de abril de 2012.
> Nunca más volverá a tener lugar.

B1

Esto es una exploración en tiempo real. Sé dónde empiezo pero no tengo ni idea de a dónde voy a llegar. No parto con una idea predeterminada, en absoluto.

En ese sentido es una especie de visita guiada, tanto por el exterior de la foto como por lo que en ella se esconde.

Tengo la suerte de conocer a Valcárcel desde 1990. Fue en un taller de acciones en el Círculo de Bellas Artes, donde también coincidió Rafael Lamata, con el que trabajo haciendo performances desde hace años, también en la actualidad, bajo la denominación de Los Torreznos.

Esta relación estrecha con el autor, que se ha ido tejiendo con el paso del tiempo, me ha permitido poder acudir en persona a muchos trabajos que ha desarrollado en estos últimos veintidós años. En muchos de ellos el público era mínimo, escaso, casi inexistente. En otros, los trabajos eran invisibles, había que buscarlos; sobre todo hasta el año 2002, cuando la acogida social, cultural y mediática de la obra de Valcárcel da un giro importante debido a la muestra *Ir y venir* de la Fundació Antoni Tàpies de Barcelona.

C1 PE3

El actante deja la cuerda en el suelo.
  Hace avanzar la peonza con su mano hasta PE3.
  Coge la cuerda y vuelve a la posición inicial.
  Silencio.

De pronto, sin previo aviso, comienza a hablar moviendo sólo los labios:

*La performance, la performance, la performance, la performance,
la performance, la performance, la performance…*

No soy un crítico de arte, no soy un teórico.
Voy a usar esta circunstancia para desarrollar mi relato, mi análisis.
Mirar la foto desde fuera me agota, me desgasta, me consume…
me deja perplejo.
Me propongo entonces mirar la foto desde dentro, encarnarla.
También que otros la vean viva conmigo.
Que le dediquen un tiempo ahora que está activada.
Esto es una reconstrucción de una reconstrucción: ya que el autor
se ha tomado la licencia, yo le tomo la mano y voy más allá.
A ver a dónde se llega.

A2

Reconstruir la foto con lo que uno tiene a mano lleva su tiempo, no es tarea tan inmediata. La vestimenta se elige por tonalidad. El tablero ha de ser transportable, por tanto plegable. Todo debe poder llevarse encima; ésa es una premisa inicial: ir con lo puesto. Llegar a los lugares sin peso y desde uno desplegar un universo inmenso.

Y sin embargo ahí está la tentación de enseñar cómo se solucionaron con cinta aislante negra esas gafas con bisagra invierno/verano, ese reloj atemporal que puede que ni exista y sea tan sólo sombra y recuerdo del tiempo extendido más allá de la voluntad creativa, esos pantalones de pana olvidados en cajones que siempre han ido dos tallas por delante…

¡Qué pena de fotos!

Y ahora tener que contarlo todo, cuando en realidad hay muy poco que contar.

Tan sólo que durante un instante la magia de la empatía puede ponerse en juego gracias a un contexto perfectamente perfilado. Una transferencia energética entre un público que ni me conoce ni seguramente tampoco conoce al artista origen de todo este tinglado conceptual.

B2
Se acaban las performances.

En el año 1996 invité a Valcárcel a participar en un festival de performance que organicé junto a Marta Pol dentro del Festival de Otoño de Madrid. Su respuesta inicial fue que él ya no hacía performances, que había decidido no hacer trabajos dentro de esa práctica debido a su enorme proliferación, éxito de crítica y público. La situación era un tanto peculiar, ya que había sido él quien me había introducido en al ámbito performativo, aunque las denominaba acciones, un término en castellano mucho más preciso para este tipo de prácticas artísticas.

Sin embargo, debido en parte a nuestra amistad y en parte a mi natural insistencia finalmente aceptó pensando un trabajo específico para la ocasión. Consistió en estar presente como público en todas y cada una de las acciones, que eran muchas.

En el programa de mano aparecía una línea al final con un asterisco que indicaba: "IVM estará presente en todos los trabajos". En apariencia, ese fue todo el trabajo: una línea en un programa.

Cuando alguien lanza una invitación a Valcárcel y éste acepta, lo que recibe es algo que suele generar una mezcla de agradecimiento, sorpresa y perplejidad. Parece estar hecho a la medida de la persona para provocar una reflexión digamos a la carta. En mi caso, mis enormes ganas de poder mostrar al gran público un trabajo de Valcárcel en un contexto adecuado y amplificado se vieron cortocircuitadas por una intervención donde supuestamente no pasaba nada, al menos nada visible, expuesto a la mirada de un público convocado.

Lo que planteaba en el fondo esta acción era que la performance estaba tomando una deriva espectacular excesivamente determinante y que el ámbito performativo debía ser mucho más amplio, no constreñirse exclusivamente al territorio escénico dentro de festivales[2]. Al hacer un trabajo como público se reconducía esa presencia hacia una invisibilidad anónima.

---

[2] De hecho el término "arte de acción" define perfectamente para mí esta filosofía de trabajo. En este sentido, la performance tal como se entiende hoy mayoritariamente en su deriva espectacular, es una de las prácticas, una de las subcategorías, que configuran el arte de acción.

Un lugar que era exactamente el mismo que el del resto de los asistentes, sólo que con una salvedad: alguien de los presentes estaría en todas las acciones por propia voluntad. Y eso constituye el primer paso del acto creativo: la acción consciente y responsable.

En aquel entonces pocos sabían cuál era el aspecto de Valcárcel.
Ahora es diferente.
¿Qué pasa cuando alguien se hace visible?
¿Qué consecuencias acarrea?

He tenido ahora que reunirme con el autor para que me contara en qué consistía la acción *Peón de rey*.
No hay manera de obtener más información de lo que se ve.
El asunto fue así:
En un lugar privado el autor reúne a una serie de personas para hacerles partícipes de un acontecimiento. Se efectuaban varios intentos.
El título hace referencia a la jugada de apertura clásica de una partida de ajedrez.
El autor no convoca a su público bajo la premisa de ir a ver una performance. En aquel entonces esa terminología no se usaba, ni en Murcia ni en España; no formaba parte de las categorías empleadas al uso[3]. Tampoco es una acción artística. Digamos que es un evento, algo hecho para que otros lo contemplen y disfruten. Un evento sin categoría.
Esa ausencia de categoría es determinante, ya que no define ni encuadra un hecho. Digamos que éste queda indefinido, suspendido en el devenir del espacio y el tiempo, como una pregunta por resolver. No hay marco de referencia donde posicionarse. No hay fuentes a las que acudir. No hay literatura.
Lo que hay es lo que se tiene delante: un señor (un muchacho, un joven, un adulto) jugando con una peonza.

---

[3] Cuánto han cambiado los tiempos en el manejo de este término en estos cuarenta y siete años… Hoy en día el término "performance" se usa cada vez con mayor frecuencia tanto en el ámbito específico del arte contemporáneo como en terrenos culturales más amplios, donde hace referencia a una especie de espectáculo extraño, indefinible y con frecuencia incomprensible.

C2 PE4
El actante deja la cuerda en el suelo.
  Hace avanzar la peonza con su mano hasta PE4.
  Coge la cuerda y vuelve a la posición inicial.
  Silencio.
  Comienza a hablar moviendo sólo los labios:

> *Peonza en Murcia se dice peón.*
> *Originariamente la acción tiene lugar en el Casino de Murcia en 1965, donde el autor había tenido su primera exposición. Se convoca a un reducido grupo de gente en la sala de billares. Entre ocho y diez personas.*
> *La acción consiste en tirar el peón, o sea la peonza, en la columna de rey y hacer que se desplace solamente en esas seis casillas, las únicas en las que puede moverse el peón de rey.*
> *El autor domina la técnica de la peonza. Hace varios intentos.*
> *Se acuerda de este trabajo tan antiguo por el regalo reciente de una peonza.*

A3
La duración de la acción en Bulegoa z/b no se corresponde temporalmente con lo desarrollado en el apartado C. Es una sensación bastante extraña. La acción es mucho más larga. Infinitamente más. La dificultad para mantener la postura hace que el cuerpo empiece a tomar el control y los músculos dejen de obedecer a voluntad. El discurso se torna más lento, entrecortado, como si se subiera una montaña. La respiración se hace cada vez más presente y la postura comienza a declinarse al suelo.
  Y sin embargo se está intentando contar fielmente lo sucedido.

B3
Pasar desapercibido. Hacerse invisible.
  Aproximadamente hasta el año 2002 Valcárcel era un artista poco conocido en el entorno artístico y social. Eso le permitió un gran margen de libertad, entre otras cosas gracias a una ausencia casi total de compromisos con instituciones culturales. Hasta ese año la mayor parte de los proyectos

MURCIA, 1965

"PEÓN DE REY"

tenían un foco germinal instalado en el propio quehacer del artista. Uno de los más reseñables, tanto por su ambición, duración y resultado, es el conocido como *2000 d. de J.C.*, proyecto en formato libro que cuenta en la actualidad con un buen nivel de divulgación y acogida.

La presentación pública de este proyecto en los últimos días del anterior milenio —no en diciembre de 1999, sino en diciembre de 2000, en el Círculo de Bellas Artes de Madrid— pasó totalmente desapercibida. Al haber colocado el evento un año exacto más tarde del supuesto momento clave, toda la relevancia del efecto 2000 se desvaneció en el aire. Es como si hubiera llegado el último a la meta, fuera de tiempo. Pero no podía ser de otra manera: el milenio acaba al final del 2000, no de 1999. A nadie parecía importar aquello. El revuelo mediático estaba ya en otro lugar peleándose con los acontecimientos más importantes del siglo XXI.

Llegar al final y que casi nadie esté ahí para verte.
Sólo los plenamente interesados. Casi nadie.
¿Por qué facilitar las cosas?

C3 PE5
El actante deja la cuerda en el suelo.
   Hace avanzar la peonza con su mano hasta PE5.
   Coge la cuerda y vuelve a la posición inicial.
   Silencio.
   Comienza a hablar moviendo sólo los labios:

> *Esto no es una performance.*
> *El trabajo de* Peón de rey *y todos los demás referenciados en esta serie* Performance in Resistance *tienen un punto extraño, ortopédico, como de coña.*
> *Respira todo un clima de falsedad, casi de burla.*
> *Incluso en algunos foros artísticos se ha llegado a clasificar esta serie de "vandalismo conceptual".*
> *Tal vez una explicación pueda ser que su autor ya no hace performances desde hace tiempo. Podemos decir que se ha salido de la disciplina.*
> *Hacia el año 1993 el autor ya olfatea la deriva espectacular del ámbito*

performativo y se sale de juego.
En última instancia se trata de no meter las acciones en un cajón, en un sistema de clasificación prefijado que marca, propone e incluso impone una manera de mirar: "¡Ah, es que era una performance! ¡Acabáramos!"

En este caso se trata de una acción que descansa en la habilidad manual, una especie de prestidigitación del movimiento sobre un eje en un estrecho carril.
También de una mezcla de dos disciplinas muy distintas: mano y cerebro unidos en un mismo campo de juego.

A4
Con lo fácil que es plantar una imagen y dejarse de historias.
¿Para qué tanto esfuerzo, tanta vuelta, tanto recoveco?

B4
Fotos sin sentido.
A Valcárcel nunca le ha interesado la documentación sobre su obra. Doy fe de ello. Fundamentalmente creo que le aburre. Más allá creo que no encuentra interés en lo que genera. En última instancia provoca muerte creativa. Ausencia de trabajo nuevo. Pérdida de la capacidad para producir pensamiento y reflexión.
A ello hay que añadir que la documentación sobre performance suele acabar convirtiéndose en obra ella misma. Toda una contradicción. Ahí tenemos el caso paradigmático de Joseph Beuys.

La foto de la acción nunca podrá sustituir a la acción.
Del mismo modo que yo caracterizado como Valcárcel no puedo pretender sustituirlo por mucha presencia que consiga generar, el documento de un trabajo performativo nunca debería sustituir a la propia performance. Si esto sucede es que o bien estaba intrínseco en el proceso, como me parece que es este caso que estamos tratando, o es que algo no concuerda.

Este trabajo documental sobre acciones reales no tiene valor documental en sí, sino que lo tiene como trabajo nuevo. Paradójicamente no es documento de nada más que de sí mismo. Hace referencia de manera juguetona a algo que sucedió en otra época, pero en realidad se trata de una trampa. Se trata de un nuevo trabajo que consiste en dieciocho cuadros vivientes, dieciocho realidades congeladas unidas entre sí por el hilo conductor del tiempo y la práctica accionística. dieciocho acciones repartidas en veintiocho años.

C4 PE6
El actante deja la cuerda en el suelo.
   Hace avanzar la peonza con su mano hasta PE6.
   Coge la cuerda y vuelve a la posición inicial.
   Silencio.
   El cansancio comienza a hacerse evidente.
   Habla:

> Hay que decir que estas fotos son feas.
> Feas a propósito.
> No pasa nada por decirlo. Claramente ésa es la intención.
> Parece que están hechas de cualquier manera, pero no es así. La persona que las ha realizado sabe de fotografía. La culpa es del autor, que no quería repetir las tomas y salía corriendo a por la siguiente foto.
> El trabajo en su conjunto tiene un aire un tanto anacrónico con esos textos a máquina de escribir y esas esquinas biseladas a la manera de los antiguos álbumes de fotos.
> Hay aquí un manifiesto desprecio documental. Y ello para manifestar que la esencia del trabajo no está en su residuo, en lo que queda, sino en lo que se hace, en el momento preciso de la acción ejecutada, en el presente siempre en fuga.
> Hay muchos detalles vinculados al documento original de 1965 no resueltos: las misteriosas letras $E \bullet N \bullet E$ escritas sobre las seis casillas. ¿Cuántas veces se tiraba la peonza? ¿Qué sucedía si se salía de la columna? ¿Cuántas veces se realizó con éxito la operación? ¿Cuánto tiempo duraba la acción?

Todo esto es irrelevante para el caso.
En realidad el trabajo es una trampa: es un cortocircuito documental.
Se trata de documentos falsificados, mal falsificados. Ahí reside su interés.
En su pésima falsificación está la pista para saber dónde está lo importante, de qué se está hablando realmente.

A5

La extensión de la acción y la extensión del relato.
 La síntesis de lo visto y hecho.
 La profusión de lo contado y escrito.
 ¡Qué lugares tan diferentes!
 Qué sorpresa llegar casi a los opuestos tratando de lo mismo.

La acción invita a condensar, unificar, simplificar, contraer, concentrar, eliminar lo superfluo y destilar lo esencial.

La palabra seduce hacia el meandro, el giro sinuoso, el deambular casi sonámbulo por un terreno vivido en otro plano. Reconstruir letra a letra una experiencia cargada de un sufrimiento compartido que puede, supuestamente, hacerse común.

Lo que se espera de una imagen no es nunca jamás lo que se obtiene.
 Lo que se destila de la palabra nunca es exactamente lo que se piensa.

Y sin embargo el verbo es mucho más fiel al cuerpo aun siendo sólo aire suspirado.

B5

En mi caso la elección de esta foto con respecto a otras de la serie está motivada inicialmente por un doble vínculo emocional.
 El primero es que mis hijos juegan a la peonza y tengo muy cerca ese juego, aunque ahora sea prioritariamente de plástico.
 Me gusta que me recuerden que se puede crear con aquello que está más a mano. También que creación y juego están indisolublemente unidos.

El segundo es que nací en 1965. Puede que un poco antes o un poco después de la acción de la peonza. No lo sé ni tampoco tiene especial interés el saberlo. Lo interesante aquí es que en 1965, mientras yo salía por primera vez al mundo exterior en Asturias, acción primigenia y fundadora del ser, había en Murcia una persona adulta de veintiocho años desarrollando una acción privada, en principio con poca carga trascendente. Unidas por la fecha, esas dos acciones se trasladan juntas al presente cuarenta y seis años más tarde. Y aquí estamos. Yo ya mayorcito, imitando a Valcárcel, que a su vez se imitaba a sí mismo jugando con una peonza en algún lugar de Murcia durante los años sesenta.

Es absolutamente impredecible saber qué acciones van a determinar profundamente nuestras vidas. Cuáles van a marcar de una manera determinante nuestra existencia. Qué actos lejanos, distantes, absolutamente invisibles a nuestros sentidos van a ejercer una impronta imborrable en nuestra manera de pensar, hablar y hacer.

Esta falsa fotografía sobre una persona supuestamente de veintiocho años en Murcia poniendo en pie una habilidad malabar que mezcla en un mismo territorio la estrategia del intelecto con la habilidad de la mano tiene la virtud de ejemplificar un campo de profunda influencia en el que escribe.

Permite recordar, entre otras cosas, que a pesar de salir al mundo como peón uno puede alcanzar la categoría de dama y moverse en el tablero de la vida con una soltura impensable, como si fuera una peonza en movimiento perpetuo.

También, que en definitiva de lo que se trata es de tener una actitud frente a la existencia.

Actitud versus Aptitud.

C5 PE7
El actante deja la cuerda en el suelo.
    Hace avanzar la peonza con su mano hasta PE7.
    Coge la cuerda y vuelve a la posición inicial.
    Silencio.
    Comienza a hablar casi tocando el suelo con la rodilla.

La postura no puede mantenerse.
El dolor se hace manifiesto:

Lo importante es la fecha.
El autor no se cansa de repetirlo.
Pensando en ello, tal vez se trate de un trabajo fuera del tiempo, o un trabajo cuya materia expresiva sea el tiempo mismo, un trabajo pensado para gente que aún no ha nacido y que en el futuro mire detenidamente estos documentos artísticos y si afina se dé cuenta de que hay cosas que no concuerdan y que hay algo desajustado.
Un guiño que viene del pasado para reactivar el presente.
Una vuelta de tuerca sobre la falsedad del documento, la mentira de la imagen.
Éste es un trabajo de alguien que en lugar de concebir lo performativo como la tríada clásica tiempo/espacio/cuerpo, lo plantea en los términos tiempo/espacio/cerebro.
El cerebro como el músculo prioritario.
También primigenio.
Anular el cuerpo desde el cuerpo mismo.
Descolocar. Descentrar. Desajustar.

Ir siempre por delante y llegar antes.
Sorprender sin pretenderlo.
No dar nunca jamás lo que se espera de uno.

Jaime Vallaure carried out a performative narrative on *Peón de rey* (*King's Pawn*) at the second stage of *18 pictures and 18 stories* on 20 April 2012, at Bulegoa z/b, Bilbao, following on from José Díaz Cuyás and Azucena Vieites. He co-directs Entreascuas publishers, who have published two works by Valcárcel Medina, *2000 d. de J.C.* (2001) and *Intonso* (2011). Vallaure held the same position as the artist did in the photograph *Peón de rey* for the duration of his talk.

Peón de rey. Murcia, 1965

Jaime Vallaure

A

This work was conceived exclusively to be seen, not read.
The fact that it now exists as text is due to a previous commitment, which did not affect the action itself.

However, what took place had a profound effect on the writing of it. The written work must provide testimony to what took place on Friday 20 April 2012.

This text is organized into three categories: A, B, and C.

Level A speaks of the relationship between the event and the telling of it. It attempts, in a way, to unravel the transposing of what is seen and experienced into what is told and read. Action and document.

Level B deals with the intentions behind what was done. Ideas, thoughts, references that were present in the putting together of the action.

Level C describes the action as veraciously as possible. No audio material or any kind of visual register will be used. Nothing but memory.

B
The starting point: looks slightly demented, somewhere between comic, burlesque, and pathetic. I need to find a way around this, to play for, not against.
There is actually something pathetic in all these photos, most obviously in *Maratón* (Madrid, 1981), but also in *El pintor en la calle* (Madrid, 1978), or *Hombres anuncio* (Madrid, 1976).
There's something false, as in a cardboard cut-out, in all this work, and it seems strange, at odds with Valcárcel's 'normal' practice (if such a thing really exists).
This sense of estrangement is what I want to manifest and share by making a talk as a tableau vivant.

The idea is to set up a situation as similar as possible to the photo I have chosen. I will use what I have close at hand to recreate the image. No complicated costumes. Whatever I have in my cupboard that looks most like the clothes in the image.
To seek the air of it, the general tone.
I am not seeking a carbon copy of the photo; I want to recover its spirit, what it plays at.

The idea is to give a talk while keeping still, not moving; moving only my lips to talk.
However I also want to introduce a slight change: to move the spinning top from one square to the other to allow the discourse to advance in its turn. Six squares, the squares a pawn would move through. Spinning top, pawn; pawn, spinning top.

C K2
The action begins with the performer placing the chessboard on the ground. As closely as possible, he will take up the position in the photograph *Peón de rey* (Murcia, 1965). The model has previously been placed on a table for the observation of the public.
The photo is contemplated for a long while, several times.
A spinning top is placed in K2, the square of the white king's pawn.

King's Pawn

The position in the photo is taken up and held.
The performer holds the position for a long time in silence.
Nothing else happens.

A1
But my grief wanted a just image, an image which would be both justice and accuracy—*justesse*: just an image, but a just image. Such, for me, was the Winter Garden Photograph.[1]

It is obvious, and more so for anyone who knows Valcárcel, that he cannot possibly be twenty-eight years old in the photo.
The information is wrong.
Or it is there as a clue, an entrance into the work.

Peón de rey appears to be a reconstruction of a similarly titled action from 1965 (no visual document of the original exists).
Under the same premise, I allow myself the liberty of remaking the previously constructed image with my own body.

The action consists of holding still for the entire duration of the talk. The only movement will be the top spinning through the six squares a king's pawn could cover (K2, K3, K4, K5, K6, K7). Holding still requires a huge effort for the uninitiated; this will inevitably affect the delivery of the talk. Physiological imperatives will leave the speaker on his knees before the end of it.

This image, of me reconstructing Valcárcel's reconstruction, will not be shown here. To produce it visually would be utterly inexact. It would be a joke, a sympathetic one at most, possibly a pathetic one. A static image with the strain of the effort absent from it would lose all meaning. This would lead to an unsolvable paradox in that the difference between what

---

[1] Barthes, R., *Camera Lucida. Reflections of Photography*, trans. Howard, R., New York, Hill and Want, 1981, p. 67.

Barthes mentions a photo of his mother. Although the text is built around this photo, it never once appears in the book.

took place and what is written is unbreachable. Only those attending the act can retain the precise image of it in their minds. The reader will at most be able to evoke it.

> The action took place only once.
> On the afternoon of 20 April 2012.
> It will never take place again.

B1

This is an exploration in real time. I know where I am beginning but have no idea where I will end. I am not starting with a predetermined idea, not at all.

In this sense it is a kind of guided tour of both the outside of the photo and of what is hidden inside it.

I am lucky enough to have known Valcárcel since 1990. I met him at an action workshop at the Círculo de Bellas Artes (Madrid), in which Rafael Lamata, with whom I have been performing for years as Los Torreznos, also took part.

My close relationship with the artist has been built up over time and I have been present at many of his works over the last twenty-two years. Many of them were attended by a minimal, scattered, or nearly absent public. Other pieces were invisible; you had to search for them, especially before 2002, when the social, cultural, and media reception of Valcárcel's work grew as a result of the *Ir y venir* exhibition at the Fundació Antoni Tàpies, Barcelona.

C1 K3

The performer lays the piece of string on the ground.
He pushes the spinning top forward to K3 with his hand.
He picks up the string and returns to his initial position.
Silence.
Suddenly, with no warning, he starts to speak, moving only his lips:

Performance, performance, performance, performance, performance, performance, performance, performance...

I'm not an art critic, not a theoretician.
I will use this circumstance to unravel my story, my analysis.
Looking at the photo from the outside exhausts me, corrodes me, consumes me...it perplexes me.
So I wish to look at it from inside, to incarnate it.
And for others to see it live with me.
For them to give it some time now that it has been activated.
This is a reconstruction of a reconstruction: as the artist has taken leave to do the same, I will take his hand and go even further.
And see where this gets us.

A2

To reconstruct the photo using what you have at hand is no quick task; it takes time. The clothes are chosen for their colours. The chessboard must be transportable, so it has to be foldable. I need to be able to carry everything on me; that is one of the starting premises: to take only what I can carry. To arrive carrying no spare weight, and to use your self to unfold a vast world.

Nevertheless, I feel the temptation to show how the problem of those winter/summer glasses was solved with black insulating tape, like that timeless watch, which may not even exist and could just be a shadow, a memory of time from beyond the limits of the creative will; those corduroy trousers, always two sizes too big, long forgotten in a drawer...
Pitiful photos!

And now I have to tell it all, when there is really very little to tell.
Except that, for an instant, in a precisely drawn context, the magic of empathy can start to work. A transfer of energy with a public who don't even know me, and probably don't know the artist who set in motion this entire conceptual contrivance.

B2
Performing is over.

In 1996 I invited Valcárcel to take part in a performance festival organized by Marta Pol and myself, as part of the Madrid Autumn Festival. He initially responded by saying that he no longer worked with performance, that he had decided not to continue doing it because of the way it had proliferated and taken hold among critics and the public. This was quite a peculiar situation; it was Valcárcel himself who had introduced me to performance, though he called them *acciones*, a much more precise term in Spanish for this type of practice.

Partly because of our friendship however, and partly owing to my natural insistence, he finally agreed to make a specific work for the occasion. This consisted of attending every single one of the large number of actions as a member of the public.

At the end of the programme the following line appeared, marked with an asterisk: "IVM will be present at all works." This was, apparently, the extent of the work: a line in the programme.

Anyone who invites Valcárcel to do something is given, when he accepts, something that tends to generate a mixture of gratitude, surprise and perplexity. It seems to be made to measure, to bring about a sort of *à la carte* reflection in the host. In this case, my huge desire to show a work by Valcárcel, to a wide public in an appropriate, broader context, was short-circuited by an intervention in which nothing supposedly happened, that is, nothing visible to public view.

The issue underlying Valcárcel's action was that the direction of performance was becoming overly defined by the spectacular, and that it needed a less restrictive arena than the staging provided by festivals. In becoming the public, the artist's presence shifted into anonymous invisibility.[2] He moved into the same space as the rest of the audience, with one difference: one member of the public would be there at every single action because he had chosen to do so. This is the first step in the creative act:

---

[2] I think the term *arte de acción* perfectly defines this philosophy of working. In this sense, performance, as it is mostly understood today—in its more spectacular facet—is one of the practices or subcategories that make up action art.

conscious, responsible action.

Few people at the time knew what Valcárcel looked like.
   This has changed.
   What happens when someone becomes visible?
   What are the consequences of this?

I have now met up with the artist to find out what the action *Peón de rey* consisted of.
   I can't get any more information out of him than what is already visible.
   It went like this:
The artist brought together a number of people in a private place and asked them to take part in a happening. Several attempts were made.
   The title refers to a classic opening move in chess.
   The artist did not bring the public together explicitly to see a performance. The word was not in use at the time in Murcia or the rest of Spain; it was not part of habitual categories.[3] It was not an art action either. Let's say it was an uncategorized event, something made for others to contemplate and enjoy.
   The absence of a category is decisive: facts are not framed or defined. Let's say the fact remains undefined, suspended in the unravelling of space and time, like a question still to be solved. There is no framework to position yourself in. There are no sources to be consulted. There is no literature.
   All there is is what you see: a man (a boy, a youth, an adult) playing with a spinning top.

C2 K4

The performer lays the piece of string on the ground.
   He pushes the spinning top forward to K4 with his hand.
   He picks up the string and returns to his initial position.

---

[3] The way this term has been used has changed over the last forty-seven years. Today the word 'performance' is more frequently used in both contemporary art and in the cultural arena in a broader sense, where it refers to a sort of strange, indefinable, often incomprehensible, spectacle.

Silence.
He starts talking, moving only his lips:

> The word for 'spinning top' (peonza) is 'pawn' (peón) in Murcia.
> This action originally took place in 1965 at the Casino in Murcia, where the artist had held his first exhibition. A small group of people, between eight and ten, were invited to the billiard room. The action consisted of spinning the pawn, that is, the top, along the king's file, making it move only along the six squares where the king's pawn can move.
> The artist is skilled at spinning tops. He makes several attempts.
> He remembered this old work because someone recently presented him with a spinning top.

A3

The action at Bulegoa z/b lasts longer than described in section C. It gives me a strange feeling. The action lasts much longer. Infinitely longer. The posture is difficult to sustain and the body starts to take control; my muscles no longer obey my will. My speech comes slower and I pant as if I were climbing a mountain. My breathing becomes more and more pronounced and I start to sink to the ground.

And yet in recounting the action I still try to adhere faithfully to it.

B3

To go unnoticed, to become invisible.

Until around 2002 Valcárcel was a little-known artist, socially and in the art world. This allowed him a great deal of freedom, among other things because of his almost complete lack of any engagements with cultural institutions. Until then, most of his projects germinated from within his own practice and concerns. One of the most notable in its length, ambitiousness and outcome was known as *2000 d. de J.C.* (*2000 A.D.*). The project took the form of a book, and is currently well distributed and accepted.

The project was publicly presented during the final days of the last millennium—in December 2000, that is, not December 1999, at the Círculo de Bellas Artes, Madrid. No notice was taken of it at all. Because it took place exactly a year later, supposedly, than the great moment, the 2K effect had by then entirely lost its relevance. It was as if he had got to the finishing post too late and everyone had gone home. But there was no other way to do it: the millennium ended at the end of 2000, not 1999. Nobody seemed to care, though. The media, by then, were disputing the most important events of the twenty-first century.

To get to the end and have almost nobody there to see you.
  Only those who are truly interested.
  Why make things easier?

C3 K5
The performer lays the string on the ground.
  He pushes the spinning top forward to K5 with his hand.
  He picks up the string and returns to his initial position.
  Silence.
  He starts talking, moving only his lips:

This is not a performance.
Peón de rey *and all other works referenced in the series* Performance in Resistance *have a strange, orthopaedic feel to them, something not quite serious.*
There is a falseness to them, they almost seem to mock you. In certain art circles they have even been classified as 'conceptual vandalism.'

One explanation for this would be the fact that the artist has not used performance for a long time now. You might say he has stepped out of the discipline.
By around 1993 he had already seen the signs of performance's drift towards the spectacular, and given up the game.
In the end, it is about not segregating actions into a preconfigured classification system, which would set out, propose and even impose, a way of considering them: "Ah, so it was a performance! That's it, then!"
We are looking here at an action requiring manual skill, a sort of

sleight of hand over a movement along an axis in a narrow passage. It is also a combination of two very different disciplines: hand and brain fuse on a single playing field.

A4
It would be so easy to just let loose an image and be done with it.
Why so much effort then, so much going back over the same thing, so many convolutions?

B4
Senseless photos.
Valcárcel has never been interested in the documentation of his work. I know this. Basically, I think it bores him. Beyond that, I think he feels a lack of interest in what it generates. It ends up leading to the death of creativity, an absence of new work, the loss of the capacity to produce thought and reflection.
To this must be added the fact that documents of performance normally end up becoming works in themselves. What a contradiction. Think of the paradigmatic case of Joseph Beuys.

The photo of the action can never substitute the action itself.
Just as I, in playing Valcárcel, cannot try to substitute him, however much presence I manage to generate, the document of a performative work should never substitute the performance itself. If this happens it means that it was either intrinsic to the process, as seems to be the case in this work, or that something doesn't fit.

This work of documenting real actions has no documentary value in itself; it has this as a new work. Paradoxically, it is a document of nothing but itself. It playfully references something that happened in a different period of time, but the reference is a feint. In actual fact it is a new work, consisting of eighteen living images, eighteen frozen realities linked together by the narrative thread of time and the practice of action, eighteen actions over twenty-eight years.

C4 K6

The performer lays the piece of string on the ground.
   He pushes the spinning top forward to K6 with his hand.
   He picks up the string and returns to his initial position.
   Silence.
   Tiredness begins to take hold.
   He speaks:

> *I have to say that these photos are ugly.*
> *Purposefully ugly.*
> *There's nothing wrong in saying it. It is clearly what was intended.*
> *They seem to have been made with no care, but that is not it. They were taken by a skilled photographer. The blame lies with the artist, who did not want the shots to be repeated and immediately went on to the next photo.*
> *The work as a whole has a sort of anachronistic feel, with those typed texts and bevelled corners you find in old photo albums.*
> *There is a manifest disregard for the document here. It aims to show that the essence of the work is not in the residue it leaves, in what remains of it, but in what is done, in the precise moment of the action carried out, the fleeting present.*
> *There are many unresolved details linked to the original document from 1965: the mysterious letters E•N•E written on the six chess squares. How many times was the top spun? What happened if it left the king's row? How many times did the operation succeed? How long did the action last? All of this is irrelevant here.*
> *The entire work is a snare, a documentary short-circuit.*
> *These are bogus documents, shoddily made fakes. That is the interesting thing about them.*
> *The shabby fakery is the clue to what is truly important, what is really being spoken about.*

A5

The extent of action and the extent of narrative.
   The synthesis of what is seen and done.
   The profusion of what is told and written.

Such different places!
Surprising to almost end up with two opposites dealing with the same thing.

Action invites condensation, unification, simplification, contraction, concentration, the elimination of the superfluous, and the distillation of the essential.

Words seduce you into wandering, sinuous turns, meandering dreamily through a terrain you experience on another plane. A letter-by-letter reconstruction of an experience loaded with shared suffering, which can, we imagine, be made common.

What is expected of an image is never ever what is obtained.
What is distilled from words is never exactly what is thought.

Yet though the word is nothing but breath, it is much more faithful to the body.

B5
My own choice of this photo over others in the series came out of a twofold emotional link.
Firstly, my children play with spinning tops, and the toy is a part of my life, though they are mainly made of plastic now.
I like being reminded that you can create with the things you have around you. And that creation and play are closely bound.
Secondly, I was born in 1965, maybe shortly before or after the spinning top action. I don't know, nor do I find it particularly necessary to find out. The interesting thing is that in 1965, as I was coming into the world for the first time—a primal act, the founding of being—there was a twenty-eight year old adult carrying out a private action which seemed to have little transcendence. These two actions, linked by their date, have been brought forward into the present, forty-six years later. And here we are. I'm older now, imitating Valcárcel, who in turn was imitating himself playing with a spinning top somewhere in Murcia in the sixties.

We can never, ever foresee which acts will deeply determine our lives, which ones will mark and determine our existence. What faraway, distant acts, absolutely invisible to our senses, will suddenly make an indelible stamp on our way of thinking, speaking and acting.

This fake photograph about a supposedly twenty-eight year old person in Murcia skilfully staging a juggling act, fusing intellectual strategy and manual skill in a single space, has the virtue of exemplifying a field of deep influence on the writer of this text.

It is a reminder, among other things, of the fact that in spite of coming into the world as a pawn, you may become a queen and move over the board of life with unbelievable freedom, like a spinning top in perpetual movement.

And also that it is about having an attitude towards existence.

Attitude versus Aptitude.

C5 K7

The performer lays the piece of string on the ground.
    He pushes the spinning top forward to K7 with his hand.
    He picks up the string and goes back to his initial position.
    Silence.
    He starts talking, his knee almost touching the ground.
    He cannot hold his position.
    His pain becomes visible:

> *The important thing is the date.*
> *The artist never tires of repeating it.*
> *When you think of it, it could be a timeless work, or a work that uses the matter of time itself as its means of expression; a work conceived for people not yet born, who, if they look closely enough at these documents in the future, will see there are things that don't fit, something incongruous.*
> *A wink from the past to reactivate the present.*
> *A twist in the plot, on the falseness of the document, the fakery of images.*
> *This is the work of someone who, instead of conceiving performance in*

terms of the classical triad time/space/body, thinks of it as time/space/brain.
The brain as the primary muscle.
The primal muscle.
To deny the body with the body itself.
To shift. To decentre. To put out of place.

To stay ahead and get there first.
To surprise without meaning to.
Never to give what is expected.

Nuria Enguita Mayo leyó su texto sobre *El cuadro* en la tercera parada de *18 fotografías y 18 historias* el 6 de julio de 2012 en el espacio Arts combinatòries de la Fundació Antoni Tàpies en Barcelona, seguida a continuación por Aimar Pérez Galí y Manuel Martínez Ribas. Enguita Mayo trabajó con el artista en *Ir y venir de Valcárcel Medina*, que se presentó en 2002 en la Fundació Antoni Tàpies. *Afterall*, revista de la cual es coeditora, dedicó en 2011 dos ensayos a la obra de Valcárcel Medina.

El cuadro. Madrid, 1969

Nuria Enguita Mayo

El cuadro, la acción desarrollada por Isidoro Valcárcel Medina (IVM) en 1969, consistió en la venta a domicilio por parte del artista de un "cuadro académico de paisaje" dibujado por él mismo. Este acto resume en su aparente banalidad gran parte del pensamiento de IVM respecto a la función del *arte* y su posible aproximación a la *vida*, en un binomio del cual el artista ha intentado no apartarse nunca. Porque para IVM el arte no es tanto hacer objetos como provocar *situaciones*, desbordar la realidad a través de la acción o el lenguaje. [IVM: "Si es verdad que nos hemos liberado del arte, ha llegado el momento de decir: viva la vida. Si es que seguimos necesitando el arte, ha llegado el momento de asimilarlo a la vida." *Manifiesto del arte ambulante*, 1976.]

Veamos qué elementos hay en la fotografía actual que re-actúa esa situación: IVM el artista; el cuadro que se vende; una puerta; el perfil de la persona que abre la puerta.

Si comenzamos por el escenario, la acción se desarrolla en el vestíbulo de una casa particular. Por la fecha sabemos que es en 1969, y por el contexto geográfico e histórico entendemos que es en Madrid, lugar donde ha vivido siempre IVM. Es una acción domiciliaria que se desarrolla en una gran *ciudad*.

No sé mucho de la venta puerta a puerta, o venta fría, como también se denomina, aunque hasta de eso hay una página en Internet que cuenta por ejemplo la anécdota de que el señor McConnell, iniciador de Avon Products, empezó vendiendo enciclopedias y los perfumes eran un obsequio para incitar a la compra a las mujeres, que evidentemente eran las que estaban en casa. Pronto se dio cuenta de que el perfume tenía una mayor aceptación que las enciclopedias y cambió el negocio. Otras páginas dan aviso de los tipos de timos que conllevan estas prácticas, realidad o ficción, como el cortometraje de Daniel Gil en el que dos vendedores sin escrúpulos hacen firmar a una mujer un fraude, utilizando todas las técnicas de persuasión para este tipo de malas prácticas.

Es muy posible que en los años sesenta en España, coincidiendo con el desarrollismo y el *boom* de la publicidad, se notara cierto incremento de una práctica al parecer surgida a principios de siglo en Suecia y dirigida inicialmente a la venta de electrodomésticos, que se podían probar en el domicilio. No sé, repito, si esto era así, pero para mí son un recuerdo continuado de mi infancia aquellos vendedores que preguntaban continuamente al abrir la puerta de mi piso de clase media-media en Madrid: "¿Está tu mamá o tu papá en casa?", y el tedio que acompañaba a esa frase.

Llegar al umbral de lo privado es ahora algo casi impensable por la cantidad de barreras tras las que nos parapetamos. Los domicilios actuales son casi inaccesibles, algunos convertidos en verdaderas fortalezas. La vida en la escalera ha desaparecido y ahora cualquiera se convierte rápidamente en sospechoso. Los porteros automáticos con cámara han sustituido al portero/portera de toda la vida, una especie de guardián, a pesar de su fama, que no obstante era más permeable a los extraños. [IVM: "Sin duda el material de un artista es su momento histórico. La fidelidad a ese momento se plasma en la elección de sus temas (llamémoslos así), porque el arte da testimonio de la realidad inmediata. Pero la novedad a esta hora es que el arte no sea ya la idea tradicional que lo presentaba como testimonio de la realidad, sino que se haya convertido en la realidad del testimonio." *La chuleta*, 1991.]

Pero volvamos a la foto. En una conversación telefónica reciente IVM me comentó que no recuerda ningún problema y que vendió unos dos cuadros, cosa sorprendente. El de la foto de este proyecto ha sido pintado para este fin, es decir para la fotografía de este proyecto de *tiempo* (anacrónico), *Performance in Resistance*. Como hemos visto, y aunque se deben vender las cosas más extrañas, un cuadro no parece la mercancía idónea para este tipo de práctica (pues al arte en principio no tiene una función concreta, como sí puede tenerla una batidora) y menos en la España de finales de los años sesenta. Además, el autor parece hacer un comentario irónico sobre el mercado del arte, pues la venta se realiza sin intermediarios, sin espacio expositivo y sin publicidad (en el sentido de hacerse público) que haya validado la obra. Y además lo que importa no es la obra, sino el acto de venderse. El destinatario es el único *público* de su acción (la realidad del testimonio). El *ciudadano*, el habitante de la ciudad, es el verdadero público del arte, y el artista ha de salir del arte para adentrarse en la ciudad y encontrarse con el público. [IVM: "He querido dejar a la vista el corazón de la ciudad del arte. Ciudad por dentro y por fuera. Yo, aquí, dentro o fuera de mi terreno, pero en el territorio de la ciudad permanente y perenne. Y a ella salgo, esté donde esté, porque no puedo salirme de ella, vaya para donde vaya. Esa equiparación de público y no-público (usados ahora tanto como sustantivo o como adjetivo), estando ambos en el terreno de lo común, que es también el de cada uno, nos viene a hablar de la identidad profunda entre arte y no-arte; y nos viene a confirmar el hecho de que sólo un interés acendrado por distinguirlos y por distanciarlos puede fingir —irrealmente, como dije— la realidad de su cercanía. Cercanía física, cuestión de atravesar una puerta; y cercanía espiritual, cuestión de quitarse la venda que impide ver, a cada uno de ellos, al otro que está enfrente. Por todas estas múltiples razones, saliendo a pronunciar el discurso fuera del recinto del arte lo que hago es prescindir, más o menos, del no-público y acudir al público del que tanto he hablado. Está claro que, abandonando a mi público, no voy a captar ni un mayor número de oyentes ni más expertos, pero sí a unos oyentes diferentes: en una palabra, a los verdaderos oyentes, a aquéllos que, teóricamente, habría que seducir...; y por eso voy hacia ellos." *Estado de sitio*, 1994.]

El cuadro es una acción que se emparenta con otra realizada unos años más tarde, en 1974, y que se conoce como *La visita*, en la que IVM se ofrecía a hacer una visita a aquellas personas que lo solicitaran. Curiosa forma de aproximar la vida al arte convirtiendo un acto de cortesía en un acto premeditado, en una acción performativa. Casi como esos actores de El Probador, en la novela *Tocarnos la cara* de Belén Gopegui, en el que un actor está a disposición de un único espectador, a modo de espejo privado, para interpretar, para interpretarle, un personaje. La cuestión de lo público y lo privado, las formas de encuentro y comunicación en la ciudad, los roles y las poses son, como en el teatro, la materia que construyen estas situaciones provocadas por IVM.

El cuerpo, como han señalado numerosos teóricos de la performance (Kristine Stiles refiriéndose a las performances de Fluxus, por ejemplo), se sitúa en el centro del conocimiento como el medio principal mediante el cual interrogar a las propias condiciones en las que los individuos interactúan con las cosas, produciendo significados sociales. Las acciones de IVM, normalmente situadas en, y a la vez expuestas al territorio incierto de la ciudad, colocan lo *performativo* en el centro de su práctica, del cuerpo a la ciudad, del cuerpo a la sociedad. [José Díaz Cuyás: "No se trata (...) de desarrollar discursos críticos sobre la realidad sino de realizar situaciones críticas, de actuar convocando circunstancias en las que todas las variables, incluida la persona que firma la obra, permanezcan en crisis y en peligro." "The Everyday Fact as Peripety" ("El hecho cotidiano como peripecia"), *Afterall*, n.º 26, 2010.]

Porque entrar y salir, pasarse la vida entrando y saliendo, aunque sabiéndose siempre dónde se está, es también consustancial a su arte, centrémonos ahora en la puerta, en el umbral o quicio que insinúa una puerta abierta. En su ensayo "Puente y puerta" el sociólogo Georg Simmel concede a la puerta la capacidad de unir lo limitado con lo ilimitado y la posibilidad de una constante relación de intercambio. Simmel habla del hombre también como ser fronterizo que no tiene ninguna frontera. La puerta lo delimita, pero la movilidad de ésta hace posible el salirse a cada instante de esa delimitación hacia la libertad. Si bien IVM ha trazado también algo parecido a puentes, unión de lo finito con lo finito (como en el magnífico proyecto de la Chantría en la ciudad de León, que consistía simplemente en perfeccionar ciertos aspectos —luz, pavimento o fachadas— de una serie de caminos hechos por el uso ciudadano en un solar de la ciudad), parece que la puerta se aviene más a su idea de lo que el arte es, o debe ser: no la unión de dos puntos equidistantes y conocidos, sino una configuración precisa, dispuesta siempre a salir(se) del espacio que le ha

MADRID, 1969

"EL CUADRO"

sido concedido para enfrentar lo que está afuera, para relacionarse con los que están afuera.

Hay otra acción de IVM que también puede denominarse domiciliaria y que se me antoja como precedente de los actuales modos de venta por teléfono, en los que personas absolutamente desconocidas irrumpen bruscamente y sin avisar en la seguridad del hogar. La acción se denomina *Conversaciones telefónicas*, realizada en 1973, también en Madrid. El artista ofrecía su número personal de teléfono a personas desconocidas localizadas en la guía telefónica. De nuevo la introducción del absurdo, la subversión de la función, la disrupción del sentido de lo cotidiano. ¿Para qué querrían esas personas el teléfono de IVM? ¿Para qué se quiere el teléfono de alguien desconocido?

Actualmente nuestros datos están en todas las manos, y si bien las casas se han convertido en fortalezas, el diablo se cuela por el teléfono. Terminé esta charla en la Fundació Antoni Tàpies de Barcelona leyendo una parte del capítulo dedicado a las tele-operadoras en el libro *La mano invisible*, de Isaac Rosa. Entre la venta puerta por puerta o venta fría, con la que iniciamos este escrito, y el relato actual de las tele-operadoras, uno de los colectivos que encarnan una nueva esclavitud, media el fracaso de una narrativa utópica de progreso que ahora enseña su verdadera cara.

Nuria Enguita Mayo read out her text on *El cuadro* (*The Painting*) on 6 July 2012 at the third stage of *18 pictures and 18 stories* at Arts Combinatòries, a space in the Fundació Antoni Tàpies, Barcelona. She was followed by Aimar Pérez Galí and Manuel Martínez Ribas.

Enguita Mayo has worked with the artist on *Ir y venir de Valcárcel Medina*, which took place in 2002 at the Fundació Antoni Tàpies. Enguita is co-editor of the journal *Afterall*, which in 2011 published two essays on Valcárcel Medina's work.

El cuadro. Madrid, 1969

Nuria Enguita Mayo

In the action *El cuadro*, carried out by Isidoro Valcárcel Medina (IVM) in 1969, the artist became a door-to-door salesman peddling a picture of an 'academic landscape' drawn by himself. This seemingly banal act sums up much of IVM's thinking on the function of *art* and the possibility of bringing together art and *life*, in a coupling the artist has endeavoured never to relinquish. Because art for IVM is not so much the making of objects as a bringing about of *situations*, an overflowing of reality through action or language. (IVM: "If we have finally freed ourselves from art, the time has come to celebrate life. If we still need art, the time has come to bring art into life.")

Let us see what appears in the current photograph re-enacting the situation: IVM, the artist; the image being sold; a door; the outline of the person opening the door.

If we look at where the action is staged, we see it takes place in the hallway of a private home. The date tells us it is 1969, and the geographical and historical context tells us that this is Madrid, where IVM has always lived. This is a home action carried out in a large *city*.

I know little of door-to-door sales, or cold calling as it is also known; although there is of course a webpage telling, for example, the story of Mr. McConnell, who set up Avon Products and began selling encyclopaedias,

The Painting

offering perfumes as a gift to female buyers, who were obviously to be found at home. Eventually he realized that his clients preferred the perfumes to his encyclopaedias, and changed his business strategy. Other pages warn of real or fictitious scamming methods, as in the short film by Daniel Gil in which two dishonest salesmen persuade a woman to sign a fake document using the full repertoire of suspect persuasive techniques.

With the advent of economic development and the advertising boom in Spain in the 1960s there may quite possibly have been a noticeable increase in door-to-door sales practices, which were apparently invented in Sweden in the early twentieth century and initially used to sell household appliances which could be tested in the home. Again, I don't know if this was the case; but I have repeated childhood memories of salesmen asking me again and again as I opened the door of my middle-middle-class home in Madrid, "Is your mummy or daddy at home?" and of the tedium the phrase inspired.

Entering the threshold of private space is something almost inconceivable today with all the barriers we use to blockade ourselves in. Homes today have become almost fortress-like at times. Conversations on the staircase are a thing of the past and everyone is subject to suspicion. Entryphones have taken the place of the caretaker, a familiar figure and a sort of guardian who, in spite of his or her reputation, was more liable to let strangers in. (IVM: "The artist's material is undoubtedly his or her historical present. Loyalty to the moment is conveyed in his or her choice of theme (let us call it that), as art gives testimony to immediate reality. But the novelty now is that art no longer answers to the traditional idea that presents it as a testimony to reality. It has become, instead, the reality of the testimony." *La chuleta*, 1991.)

But let's get back to the photo. During a recent phone conversation, IVM told me he can't remember having had any problems, and that he even managed to sell two of the pictures. The one in the photo for this project was drawn specifically for it—that is, for the photograph for the (anachronistic) *time-related* project *Performance in Resistance*. Past experience would suggest—though stranger things have surely been sold— that a picture might not be the ideal door-to-door sales merchandise (art not having a concrete function like, say, a blender has), even less so in the Spain of the late 1960s. The artist also seems to be making an ironic comment on the art market: the sale was made with no need for intermediaries, exhibition space or publicizing, that is, the act of making the work public, validating it. Also, what matters here is not the artwork, but the act of selling it. The target of the sale is the action's only *public* (the reality of the testimony). The *citizen*, the city's inhabitant, is art's true public, and the artist must step out of art and into the city to meet the public. (IVM: "I wanted to open the heart of the city of art to view. City inside and outside; me, here, in or outside my terrain, but in the territory of the permanent, perennial city. And I go out into it, wherever it is, because I cannot get out of it, wherever I go. This equalling between public and non-public (used here as both noun and adjective), both existing in the terrain of what is common, which also belongs to all of us, speaks of the profound identity between art and non-art; and ends up confirming the fact that only an unblemished interest in distinguishing and distancing them is able to fake—in an unreal way, as I have said—the reality of their proximity. Physical proximity, in the act of entering a doorway, and spiritual proximity, a matter of removing the blindfold that stops each of us from seeing whomever is in front of us. For all these many reasons, when I exit the space of art to speak my discourse outside it, what I am doing, in a way, is dispensing with the non-public and going to the public I have so often spoken of. I will obviously not reach a greater number of listeners or a more expert audience in abandoning my public, but I will reach a different audience: to put it succinctly, the true listeners, those whom I would, in theory, have to seduce; and that is why I go to them." *Estado de sitio*, 1994.)

In a kindred action known as *La visita* of 1974, several years after *El cuadro*, IVM offers to pay a visit to anyone who would like him to. This is a curious way of approximating art and life by turning an act of courtesy into a premeditated act, in a performative action. Like the two actors in El Probador in *Tocarnos la cara*, a novel by Belén Gopegui, where an actor works for an audience of a single person, as in a private mirror, to interpret him or her, a character. As in theatre, the issue of public and private, of forms of encounter and communication in the city, roles and poses, are the material that the situations set up by IVM construct.

The body, as numerous theoreticians of performance have pointed out (Kristine Stiles in reference to Fluxus performances, for instance), is positioned at the centre of knowledge as the principal medium through which to interrogate the conditions within which individuals interact with things, producing social significations. IVM's actions, which normally take place in, and are exposed to, the city's uncertain territory, place the *performative* in the centre of his practice; from body to city, from body to society. (José Díaz Cuyás: "It is not about...developing forms of critical discourse on reality, but about bringing about critical situations, about calling up circumstances where all variables, including the person signing the work, are in a constant state of crisis and danger." 'The Everyday Fact as Peripety', *Afterall*, Issue 26, 2010.)

Coming in and going out, spending his life going in and out, though always knowing where he is, is consubstantial to the art of IVM. Think of the door, the threshold, or the hinge insinuated by an open door. In his essay 'Bridge and Door,' sociologist Georg Simmel says that the door provides a link between the limited and the unlimited and enables a continuous exchange between the two. Simmel also speaks of man as a 'limit-being' with no borders. The door delimits him, but through its movement it becomes a potential gateway out of finite space and towards freedom. Though it might be said that IVM has laid out something akin to bridges, creating union between the finite with the infinite (as in his magnificent project for La Chantría, León, which simply consisted of perfecting certain aspects—light, paving, facades—of a series of paths made for public use in a plot in the city), the door seems to be closer to his idea of what art is, or should be: not a union between two equidistant, known points, but a precise configuration in persistent readiness to break out of the space given to it and confront what is outside, to relate to those outside.

There is another action by IVM that could also be called a home action, and I think could even be considered to precede the current sales technique of cold calling, where absolute strangers burst rudely and completely unexpectedly into the safety of the home. The action, *Conversaciones telefónicas*, took place in 1973, also in Madrid. The artist offered his telephone number to strangers picked out of the phonebook. Once again absurdity is introduced, function is subverted, and the meaning of the everyday is disrupted. Why would these people want IVM's phone number? Why would anybody want a complete stranger's number?

Our information is now common property; we may fortify our homes as much as we like, but the devil can pay us a call any time he wants. I ended this talk at the Fundació Antoni Tàpies, Barcelona, by reading part of a chapter on call centre workers from the book *La mano invisible* by Isaac Rosa. Somewhere between door-to-door sales, with which I began this text, and the current tale of cold callers, one of the groups that embody a new form of slavery, there lies the failure of a utopian narrative of progress, which is now showing its true face.

Aimar Pérez Galí realizó el relato performativo sobre *La visita* en la tercera parada de *18 fotografías y 18 historias* el 6 de julio de 2012 en el espacio Arts combinatòries de la Fundació Antoni Tàpies en Barcelona tras Nuria Enguita Mayo y antes de Manuel Martínez Ribas. Laurence Rassel y Linda Valdés, responsables de la Fundació, se encontraron con él entre los asistentes a la conferencia que Valcárcel Medina dio el 20 de marzo de 2012 en el Museu Picasso de Barcelona. En ese momento, Pérez Galí se encontraba participando como intérprete en *Retrospectiva* de Xavier Le Roy en la Fundació.

La visita. Varias ciudades, 1974

Aimar Pérez Galí

La parábola de la flecha

> *Zenón, cruel Zenón, Zenón de Elea,*
> *me traspasaste con la flecha alada que vibra,*
> *vuela y deja de volar.*
> *¡Ah, el sol, qué sombra de tortuga para el alma,*
> *veloz Aquiles quieto*!
> —Paul Valéry

Escogiendo la flecha

"En la Atenas de hoy día, los transportes colectivos se llaman *metaphorai*. Para ir al trabajo o regresar a casa se toma una 'metáfora', un autobús, o un tren. (…) los relatos, cotidianos o literarios, son nuestros transportes colectivos, nuestras *metaphorai*. Todo relato es un relato de viaje, una práctica del espacio." —Michel de Certeau

Tensando el arco

El 2 de junio de 2012 me encuentro de visita en la casa de N. y J. en Ámsterdam. Durante la cena me percato de la similitud de mi situación en relación a la fotografía con la que estoy trabajando a raíz del encargo que me hace L.R.

Curiosamente, durante la cena, J. comenta una palabra que leyó hace tiempo en un texto de Q.P. publicado en *Teatron*, la cual tuvo que buscar en el diccionario y desde entonces se le quedó grabada en la memoria: *écfrasis*.

Yo también la desconocía. La buscamos en Wikipedia: "representación verbal vívida de una representación visual".

¡Genial! Lo que tengo que hacer yo con la fotografía de I.V.M.

Torcer la puntería

"Todos los auténticos saltos se realizan lateralmente, como los saltos del caballo en el ajedrez. Lo que se desarrolla en línea recta y es predecible resulta irrelevante. Lo decisivo es el saber torcido y, sobre todo, el lateral."

Esta cita de Elias Canetti llegó a mis oídos hace unas semanas para reafirmar ciertos métodos no lineales a la hora de explicar historias, o incluso la Historia, como los impulsados por Aby Warburg y su biblioteca-laberinto o la lógica del buen vecino de Giorgio Agamben, que decía que la información que quieres no la encontrarás en el libro que buscas, sino en el que está al lado.

Y hasta me hace recordar una cita de un maestro zen que dice: "No trates de dar en la diana".

Se dispara la flecha

El texto crea realidades.

El objeto plástico se convierte en tantos textos como miradas se fijen en él.

Miremos. Especulemos. Creemos realidades.

I.

A esta foto le tengo especial cariño. Fue tomada en la casa de mis abuelos, en la sierra madrileña, en el 74. Yo tendría unos siete años y mi hermana cinco. Los fines de semana los pasábamos con mis abuelos; mis padres trabajaban en el restaurante familiar.

Mis abuelos eran muy amigos de un tal Mario F. Barberá, un intelectual de la época, que se dedicó a promover artistas españoles y latinoamericanos entre la clase progre y burguesa.

Aparentemente mis abuelos eran subscriptores de una sociedad artística presidida por el señor Barberá, lo cual les daba derecho una vez al año a escoger obras de los artistas que el tipo promovía. La casa de la sierra estaba llena de obras de estos artistas... Cuadros abstractos, esculturas bastante feas, tapices, etc. Toda la casa tenía un punto barroco contemporáneo bastante insoportable. A mí sólo me gustaba una escultura que nunca supe de quién era, un arquero a punto de disparar su flecha... que aparece en esta foto, justo detrás del señor con barba, delante de la serie de esculturas de vidrio amarillo que eran las favoritas de mi abuela.

Ese señor con barba era un tal Isidoro Valcárcel Medina, uno de los artistas que promovía el amigo de mis abuelos y que nos hizo una visita aquel día. Esa "visita" era la *obra* que mis abuelos habían escogido ese año como subscriptores. Yo no entendí nada en ese momento, pero recuerdo que me reí mucho con él... Especialmente con los comentarios que hizo del dibujo que mi hermana le regaló —le encantaba dibujar mundos, un círculo dividido por colores que representaba las partes del planeta que conocía (África, Costa Rica, Madrid, el Polo Norte, etc.)— y que al final, con las copas de más, se olvidó en casa. Para que mi hermana no se lo tomara a mal, lo guardé en mi caja de los secretos, ocultándole el despiste del artista.

Pero lo mejor de la foto, y me río cada vez que lo recuerdo, es el trozo de rodilla que aparece en la esquina inferior izquierda. ¿Os habíais dado cuenta? Es la rodilla de Juan, mi amigo del chalé de enfrente, que pasó a buscarme para ir a jugar a fútbol justo cuando iban a tomar la foto y se sentó en el sofá pensando que no entraba en plano, pero entró lo justo para dejar constancia de su presencia.

II.
En uno de mis viajes por Sudamérica, en los años setenta, estuve en Buenos Aires, Argentina. Uno de los objetivos de pasar por Buenos Aires, aparte de visitar a compañeros de la profesión y conocer otros contextos, fue hacer "la visita" a la familia de Martín Uribe, uno de los pocos subscriptores fuera de España de la sociedad artística que dirigía Mario F. Barberá. Como cada año, se ofrecía a los subscriptores una obra (o más) de uno de los artistas que el señor Barberá respaldaba, entre los que estaba un servidor. Ese año propuse que mi obra fuera una visita del artista a la casa del subscriptor, jugando con la idea del artista como ente superior que visita a un elegido, a modo de epifanía, pero teñido de un tono campechano y costumbrista. En fin, que en 1974 hice algunas *visitas* a varias familias burguesas que tuvieron la sensibilidad o desfachatez de elegir mi obra. Una de ellas, la del señor Uribe, fue la única que quedó documentada a modo de registro para el señor Barberá, que a pesar de confiar ciegamente en mí, no podía tolerar la idea de una actividad sin obra, sin objeto, sin documento. Yo siempre le decía que la memoria propia es la mejor fuente de documentación. Entre otras cosas porque, si falla, será porque no era necesario conservarla. En la memoria no existen cosas como la pérdida o el préstamo. Se tiene o no se tiene algo en el archivo según es útil y necesario o no lo es.

Pero dejemos el tema del archivo aparte, que me aburre sobremanera, aunque aún hay muchos comisarios y críticos que no lo hayan entendido.

Esa *visita* la recuerdo especialmente no por el matrimonio Uribe, que fue de lo más cordial y encantador, sino por sus nietos, que estaban ese día en la casa.

Olvidé sus nombres, pero aún conservo con mucho cariño el dibujo que me regaló la niña. Recuerdo que le encantaba dibujar mundos, un círculo dividido por colores que representaba las partes del planeta que conocía (África, Costa Rica, Madrid, el Polo Norte, etc.).

Recuerdo también hablar del último atentado de la Triple A, que había ocurrido justo hacía unos días, donde atentaron contra el decano de la Facultad de Derecho y Ciencias Sociales de la Universidad de Buenos Aires, y en el intento falleció su hijo de cinco meses. Tuvieron la paciencia de contarme la situación que estaban viviendo después de la reciente muerte de Perón, la sucesión de su mujer, los asesinatos de la Triple A, los problemas económicos y los conflictos dentro del partido. Cuando estás en el lugar entiendes la situación.

Sólo a modo de detalle, no sé si os habéis dado cuenta, pero en la esquina inferior izquierda de la fotografía se asoma algo. En ese viaje a Buenos Aires me acompañó mi mujer y también estuvo presente en "la visita" a la familia Uribe, pero prefirió no salir en la fotografía, aunque no terminó de alejarse del todo y su rodilla pasó a la posteridad. De hecho, si algo me gusta de esta foto es su rodilla.

III.

Yo trabajaba en la oficina del señor Barberá en el departamento de producción y gestión, es decir, era la que tenía el trato directo con los artistas que la sociedad promovía. Hacía poco que Isidoro había entrado a formar parte de la cartera de artistas que apoyaba el mecenas. Al principio pensé que era un hombre un tanto arrogante y que lo que hacía no era tan bueno como para formar parte de la sociedad. Poco a poco fui entendiendo el valor de su obra, y no sólo me empezó a gustar lo que hacía, sino también su personalidad. Me enamoré. Nunca se lo dije, ni creo que lo sepa nunca, a no ser que lea estas palabras.

Esta foto es la única que conservo de él. La hice yo, y como disponía del carrete, cuando la llevé a revelar pedí una copia que guardé en secreto.

La foto fue tomada en 1974 en Aranjuez, en la casa de los Martínez del Soto, unos subscriptores que ese año escogieron la obra de Isidoro *La visita*.

Me olvidé de decir que la sociedad artística presidida por el señor Barberá se sostenía en parte por su riqueza y por las cuotas anuales de los subscriptores, que les daban derecho a escoger una de las obras de la exposición que se organizaba a final de año para ellos. Algo que yo siempre recordaré como las semanas que he trabajado más en mi vida, puesto que cada artista tenía sus manías y se les tenía que complacer, y en especial al señor Barberá, que era el más exigente de todos.

En fin, como *La visita* era una acción, un tipo de arte que en los setenta se empezaba a poner de moda, y no dejaba obra material (como mucho un registro documental de la acción), el señor Barberá —a quien, aunque era muy progre, le costaba entender estas nuevas maneras de hacer arte— me envió a una de las *visitas* a documentarla para su propio archivo.

Obviamente yo me ofrecí la primera al saberlo. No podía perder la oportunidad de pasar un día entero con Isidoro y retratarle sin tener que esconderme.

Pasamos un día maravilloso en Aranjuez, en la casa de los Martínez del Soto, una pareja de unos cincuenta años que adoptaron a unos hermanos huérfanos, cuyos padres, amigos del matrimonio, habían muerto en un trágico accidente de coche hacía un par de años.

La hija, de unos cinco años por aquel entonces, tenía una obsesión con el dibujo y le había hecho uno a Isidoro, puesto que era un artista y le quería impresionar. Recuerdo que la señora Martínez del Soto nos contó que le encantaba dibujar mundos, un círculo dividido por colores que representaba las partes del planeta que conocía (África, Costa Rica, Madrid, el Polo Norte, etc.). Supongo que Isidoro no recuerda ese detalle, aunque es justamente el momento que captura la fotografía, pero ese dibujo se le olvidó en mi coche a la vuelta de Aranjuez a Madrid. Al darme cuenta no le dije nada, lo guardé y lo colgué en mi casa, como recuerdo del día que pasé con Isidoro.

Hace unos días, cuando volví a ver la foto, me di cuenta de que en la esquina inferior izquierda había algo que parecía ser una rodilla. Me sorprendió mucho ver eso, pues aquel día no había nadie más en la casa. Y

La visita

los Martínez del Soto, aunque tuvieran recursos, no disponían de servicio. Me dejó preocupada todo el día, pensando en múltiples posibilidades, desde una mancha de laboratorio, la esquina de un cojín, una persona que no recordaba; hasta llegué a pensar en un fantasma... Sigo dándole vueltas sin encontrar la solución.

Se despliega la trayectoria...

... HACIA UN LADO

"A través de la materia que no corta la imagen extendida (tu imagen paralela desde ti hasta mis ojos); a través de la materia crispada y rigurosa, con unas nubes puestas a resguardo, cojo tu imagen y lo repito: imagen, imagen. Y ya puedo callarme a contemplar... el blanco, el negro, las cosas intermedias, y personas leyendo estas palabras."
—Isidoro Valcárcel Medina, 'Secuencias', en *Algunas maneras de hacer esto*, 1969

... HACIA OTRO LADO

Georges Didi-Huberman afirma que "en cada objeto histórico todos los tiempos se encuentran, entran en colisión o bien se funden plásticamente los unos en los otros, se bifurcan o bien se enredan los unos en los otros".
La fotografía *La visita* (1974), así como las otras diecisiete fotografías que forman parte de *Performance in Resistance*, opera o se despliega a muchos niveles, entre ellos, claro está, el de objeto histórico o de imagen *portadora de memoria*. Pero lo interesante aquí no es la fotografía como *registro*, sino el anacronismo que la obra ofrece, el efecto *matrioska*, y aún más si añadimos la acción en vivo y este texto que se desprende de dicha acción.
Un texto publicado que es el resultado de una acción en vivo que es el resultado de un encargo a partir de una foto que resulta ser una obra en sí misma que en el fondo es un registro anacrónico de otra obra más antigua. Y es ahí donde se encuentra la colisión de tiempos, la mátrix temporal.

... HACIA OTRO

El 20 de junio de 2012, M.V. me entrega una foto antigua, la cual forma parte de una serie de cuatro. Las otras son entregadas a dos colegas más y la última se la queda ella. El encargo es hacer algo con la foto.
Dado el parecido del encargo, decido no mirarla, meterla en un sobre y especular sobre la posibilidad de que todo lo escrito sobre *La visita* pueda aplicarse a esta foto.

Desaparece la flecha

I.V.M., igual que el bailarín, es un hombre de acción, y como tal, su praxis es volverse visible al prójimo. El fin último de su actividad es el propio ejercicio de la facultad, como el que habla, el que ve, el que baila... o en este caso, el que visita. *La visita* es el *performativo absoluto* del arte de acción, como decir "Yo hablo" es el *performativo absoluto* del lenguaje. "Yo hablo" es el acto mismo de enunciar eso mismo que se está realizando. *La visita* es el acto mismo de volverse visible al prójimo.

El virtuosismo del hablante, o del visitante, se basa en no dejar huellas tras de sí, ni en disponer de una senda preliminar a la que ajustarse.

Es, al fin, una *actividad sin obra*.

(Remix de las palabras de Paolo Virno en su obra *Cuando el verbo se hace carne*.)

Escuchando el sonido de la flecha

Una versión musical del poema *Zenón de Elea* de Paul Valéry hecha con *Songify*, una *app* del iPhone que me recomendó A.A., que hice en un momento de desesperación para intentar distraerme del bloqueo que tenía trabajando en este encargo, y podría haber sido el hit del verano.

La visita

A modo de epílogo

Las líneas anteriores forman parte del guión de una presentación oral que tuvo lugar el 6 de julio de 2012, junto a la de N.E. y la de M.M.R., en la Fundació Antoni Tàpies de Barcelona.

Después de las tres presentaciones M.J. procedió a llamar a Isidoro por teléfono para poder hacerle preguntas si alguien las tenía. Yo tenía una: ¿Quiénes son las personas que aparecen en la foto? ¿Unos amigos?

Él contestó: El señor es Mario F. Barberá, un íntimo amigo con el que hemos hecho muchas cosas juntos; la rodilla es la de un amigo muy tímido del niño que aparece en la foto y que no quiso ser retratado.

Y yo: ¿Y el papel que tiene en la mano?

I.V.M: ¡Ah! —se ríe—. Un dibujo que me hizo la niña…

Gracias a Karla Suquía Vegué por su dibujo.

Aimar Pérez Galí carried out a performative narrative on *La visita* (*The Visit*) on 6 July 2012 at the third stage of *18 pictures and 18 stories* at Arts Combinatòries, a space in the Fundació Antoni Tàpies, Barcelona, between the interventions of Nuria Enguita Mayo and Manuel Martínez Ribas. Laurence Rassel and Linda Valdés, Director and Public Programmes/Web Coordinator of the Foundation, were with Pérez Galí among the public at a talk given by Valcárcel Medina on 20 March 2012 at the Museu Picasso, Barcelona. At the time, Pérez Galí worked as a performer in *Retrospectiva* by Xavier Le Roy, also at the Fundació Antoni Tàpies.

La visita. Different cities, 1974

Aimar Pérez Galí

The Parable of the Arrow

Zeno! Cruel Zeno! Zeno of Elea!
You have pierced me with that winged arrow
That quivers, flies, and yet flies not!
Ah! The sun...such a tortoise shadow
To the soul, Achilles motionless in his large strides!
—Paul Valéry

Choosing the arrow

"In modern Athens, the vehicles of mass transportation are called *metaphorai*. To go to work or come home, one takes a 'metaphor'—a bus or train. (...) Stories, whether everyday or literary, serve us as means of mass transportation, as *metaphorai*. Every story is a travel story—a spatial practice."
—Michel de Certeau

VARIAS CIUDADES, 1974

"LA VISITA"

The Visit

Drawing the bow

On 2 June 2012, I was visiting N. and J. in Amsterdam. While we were having dinner, I noticed similarities between my own situation and the one in the photograph I'd been commissioned by L.R. to work on.

Interestingly, J. came up with a word he had read some time ago in an essay by Q.P. published in *Teatron*. He had had to look it up in his dictionary and had not forgotten it since: ekphrasis.

I'd never heard of it either. We looked it up in Wikipedia: "the graphic, often dramatic, description of a visual work of art."

Great! Just what I had to do with the I.V.M. photo.

Skewing your aim

"All true leaps are made sideways, like the knight's in chess. What develops in a straight line and is predictable is irrelevant in the end. Skewed knowledge is what is decisive, especially lateral knowledge."

I first heard this quote, by Elias Canetti, a couple of weeks ago, and it seemed to reaffirm certain non-linear methods for telling stories, or even history—like those put forward by Aby Warburg in his library-labyrinth, or Giorgio Agamben's logic of the book next door, where you won't find the information you want in the book you're looking for, but in the one beside it.

This reminds me of a quote by a Zen master, "Don't try to hit the target."

The arrow is shot

A text creates realities.
An art object turns into as many stories as the gazes that apprehend it. Let's look, speculate, create realities.

I.

I'm especially fond of this photo. It was taken at my grandparents' home in the mountains behind Madrid in 1974. I must have been about seven years old, my sister about five. We used to spend the weekends with my grandparents as my parents worked in the family restaurant.

My grandparents were good friends with this man called Mario F. Barberá, an intellectual of the time who used to promote Spanish and Latin American artists among the progressives and the bourgeoisie.

Mr. Barberá was president of an art society and my grandparents paid a subscription to it. This meant that once a year they were allowed to choose works by the artists the man was promoting. The house in the mountains was full of works by them—abstract paintings, some pretty ugly sculptures, tapestries, things like that. The whole house had this horrible contemporary Baroque feel. I only liked one of the sculptures, I don't know who it was by; it was an archer about to shoot his arrow. You can see it here in the photo, right behind the man with the beard, in front of the yellow glass sculptures, my grandmother's favourites.

That man with the beard, he was called Isidoro Valcárcel Medina; he was one of the artists my grandparents' friend was supporting, and he'd come to see us that day. His 'visit' was the work my grandparents had chosen that year as subscribers. I didn't have a clue what it was all about, but I remember I had a good laugh with him, especially over the things he said about the drawing my sister gave him. She loved drawing worlds, a circle segmented into colours depicting the parts of the planet she knew: Africa, Costa Rica, Madrid, the North Pole. He left the drawing behind at the end after having a bit too much to drink. I didn't want my sister to be offended, so I put it away in my box of treasures so that she wouldn't find out the artist had forgotten it.

The best thing about the photo, however, and I laugh every time I remember it, is that bit of knee in the bottom left hand corner. Did you notice it? It belongs to Juan, my friend from the chalet in front, who came by just as the photo was about to be taken, and sat down on the sofa thinking he wouldn't come out in it, but he did, just enough to leave a trace of his presence.

II.

In one of my trips around South America in the 1970s, I went to Buenos Aires, Argentina. One of the aims of going through Buenos Aires, aside from visiting colleagues in the art world and getting to know other contexts, was to do *La visita* with the family of Martín Uribe, one of the few subscribers to the art society Mario F. Barberá managed who lived outside Spain. As was the case every year, subscribers were offered one (or more) works by the artists Mr. Barberá was supporting, amongst whom was yours truly. That year, I proposed that my work be a visit by the artist to the subscriber's home, playing with the idea of the artist as a superior being paying a visit to a chosen one—a sort of epiphany, but with a folksy tone. In 1974 I made a couple of 'visits' to some bourgeois families who were either sensitive enough or crazy enough to choose my work. Only one of these visits, to Mr. Uribe, was documented for Mario F. Barberá. He trusted me blindly but he couldn't take the idea of an action that would leave no work or object or document after it. I always said to him that our own memories are the best documentary sources because if they fail it must be because what was there didn't need to be preserved. There's no such thing in memory as loss or loan. You hold onto the archive if it's useful and necessary, and don't if it's not.

But let's forget about the archive theme. I find it horribly boring, though there are plenty of curators and critics who still haven't realized that.

I particularly remember this visit, not because of the Uribe couple, who were utterly charming and pleasant, but because of their grandchildren, who were also there that day.

I can't remember their names, but I still have the drawing the little girl gave to me. I remember she loved drawing worlds, a circle segmented into colours depicting the parts of the planet she knew: Africa, Costa Rica, Madrid, the North Pole.

I also remember that we talked about the most recent attack by Triple A. It had taken place a couple of days previously; they had made an assassination attempt on the Dean of the Law and Social Sciences Faculty of the University of Buenos Aires, and his five-month old son had died. The couple were patient enough to explain what they'd been experiencing since the recent death of Perón, the succession by his wife, the Triple A assassinations, the financial problems and conflicts within the party. You understand it all better when you're there.

A small detail, you may not have noticed it—there's something peeking into the bottom left hand corner. My wife had gone with me to Buenos Aires and was also there at the Uribe family 'visit', but she preferred not to appear in the photo. She didn't move completely out of shot though, and her knee was frozen for posterity. Actually, if there's anything I like about this photo, it's her knee.

III.

I was working at Mr. Barberá's office in the production and management department. I was the one who dealt directly with the artists promoted by the society, and Isidoro had recently become one of these artists. At first I found him quite arrogant, and I thought what he did wasn't really good enough for him to be in the society. Little by little, however, I began to understand how much his work was worth, and I started to like not only what he did, but also his personality. I fell in love. I never told him about it, and I don't think he'll ever know, unless one day he reads this.

This is the only photo I have of him. I took it myself, and as I had the film roll, I asked for an extra copy when I took it to be developed, and I kept this copy secretly for myself.

The photo was taken in 1974 in Aranjuez, at the home of the Martínez del Soto family, subscribers who had chosen Isidoro's *La visita* as that year's work.

I've forgotten to mention that the art society Mr. Barberá was president of was partly funded by his own wealth and partly by annual subscribers, who were allowed to choose a work from the exhibition he organized for them every year. I'll always remember these weeks as the times I worked hardest in my life; every artist had his or her whims and we had to keep them all happy. Most of all, we had to please Mr. Barberá, who was the most demanding of them all.

Anyway, *La visita* was an action, a type of art that was coming into fashion in the seventies, which left no material result (at most there were documentary registers of the action). Mr. Barberá was a very forward-thinking man, but he found it hard to understand these new ways of making art, and so he sent me on one of the 'visits' to document it for his personal archive. Obviously, I jumped at the opportunity. I wouldn't have

The Visit

missed the chance to spend a whole day with Isidoro, taking his photo without having to be surreptitious about it.

We had a lovely day in Aranjuez at the home of the Martínez del Soto family. They were a couple of around fifty, who had adopted some orphan children whose parents had been friends of theirs before they had died in a tragic car accident some years back.

The family's daughter, who was about five years old then, loved drawing, and she had done one for Isidoro, wanting to impress the artist. I remember Mrs. Martínez del Soto telling us that she liked drawing worlds, circles segmented into colours depicting the parts of the planet she knew: Africa, Costa Rica, Madrid, the North Pole. I don't suppose Isidoro will remember that detail, but it's the exact moment the photograph captures. The drawing got left in my car when we went back to Madrid. I noticed, but said nothing, and hung it in my house as a memento of the day I spent with Isidoro.

A couple of days ago, when I came across the photo again, I realized there was something like a knee in the bottom left hand corner. I was really surprised to see it because there was nobody else in the house that day. And although the Martínez del Soto family were wealthy, they had no servants. I was preoccupied with this the whole day, thinking about all the different possibilities—a stain from the laboratory, say, or the corner of a cushion, someone I couldn't remember, even a ghost...I'm still wondering about it.

The journey unfolds...

...ONE WAY

"Through matter which does not cut the extended image (your image, parallel from you to my eyes); through tense, exacting matter, with some clouds placed in reserve, I take your image and repeat it: image, image. And now I can be quiet and simply contemplate...black, white, the things in between, and the people reading these words."
—Isidoro Valcárcel Medina, 'Secuencias' ('Sequences'), in *Algunas maneras de hacer esto* (*Some Ways of Doing This*), 1969

...AND ANOTHER

Georges Didi-Huberman claims that "in each historical object, all times encounter one another, collide, or base themselves plastically on one other, bifurcate, or even become entangled with one another."

Like the other seventeen photographs that make up *Performance in Resistance*, the photograph *La visita* (1974), works or unfolds on many different levels. One of these, obviously, is as a historical object or 'memory-containing' image. But the interesting thing here is not the photograph as a register, but the anachronism that the work provides, the 'matryoshka doll' effect, and this is even stronger if you add to it the live action, and this text as an offshoot of that action.

A published text which is the outcome of a live action which is the result of a commission to work on a photo which is a work in itself which is really an anachronistic register of an older work.

This is where the time collision, the temporal matrix, can be found.

...AND YET ANOTHER

On 20 June 2012, M.V. gave me an old photo, one of a series of four. She kept one and gave the others to two other people. I was commissioned to do something with the photo.
As the commission was so similar, I decided not to look at it, to put it in an envelope and speculate on the possibility that everything I'd written on *La visita* might be applicable to this photo.

The arrow disappears

I.V.M., like a dancer, is a man of action, and as such his praxis is to become visible to the people around him. The ultimate aim of his activity is in the exercise of the faculty itself, as it is with one who speaks, who looks, who dances, or, in this case, who visits. *La visita* is the 'absolute performative' of action as art, just as to say 'I speak' is the 'absolute performative' of language. 'I speak' is the act of enunciating exactly what is being done. *The Visit* is the act itself of becoming visible to another.
The virtuosity of the speaker, or the visitor, lies in not leaving traces or having a pre-established path to follow.
It is, then, *activity without work.*
(Remix of terms used by Paolo Virno in his work *When the Word Becomes Flesh.*)

Listening to the sound of the arrow

A musical version of the Paul Valéry poem *Zeno of Elea* made with *Songify*, an iPhone app A.A. recommended to me. I made it in a moment of desperation to somehow get out of the mental block I was in about this commission. It could have been the summer hit.

By way of an epilogue

The preceding sections of this text were part of the script for a verbal presentation given on 6 July 2012, with N.E.'s and M.M.R.'s, at the Fundació Antoni Tàpies, Barcelona.

After the presentations, M.J. called Isidoro so that people could ask him questions. I had one. "Who are the people in the photo? Are they friends of yours?"

He answered. "The man is Mario F. Barberá, a close friend. He and I have done a lot together. The knee belongs to this very shy friend of the boy in the photo, who didn't want to be part of it."

"What's that piece of paper in your hand?"

I.V.M. laughs. "A drawing the little girl did for me..."

Thanks to Karla Suquía Vegué for her drawing.

Manuel Martínez Ribas realizó su presentación sobre *El Sena por París* en la tercera parada de *18 fotografías y 18 historias* el 6 de julio de 2012 en el espacio Arts combinatòries de la Fundació Antoni Tàpies en Barcelona tras Nuria Enguita Mayo y Aimar Pérez Galí. En ese momento asesoraba a la Fundació en cuestiones legales sobre propiedad intelectual y tecnologías de la información. Laurence Rassel y Linda Valdés, responsables de la Fundació, pensaron que sería buena idea invitarle a participar. Martínez Ribas terminó su presentación cantando un fragmento de *La Traviata* de Giuseppe Verdi.

El Sena por París. París, 1975

Manuel Martínez Ribas

Un día más, siempre corriendo. Gajes del oficio. La cita es hoy en la Fundació Antoni Tàpies de Barcelona, a la que asesoro desde hace años junto a mi socio, Malcolm Bain, en un proyecto innovador con el fin de digitalizar el archivo histórico de la institución para liberarlo después al público. Soy abogado, experto en solucionar los problemas jurídicos que continuamente nos plantean las tecnologías de la información en el comercio electrónico. A través de nuestro despacho, id law partners (www.id-lawpartners.com), he ayudado a la fundación a organizar conferencias para atraer así el interés del sector académico, político y empresarial a fin de conseguir la liberación de unos derechos más propios de normas decimonónicas que del siglo XXI. La normativa resulta en algunos casos obsoleta, pues protege los intereses económicos de la industria propietaria de los contenidos y olvida en buena medida a los creadores, es decir, a los autores de los mismos.

Cruzo aprisa la calle de Aragó. En ese instante, el edificio de ladrillo rojo de la Fundació Antoni Tàpies se me aparece como un símil de nuestra labor en el campo de las tecnologías de la información. El inmueble albergó antaño la sede de la editorial Montaner y Simon y, si bien ha sabido conservar la belleza de la arquitectura modernista, se ha transmutado en uno de los centros de la creatividad más contemporánea. Franqueo la puerta de entrada y me dirijo, escaleras arriba, a la planta que acoge el espacio Arts Combinatòries, un proyecto pionero en nuestro país que lidera Laurence Rassel, directora de la fundación.

Laurence me espera junto a su equipo. Una vez sentados, me invitan a escoger una fotografía de entre dieciocho que condense, según interpreto yo, mi quehacer profesional en relación con los problemas jurídicos. Las imágenes conforman *Performance in Resistance* de Isidoro Varcárcel Medina. Por su parte, *18 fotografías y 18 historias* es un proyecto transfronterizo que consiste en construir dieciocho relatos en un viaje por seis ciudades a partir de las dieciocho imágenes. Seis por tres son dieciocho, por lo que en cada una de las seis ciudades se invita a tres narradores a construir cada uno de ellos su propia historia. Durante las presentaciones públicas de cada autor, me explica Laurence, el artista estará disponible al teléfono para cualquier pregunta que los asistentes o los narradores deseen formularle.

El día de la performance me anteceden la comisaria Nuria Enguita Mayo y el bailarín Aimar Pérez Galí. De las fotografías que ellos escogen y el porqué de su selección retengo los conceptos "engaño", "defraudación", "infracción", "copyright", "ilusión" y "circular". Trenzan dos buenos relatos, por lo que la gente les aplaude con entusiasmo, así que improviso mi relato sobre las palabras comunes que he identificado a fin de cerrar con dignidad la serie en Barcelona.

La fotografía que escogí en la reunión previa con Laurence y su equipo se titula *El Sena por París* (1975). El título ya nos indica que en la fotografía deben verse un río y una ciudad. Pero, ¿realmente París? En fin, con las prisas, ese día saqué "una" fotografía de "la" fotografía, valga la redundancia, con mi móvil. Pero se me disparó por accidente el flash y en "mi" fotografía aparece un punto de luz enorme que impide ver un detalle importante de la fotografía, detalle que luego revelaré.

Así que el día de autos empecé mi relato explicando lo que en un principio creí que me preguntaba Laurence: si había algún problema jurídico en digitalizar la fotografía. El primer infractor era yo, pues había tomado "mi" fotografía de "la" fotografía. Aunque, ¿tal vez lo hubiera sido antes alguien más, ya que según explicó Aimar tampoco se trataba de "las" fotografías originales, sino de "meras" copias las que a él le presentaron con el mismo fin?

Sobre el puente fotografiado aparecen unas esculturas, pero más a modo de ornamentación arquitectónica que de obras de arte con personalidad propia. Además, al tratarse de piezas colocadas en la vía pública, pueden ser fotografiadas sin infringir los derechos de autor; y teniendo en cuenta la cantidad considerable de décadas transcurridas desde la construcción del puente, ya son de dominio público. Otra cosa sería abordar los derechos del restaurador, pero en este caso no procede, pues las esculturas nunca fueron erigidas con la intención de crear obras artísticas.

En la fotografía también aparecen personas cruzando el puente, pero no lo suficientemente cerca e identificables como para argüir una invasión de la intimidad personal. Uno de los transeúntes que más me llamó la atención desde el primer momento fue un hombre que parece estar conversando por el teléfono móvil. Pero, ¿de qué y con quién? Pensé que era extraño que alguien pudiera tener un móvil dada la fecha de la fotografía (1975) y que tanto las personas como los edificios poco tenían del "glamour parisino", por lo que a modo de provocación al público el día de la performance proyecté en paralelo otra serie de puentes claramente parisinos que se contraponían a la imagen de Isidoro. Claro que el maldito flash accidental había dejado una mancha en forma de resplandor que me dificultaba la visión correcta de la imagen a tratar...

En la fotografía de Isidoro, detrás del puente de corte barroco, aparecen unos edificios, muy desafortunados en mi opinión, revestidos de ladrillo o pintados de blanco y acompañados de ese balcón típico de los años sesenta, un tanto más ancho de lo normal para semejar terraza. La verdad es que el contraste resulta absurdo. Los edificios parecen ser la consecuencia del desmadre urbanístico a favor del tocho. Y el puente, en cambio, el capricho de un mecenas para dotar de historia y pompa a una ciudad que originalmente quizás no las tenía. Así que enseguida pensé que el desorden era más propio de una ciudad española, tal vez Madrid, que la del París de la Revolución francesa y del poderío fanfarrón aún presente en la época en que fue concebido el puente.

En todo caso, la fotografía sólo pretendía ser un engaño "inocente" para crear así una ilusión en el espectador que le llevara a soñar e imaginar su propio relato en el mismísimo París... Así que dejé volar mi imaginación hasta adentrarme yo mismo en el puente y cruzarlo, de forma que éste me pareció más propio de un escenario de obra operística, como si hubiera sido moldeado en poliespán. Cogí entonces mi móvil y accioné uno de sus tonos. Me puse a cantar una conocida aria operística de tenor. El público pensó que era el móvil lo que sonaba en señal de llamada, aunque la potencia de la "voz" del teléfono también les hizo pensar que había altavoces ocultos en las mismas paredes de la sala de la performance.

Finalicé el canto. Pregunté entonces al público qué dos ilusiones y qué dos engaños les había sugerido mi actuación. Les respondí con dos postulados: que yo no era cantante, sino abogado, y que en todo caso yo no era tenor, sino bajo. Aunque la verdad es que sí que he cantado, incluso acompañando mi voz con mis propias manos al piano y en varios escenarios musicales y operísticos, sin vergüenza alguna y con mucha seguridad. En alguna ocasión, para el cine y la televisión.

El público ya no sabía qué creer…

Llamamos entonces a Isidoro, que nos explicó otra ilusión acerca de la fotografía. El hombre que yo había identificado como hablando por el móvil no lo hacía realmente, sino que sencillamente tiraba una bola de vaya usted a saber qué material al río. Pero lo que sí nos reveló Isidoro es que se trataba de la ciudad de Madrid. En concreto, del puente de Toledo, que en su día fue proyectado como una construcción de envergadura, aunque luego quedó desatendida. Eso sí, posteriormente se ha llevado a cabo una reforma con el objetivo de corregir ciertos excesos.

Sea como fuere, la fotografía da mucho que pensar e invita a la ensoñación, ya sea en el mismísimo París o en Madrid. Prueba de ello es que mi relato confundió al público, que no se esperaba que un abogado fuera capaz de realizar su propia performance con voz de bajo y a toda potencia para evocar esa ilusión óptica que nos transmite la imagen de Isidoro por mí escogida. Aunque debo admitir que al primero que despistó fue a mí mismo, y no precisamente por las prisas.

Manuel Martínez Ribas delivered his presentation on *El Sena por París (The Seine through Paris)* on 6 July 2012, at the third stage of *18 pictures and 18 stories* at Arts Combinatòries, a space in the Fundació Antoni Tàpies, Barcelona, after Nuria Enguita Mayo and Aimar Pérez Galí. At the time, he was advising the Foundation on legal issues relating to copyright and information technology. Laurence Rassel and Linda Valdés, Director and Public Programmes/Web Coordinator of the Foundation, thought it would be a good idea to invite him to contribute. Martínez Ribas ended his presentation by singing a piece of Giuseppe Verdi's *La Traviata*.

El Sena por París. Paris, 1975

Manuel Martínez Ribas

Yet another day and in a hurry as usual—an occupational hazard. I am due today at a meeting at the Fundació Antoni Tàpies, Barcelona, where my partner Malcolm Bain and I have been providing consultancy services for several years for an innovative project whose aim is to digitize the institution's historical archive and make it available to the public. I am a lawyer, and an expert in the legal issues that continually arise with the use of information technology in electronic commerce. Our office, id law partners (www.id-lawpartners.com), has assisted the Foundation in organizing talks and lectures, which aim to attract the support of the academic, political, and business sectors in obtaining the release of certain copyrights, which were a product of nineteenth century laws. These are often obsolete in the sense that they protect the financial interests of the industry that owns the content, but tend to neglect the needs of the writers or artists who created it.

I hurry across Aragón. When I see it, it occurs to me that the red brick building of the Fundació Antoni Tàpies could be a metaphor for our work in information technology. Years ago, it housed the publishing business of Montaner y Simon. It still preserves the beauty of its modernist architecture, but has meanwhile become a centre for cutting edge contemporary art. I go through into the foyer and then up the stairs to Arts

Combinatòries, a pioneering project in this country, headed by Laurence Rassel, the director of the Foundation.

Laurence and her team are waiting for me. We sit down, and I am shown a series of eighteen photographs and asked to choose one, which will, as I understand it, sum up my professional experience in legal issues. The images make up *Performance in Resistance* by Isidoro Valcárcel Medina. *18 pictures and 18 stories* is a hybrid project based on the eighteen images, entailing the construction of eighteen narratives on a journey through six cities. Six times three equals eighteen, meaning that in each of the six cities, three narrators will be invited to construct their own story. During each of their public presentations, explains Laurence, the artist will be available on the phone to answer any questions from the public or the narrators.

On the day, I am due to deliver my performance after curator Nuria Enguita Mayo, and Aimar Pérez Galí, a dancer. From the photographs they choose, and the reasons for their respective choices, I take note of the concepts 'fake', 'fraud', 'infringement', 'copyright', 'illusion', and 'circular'. Both of them tell a good story and are enthusiastically applauded by the audience, and so I improvise my narrative using the common words I have identified, and try to provide a dignified end to the Barcelona series.

The image I had chosen at the meeting with Laurence and her team is titled *El Sena por París*. The title tells us to expect to see a river and a city. But is this really Paris? Being in a hurry on the day, I had taken *a* photo of *the* photo—if you will excuse the repetition—with my mobile phone. But the camera flash accidentally went off, and there is a huge spot of light in my photo which blocks out an important detail. Exactly what this is I will reveal further on.

On the day of my public ritual, I began by explaining what I had initially thought Laurence was asking me to do: to detect any legal problems in digitizing the photograph. The first offender here would have been me, as I had taken *my* photograph of *the* photograph. But perhaps somebody else had done the same thing before me: as Aimar explained, he had not been shown 'the' original photos when given his commission, but 'mere' copies of them.

On the bridge in the photograph are a series of sculptures, which look more like architectural ornaments than artworks in their own right. Also, being pieces on a public thoroughfare, they can be photographed without any copyright infringement; and, as many decades have gone by since the bridge was built, they are now in the public domain anyway. The rights of the restorer are a different matter, but in this case we need not take them into account, because the sculptures were not made with the specific intent of creating works of art.

There are also people crossing the bridge in the photograph, but they are not identifiable or close enough to argue that an invasion of privacy has taken place. My attention was immediately drawn to a man who seems to be talking on his mobile phone, but what about, and with whom? I found it strange that a photograph dated 1975 should show someone with a mobile phone. Also, neither the people nor the buildings had much Parisian glamour about them. By way of a provocation, I showed the audience at my performance another series of obviously Parisian bridges, in counterpoint to Isidoro's image. But the accidental flash had left its stupid shine on the image and stopped me from seeing what I had to...

Some buildings appear behind the Baroque bridge in Isidoro's photo. These hapless edifices have either brick fronts or are painted white, and have the typical wide balcony of the seventies, which hankers to be a terrace but never is. The contrast is absurd. The buildings appear to be a consequence of brick fever, uncontrolled urban growth. The bridge, however, strikes me as the whim of some patron wishing to provide a city with the pomp and history it was possibly lacking. I then concluded that the incongruity of the scene was more reminiscent of a Spanish city, Madrid perhaps, than of post-revolutionary Paris and the grandiosity still in style at the time this bridge was conceived.

Whatever the case, the photograph was merely intended to be an 'innocent' trick, to create an illusion, a dream space within which the viewer could invent his or her own story in Paris...and so I let my imagination wander, until I myself was crossing the bridge, finding myself somewhere that reminded me of a styrofoam opera set. I picked up my mobile phone and set off one of its ringtones. Then I broke out into a well-known tenor aria. The public thought my phone was ringing, and because of the loud voice, which was apparently emanating from the device, they also thought there were hidden loudspeakers in the performance space.

I ended my song. Then I asked the public which two illusions and which two tricks my act had brought to mind. I answered them with two hypotheses: firstly, that I was not a singer, but a lawyer; and secondly, if I was a singer, I was a bass, and not a tenor. The truth is, I have sung, have even accompanied myself onstage with my own piano playing, performing at several operas and other musical events, unembarrassedly and confidently; and even once or twice on film and television.

The public did not know what to think anymore...

Then, we made a phone call to Isidoro, and he made reference to yet another illusion in the image. The man I'd thought was holding a mobile phone was not actually doing so; in actual fact, he was throwing a ball made of some obscure material into the river. Isidoro did, however, reveal that the city in the photo was Madrid. The bridge is the Puente de Toledo, conceived in its time as a significant piece of architecture, but later neglected, and now restored.

However you look at it, the photograph provides material for thought, and invites the mind to wander, whether into Paris or Madrid. Proof of this is the fact that my story managed to confuse the audience, who did not expect a lawyer to be able to perform in a powerful bass voice, or to evoke the optical illusion of the image he chose. Though I must admit, the first person it fooled was me—and not because I was in a hurry.

PARÍS, 1975

"EL SENA POR PARÍS"

Esther Ferrer realizó el relato performativo sobre *El Sena por París* en la cuarta parada de *18 fotografías y 18 historias* el 27 de octubre de 2012 en el CAC Brétigny. A continuación le siguieron Jon Mikel Euba y Pierre Bal-Blanc. Ferrer, residente en París desde hace cuatro décadas, había acompañado a Valcárcel Medina en la acción original de 1975. Ferrer propuso a los asistentes realizar con ella una parte de la acción. Lanzó una pelotita desde la pasarela Simone de Beauvoir y caminó por la margen derecha del Sena siguiendo la deriva de la pelota hasta su llegada al puente de Bercy. Durante el trayecto habló en francés y en castellano.

El Sena por París. París, 1975

Esther Ferrer

Hace treinta y ocho años Isidoro me propuso participar en una acción que pensaba hacer en París. Una acción de las que a mí me gustan y a él también, entre otras cosas porque los dos somos andarines. Debíamos realizarla en todos los puentes del término municipal de Paris que tuvieran una vía peatonal.

Yo pensé que podíamos hacerla "bajo los puentes del Sena", como dice la canción, lo que le añadiría un toque *erótico*, pero Isidoro ya había decidido que debíamos realizarla sobre los puentes del Sena, o mejor dicho, "desde los puentes del Sena", pues en realidad se trataba de lanzar al río desde cada puente una pelota de un color diferente (en la medida de lo posible). Lanzada la primera, nos desplazaríamos al siguiente puente y esperaríamos para lanzar la próxima hasta que la pelota en cuestión apareciera por debajo del puente. La espera podría prolongarse, e incluso terminar a lo Godot, pues la corriente, las *péniches* y otros avatares podían retener la pelota indefinidamente, y tanto Isidoro como yo sabíamos que los simples mortales como nosotros tienen el tiempo contado, aquí no hay excepciones, y no se trataba de agotarlo esperando sobre un puente, aunque éste estuviera situado en la Ciudad de la Luz.

También podía ocurrir, y de hecho ocurrió en varias ocasiones, que tuviéramos que acelerar el paso e incluso prácticamente correr de un puente a otro, debido a una rápida corriente imprevista que arrastraba la pelota a tal velocidad que a la marcha normal que llevábamos la habríamos perdido de vista. Felizmente esto no ocurrió ni una sola vez.

Suponiendo que empezáramos en el puente Nacional —que no creo, porque en la época me parece que era únicamente ferroviario y los únicos peatones que tenían acceso a él eran los suicidas (y ni Isidoro ni yo éramos, por lo menos en la época, suicidarios)— y termináramos en el puente Garigliano (su nombre actual), al que tenía acceso todo el mundo, suicidas o no, realizamos la acción en cuestión, si el mapa no miente y mi memoria tampoco, desde veintisiete puentes*.

Siempre me he preguntado cuántas de esas veintisiete pelotas fueron a parar "en la mar que es el morir; allí van los señoríos derechos a se acabar y consumir; allí los ríos caudales, allí los otros, medianos y más chicos, allegados son iguales los que viven por sus manos y los ricos" (Jorge Manrique, *Coplas a la muerte de su padre*).

En total fueron —según datos facilitados por Isidoro, es decir exactos— tres horas y diecisiete minutos de duración (según los filósofos, "persistencia de una realidad en el tiempo") lo que estuvimos ocupados en este menester aquel día luminoso de invierno, si mi memoria, una vez más, no me falla. De lo que estoy segura es de que era un día claro, como los hay en esa época del año en París.

Intentando recordar detalles de esa "larga marcha" de trece kilómetros, de puente a puente y tiro porque me toca (Juego de la Oca, practicado por todos los niños españoles de la posguerra civil, como es mi caso), me asaltan una serie de interrogantes. Como éste, por ejemplo: ¿quién lanzaba las pelotas? Supongo que uno u otra, sin un orden establecido, un poco al azar, aunque a lo mejor, como Isidoro es muy organizado, estableció previamente un orden.

¿De qué hablamos durante esas tres horas largas? ¿Del tiempo? ¿De París, de lo que veíamos, de las reacciones de la gente, de la acción en sí misma? Esta última opción es posible, pues Isidoro me recuerda que en

---

* Este párrafo lo escribí antes de que Isidoro me puntualizara que efectivamente comenzamos en el puente Nacional, pero he decidido dejarlo tal cual.

un momento le dije (lo tiene grabado) que también podía realizarse la acción con veintisiete personas que lanzaran la pelota una desde cada puente. Acción, que bien pensado, hubiera podido llevarse a cabo de muchas maneras. ¿Tirando todos la pelota a la misma hora exacta, o bien sucesivamente? ¿Con un intervalo de cinco minutos, por ejemplo, o con uno suficientemente largo como para que la primera persona tuviera tiempo de llegar al segundo puente antes de que la pelota apareciera y de que la segunda persona lanzara su pelota al río, continuando así hasta agotar todos los puentes? Esta forma añadiría un "factor" acumulativo de personas y pelotas, más o menos dispersas estas últimas, que sin duda no correspondía a la idea de Isidoro.

Pero también pudimos hablar de otras cosas. Por ejemplo, al llegar al puente de l'Alma pudimos charlar sobre la estatua del zuavo (soldado argelino de infantería francés creado en Argelia en 1831) que puede verse todavía hoy sobre uno de sus pilares y que sirve al pueblo parisino para medir las crecidas del Sena. Cuando *la centenale* —nombre que se da a la crecida incontrolable del Sena que tiene lugar, según los archivos de la ciudad, cada cien años y que generalmente se produce en los primeros veinticinco años de cada siglo— de 1910 las aguas del río subieron hasta cubrirle los hombros. La cuestión es cuándo se producirá y hasta dónde subirá el agua en la próxima, que según los expertos deberá acontecer antes de 2025. Sólo nos faltan doce años.

Sí, quizás hablamos de ello, quizás le conté a Isidoro esta historia, pero a lo mejor no; no porque no quisiera, que a veces esto me ocurre, aunque no con frecuencia, o porque prefiriera guardar celosamente de momento esta información para mí misma, sino simplemente porque no la conocía, o a lo mejor sí la conocía pero se me había olvidado (aunque yo no olvido las cosas fácilmente; bueno algunas veces sí, pero no muchas). También pudiera ser que en realidad no la hubiera olvidado pero prefería quedarme en silencio, o hablar, dada la situación, de otra cosa más pertinente, no solamente yo, sino a lo mejor también él, Isidoro, puesto que es evidente que tenía cartas en el asunto, habida cuenta de que la idea del recorrido era suya.

Este soliloquio "a lo *Molloy*" (novela de Beckett, 1951) que aparentemente no lleva a ninguna parte, y que en mi caso puede interpretarse como una argucia para aumentar el número de palabras ya escritas —1.047 exactamente, si mi ordenador no se equivoca—, me sirve en realidad a mí (no pretendo, por supuesto, que le sirva también al lector, quien como de todas formas no estuvo presente no tiene nada que decir sobre el particular), digo simplemente que me sirve para escribir y sobre todo pensar sobre el tiempo en general y el de *El Sena por París* en particular. Me sirve para rememorarlo, reflexionar sobre cómo transcurrió ese tiempo. ¿Fue un tiempo monótono, regular? ¿Acelerado o con pausas? ¿Fue un tiempo de aburrimiento, de excitación? ¿De vacío o de reflexión? ¿Lo vivimos tranquilamente o con ansiedad? ¿Nos concentramos en el tiempo cronológico, el del reloj, o nos sumergimos en esa idea del *tiempo como imagen móvil de la eternidad* (Platón), lo que, además de quedar bien, nos hace pensar inevitablemente en el filósofo de Éfeso a quien me había jurado no citar, pero no puedo evitarlo, cuando dice que *todo es fluido y está en perfecto movimiento*?

En realidad, creo que la mayor parte del tiempo lo pasamos concentrados sobre dónde y cómo bogaban las pelotas —"estar estando", que diría un budista—, pasándonos información uno a otra, u otra a uno, sobre la posible situación de la última pelota lanzada, lo que a veces no resultaba nada fácil, sobre todo si la fatalidad hacía que pasara en ese momento una *péniche,* lo cual producía una sucesión de olas espumosas que dificultaban en gran manera la localización.

Releyendo lo escrito constato que, a fin de cuentas, he hablado de las tres "materias primas" que configuran una acción: el tiempo (tres horas y diecisiete minutos); el espacio, inseparable del primero (veintisiete puentes repartidos por 13 km), y la presencia (Isidoro, yo, las pelotas y el Sena). El Sena, *qui a de la chance / Elle n'a pas de souci / Elle se la coule douce / Le jour comme la nuit* (Jacques Prévert, "Chanson de la Seine").

En realidad todo esto pudiera resumirse en una fórmula matemática:

$$\frac{27 + 27}{13 \times 4} = \textit{El Sena por París}$$

Esther Ferrer carried out a performative narrative on *El Sena por París* (*The Seine through Paris*) at the fourth stage of *18 pictures and 18 stories* on 27 October 2012 at CAC Brétigny. She was followed by Jon Mikel Euba and Pierre Bal-Blanc. The artist, who has spent the last four decades in Paris, accompanied Valcárcel Medina in the original action of 1975. Ferrer proposed that the public carry out part of the action with her. She threw a ball from the Passerelle Simone de Beauvoir and walked along the right bank of the Seine, following the path traced by the ball, to the Pont de Bercy. Along the walk she spoke in French and Spanish.

El Sena por París. Paris, 1975

Esther Ferrer

Thirty-eight years ago, Isidoro asked me if I would like to be part of an action he was planning to do in Paris. The action was just the sort both Isidoro and I like, among other reasons because we both love walking. It was to take place on all the bridges in the municipal district of Paris that could be crossed on foot.

I thought we might do it "Under the Bridges of Paris," as the song goes, and it would have an 'erotic' touch, but Isidoro had already made up his mind that it would be carried out *on* the bridges of the Seine, or rather, *from* the Bridges of Paris: what we would in actual fact be doing was throwing a different coloured ball (or as many colours as possible) from each bridge. After throwing the first one, we'd walk down to the next bridge and wait until the first ball floated under it, then throw the next one. The wait could go on and on, or we might even end up like Beckett's Vladimir and Estragon—currents, *péniches*, or other random occurrences might hold the ball back indefinitely, and both Isidoro and I were well aware that our days were numbered; time pardons no-one, and we didn't want ours to run out on some bridge, not even one in the City of Light.

What might also happen, and did a number of times, was that we'd have to walk faster, or even run from one bridge to another after a sudden fast current pulled the ball so quickly down the river that it would otherwise have floated out of view. Luckily, however, we didn't lose a single one.

Let's imagine that we began at the Pont National, though I doubt this is true, as I think it was a railway bridge at the time, and the only people who ever appeared on it were suicide victims (and neither Isidoro nor I were prone to suicide, at least at that time), and ended up at Pont Garigliano (the current name), which everyone, suicidal or not, could walk across. That being so, we must have done the action, if I remember right, from twenty-seven different bridges.[1]

I've always wondered how many of the twenty-seven balls ended up "in the sea which is death; there men go to meet their end and are swallowed up; there the wide rivers, here the others, brooks, small streams; side by side they surrender, the wealthy and those who toil,"[2] (Jorge Manrique, *Stanzas on his Father's Death*.)

According to Isidoro, who is very careful with such things, the duration ('persistence of a reality in time', according to philosophers) of the entire task that clear winter's day was three hours, twenty-seven minutes; again, I hope my memory is right here. One thing I definitely remember is that it was a bright day, the kind of day you get at that time of year in Paris.

When I try to recall the details of the 'long walk' (thirteen kilometres, to be precise, from bridge to bridge, my turn to throw, as we used to say when we played *El juego de la oca*, a boardgame played by all Spanish children from the postwar period), a number of questions come to me. For instance: who threw the balls into the river? I guess it was either one of us, though Isidoro is really organized, so he might have set an order.

---

[1] After writing this paragraph Isidoro informed me that we actually did begin at the Pont National, but I've decided to leave the text as I initially wrote it.

[2] "En la mar que es el morir; allí van los señoríos derechos a se acabar y consumir; allí los ríos caudales, allí los otros, medianos y más chicos, allegados son iguales los que viven por sus manos y los ricos." Manrique, J., (1440-1479), *Coplas a la muerte de su padre*, translation of included stanzas, Crabb T., 2013.

What did we talk about during the three long hours? The weather? Paris? The things we saw, peoples' reactions, the action itself? Maybe it was the action, because Isidoro has reminded me that it occurred to me at one point (he recorded it) that the action could also be carried out by twenty-seven people, each of whom would throw one ball from a bridge. This, if you think about it, could be done in different ways. Would all of them throw the ball exactly at the same time, or one after the other? With a five-minute interval between them, say, or with a long enough gap so that the first person could make it to the second bridge before the ball appeared there and the second ball was thrown into the river, and so on, until all the bridges had had their turn? Giving the action this particular form would add a cumulative factor of people and scattered balls, which probably didn't fit Isidoro's idea for the piece.

We could also have talked of other things, though. For instance, when we got to the Pont de l'Alma, we might have had a look at the statue of a Zouave (Algerian soldier of the French Infantry regiments, established in Algeria in 1831) that can still be seen today on one of its pillars, and is used by Parisians to measure the rising of the Seine. During the 1910 Centenale—the name given to the flooding of the river which, according to information in the city archives, takes place every hundred years, in the first twenty-five years of each century—the waters rose to the top of his shoulders. The question is, when will it happen next. Experts say before 2025—that is, before the next twelve years have gone by.

Yes, we might have talked about the statue or the flooding, and I might have told Isidoro the story, but maybe not, and not because I didn't want to—which sometimes happens, though not often—or because I wanted to keep the information to myself; but simply because perhaps I didn't know it, or maybe did once but had forgotten it (though I don't easily forget things; or at least not always). Or maybe I hadn't forgotten it at all, but just felt more like keeping quiet, or talking about something more pertinent to the situation. Isidoro might have felt the same way, too, given the fact that the idea of the walk was his and he had a lot at stake.

This *Molloy*-style soliloquy (Beckett, 1951), which seemingly leads nowhere, and could even be taken as a ploy to lengthen my text—1102 words so far, if my computer is right—is actually a way for me (not the reader, of course, as he or she was not there and has no way of knowing what really went on)—a way for me to write, and most of all, to think about, time in general, and about *El Sena por París* in particular. It's a way for me to go back to the event, to think about how time passed during the course of it. Did the time go by monotonously, regularly? Was it rapid, were there pauses in it? Was it boring, exciting? Empty, or thoughtful? Were we calm or anxious? Did we focus on chronological time, on our watches, or were we caught up in the idea of "time as a moving image of eternity" (Plato), which would inevitably lead us to the philosopher from Ephesus I'd sworn not to mention, but had to in the end, when he said that "everything flows, nothing remains."

Actually, I think we spent most of the action wondering where and how the balls were floating, 'being in the moment', as Buddhists would say, speculating on the possible whereabouts of the last ball—which was often hard to fathom, especially if fate had sent a *péniche* our way, with the wake of frothy waves that come after it.

Going back over what I've written, I see an action consisting of three 'raw materials': time (three hours seventeen minutes); space, inseparable from time (twenty-seven bridges over a distance of thirteen kilometres), and presence (Isidoro, me, the balls, and the Seine). The Seine, "qui a de la chance / Elle n'a pas de souci / Elle se la coule douce / Le jour comme la nuit." (Jacques Prévert, *Chanson de la Seine*).

All of this could in actual fact be summed up as a mathematical formula.

$$\frac{27 + 27}{13 \times 4} = \textit{El Sena por París}$$

Jon Mikel Euba presentó su texto, que acompaña aquí a *El hombre de la capa*, en la cuarta parada de *18 fotografías y 18 historias* el 27 de octubre de 2012 en el CAC Brétigny después de Esther Ferrer y antes de Pierre Bal-Blanc. Concebido como partitura, el texto tiene una extensión de 12.000 palabras. Hemos decidido publicar aquí sus primeras 4.000 palabras, la extensión del segundo texto más largo del libro. Hasta 2016 puede encontrarse el texto íntegro en castellano en www.bulegoa.org.

Euba fue la persona de boca de la cual Frédérique Bergholtz, directora de If I Can't Dance, I Don't Want To Be Part Of Your Revolution, oyó por primera vez hablar de Valcárcel Medina.

El hombre de la capa. Nueva York, 1967

Jon Mikel Euba

Cómo leer el valor de una resistencia (a 120 por hora)

1 Una invitación

Hace unos siete meses fui invitado a participar en *18 fotografías y 18 historias*, un proyecto curatorial de Bulegoa z/b a partir de *Performance in Resistance*, una obra del artista Isidoro Valcárcel Medina realizada en abril de 2011 en el contexto de *Performance in Residence*, un programa producido por If I Can't Dance, I Don't Want To Be Part Of Your Revolution, plataforma curatorial ubicada en Ámsterdam.

18 fotografías y 18 historias es un dispositivo que, según se indica en la invitación, toma la forma de una máquina productora de relatos. (*La primera cuestión que me planteo es para qué queremos relatos o quién los quiere, si ya se ha promovido la producción de una obra por parte de un artista, la serie fotográfica; pero no quiero anticiparme.*) Me explican que, mediante la invitación a una serie de agentes a que realicen un relato subjetivo a partir de una de las dieciocho fotografías de pequeño formato que configuran la obra *Performance in Resistance*, se pretende que el relato de cada uno de estos narradores se constituya en un "caso de estudio" de la obra del artista. Manifiestan además lo problemático de investigar un sujeto que está aquí y ahora y se mueve. (*Dicha problemática parece partir de la premisa de que debe ser el proyecto curatorial lo que se mueve y el artista lo que debería estarse quieto, lo inmóvil. Luego veremos cómo dicho sujeto, precisamente porque se mueve, no estará aquí, ni ahora, ni siquiera en el lugar donde se le deseaba, lo que nos obligará a plantearnos qué maquinaria es la que está aquí y ahora moviéndose, en qué dirección lo hace y cómo podemos tratar de frenar la inercia de su funcionamiento, para ver con mayor claridad qué es lo que está pasando. Espero que este texto sirva en alguna medida de pequeña obstrucción.*)

La organización afirma que pretende tejer un texto a múltiples voces que dé cuenta de la riqueza y complejidad de la obra de Valcárcel Medina. (*Esta imagen polifónica y coral la encuentro un poco barroca, y no sé si decadente; en cualquier caso es muestra evidente de una incapacidad para lidiar con lo formal, o simplemente muestra de la cuestionable orientación estética de quien la propone, ya que observamos que no está interesado en la investigación como tal, sino que está "imaginando" incluso una forma-resultado. Sabemos que la imaginación humana está peligrosamente limitada, y por eso tiende a utilizar clichés, pero demos tiempo a que termine la invitación.*) Se nos indica además que cada relato oral durará entre 30 minutos y 1 hora. (*Esto es visión de futuro y lo demás son tonterías.*)

Unas paradas

Dentro de este "movimiento" curatorial-productivo que se inició, creo, en 2008, se decide que para realizar el estudio es necesario estructurarlo en relación a una serie de paradas asociadas a algunos lugares. Nos explican que, siguiendo una estructura modular finita, el número de fotografías determinará el número de relatos que, de forma equitativa, se desarrollarán en cada parada. (*Me parece importante, como manifestaré más adelante, partir siempre de elementos finitos, en este caso, las dieciocho fotografías que componen la obra.*) Se habla también en la invitación de llevar a cabo una investigación entendida como práctica imaginativa. (*Este punto no lo entiendo, y ya sabemos lo peligrosa y limitada que resulta la imaginación humana.*)

El proyecto curatorial aspira, dicen, a reflejar y continuar el espíritu de la metodología rigurosa y coherente del artista, caracterizada por su insistencia y por dejar pocos rastros. Una práctica que se rige por una serie de premisas, como mostrar y exponer las convenciones e inercias con las que operan los sistemas (entre ellos, el de la institución arte) o el principio de "exprimir y agotar las posibilidades del asunto tratado hasta sus últimas consecuencias". (*Me parece también loable la voluntad de exponer las convenciones e inercias con las que operan los sistemas y especialmente el de la institución arte, pero no entiendo por qué se contenta la institución con seguir mostrando sus convenciones e inercias de manera impúdica en vez de —concentrarse en— tratar de cambiarlas. Siempre estaré a favor de las insistencias, pero ya voy viendo que no se siguen del todo las maneras del artista, ya que en este caso se trata, por lo que entiendo, precisamente de dejar el mayor número de rastros posibles. Finalmente, comulgo absolutamente con la idea de tratar de exprimir y agotar las posibilidades del asunto tratado hasta sus últimas consecuencias. Vamos allá.*)

2 Elementos materiales

Uno. Se me da la opción de escoger como material de trabajo una de las dieciocho imágenes re-producidas por Valcárcel Medina que configuran su proyecto y de las que se me envía una reproducción. En un primer vistazo no encuentro ninguna razón para escoger una en particular. (*Es más, conecto rápidamente con mi propia resistencia al leer la invitación. Mi estómago se me rebela, se quiere ir de ahí, salir de ahí. Algo me parece enmarañado, habrá que analizar por qué. El planteamiento lleva incorporadas sus propias inercias, y a lo que invita me parece relativamente resbaladizo. No me interesa someterme a un ejercicio de ingenio y análisis de una de las imágenes propuestas. No me interesa invertir ningún esfuerzo en ese sentido.*)

No soporto cuando se intenta describir con palabras una obra que existe en un formato visual. Esta redundancia se me hace equivalente a un ruido ensordecedor e innecesario, que tiene como conclusión la nada. (*No quisiera hacer nada parecido. Me da igual lo que se diga al respecto de la imagen, siempre que no se "toque" nada que esté dentro de ella. ¡Descripciones de lo que vemos, no!*)

3 Por otro lado, no es que yo haya necesitado escribir algo al ver una de estas obras de Isidoro, sino que es alguien quien me está invitando a que lo haga. Existiría una posibilidad de que hubiera algo de verdad en compartir un "comentario" si una de ellas estuviera conectada con alguna experiencia personal, pero hay algo forzado en el hecho de tener que escoger una obra y comenzar a realizar comentarios sobre ella; me resisto.

4 (*¿No es todo esto una forma un poco académica, aplicada a una persona que no lo es? Me pregunto de dónde viene esta tendencia a apoyarse en convenciones que se sabe que no funcionan y si esto proviene del propio artista. Lo dudo.*)

Se me comunica que algunas de las imágenes propuestas están ya escogidas por otras personas. Mi primer problema en este momento es cómo abordar un encargo. No estoy acostumbrado a trabajar de este modo.

Otro. Pero la invitación que recibo es aún más confusa; hay un dato que me perturba, pues lo primero que se me comunica de manera informal y en inglés es que quieren que yo sea un *istoryteller!* (*El rechazo hacia el término aparece de inmediato. La palabra me repugna. Me lo tomo como algo personal, y pregunto inmediatamente a las personas intermediarias si la idea de un narrador de historias surge en castellano, hablando castellano, o acaso surge en inglés, pensando en inglés, o ¿surge hablando y pensando en euskera? ¿Qué idioma se utilizó para pensar tal concepto?*)

5 Primero pensé que querrían explorar otras formas de crear comentarios y que únicamente yo era invitado a hacerlo de esta manera, debido a algunas performances que he realizado estos últimos años, mientras que al resto de invitados se les pedía un mero texto o comentario escrito. (*¿Es entonces una invitación a Jon Mikel Euba realizando una performance? ¿O es una invitación a Jon Mikel Euba a realizar un escrito? ¿Quién me invita a convertirme en un* storyteller? *¿Bulegoa z/b o If I Can't Dance? Para mí es importante saberlo. ¿Es quizás por mis cualidades físicas específicas por lo que soy invitado? ¿Por mi fuerza, mi peso o mi altura? ¿Será por mis específicas cualidades intelectuales por lo que me invitan? ¿O es la figura del* storyteller *lo que os interesa, quizás para desmontarla? No lo entiendo.*)

Me informan de que han invitado de igual modo al resto de personas. Esto ya es otra cosa.

Después de un inicial rechazo a la palabra *storyteller*, que no sé por qué tomo como un insulto, decido analizar mi rechazo. ¿Un cuenta-historias, divulga o produce? Depende de cómo lo haga. *Storyteller* en castellano sería literalmente un narrador (de cuentos), y como acepción negativa está el *cuentista*, tan cercano al *mentiroso*. (*Quizás era por esto por lo que me sentía insultado. ¿Me están llamado mentiroso?*)

6

Puede que mi rechazo tenga que ver más con la naturalidad con la que utilizan una convención, el *storytelling*. Para instalarse en ella, se necesita además un cuerpo que realice una acción, una persona, la *storyteller*. Esto ya es más comprometido… (*¿Cómo puedo yo hacerlo sin serlo? Sé que hay "profesionales" que no tienen inconveniente en hacer lo que sea por dinero, pero yo como artista necesito antes que nada confrontarme con mis límites para tener simplemente un principio de realidad.*)

En la invitación se nos habla sin complejos de que seremos intérpretes. ¿Interpretando un papel o unas fotografías?

(*Una premisa que trato de autoimponerme últimamente: realizar/aceptar sólo trabajos que haría gratis. Debo, pues, buscar una razón que me obligue a aceptar éste.*)

Mi primera dificultad es que yo no soy un buen intérprete, siempre he percibido la obra de arte como lo que se interpone entre la persona que la ha hecho y yo. Me cuesta comunicarme con otra persona a través de su trabajo; eso sí, cuando sucede, la obra se desmaterializa y se produce el milagro, la tan ansiada comunicación con personas que pueden incluso vivir en un lugar o tiempo diferentes; una comunicación que se produce paradójicamente siempre aquí y ahora, en el presente. Con los años he aprendido a hacerlo mejor, pero no está en mi naturaleza y no me gustaría forzarme. (*Oteiza me grita con fuerza:* "¡El artista no debe contar historias, debe señalar… producir sucesos plásticos!"[1] *¡Lo que me faltaba!*)

7 Una primera aproximación

Una manera de abordar la propuesta de modo "pasivista"[2] sería posponer al máximo el momento de elección. Así lo hago. Otra: decido que escogeré

---

[1] Jorge Oteiza, *Goya mañana. El realismo inmóvil*, Alzuza, Fundación Museo Oteiza, 1997, p. 177. Basado en un texto de finales de los años cuarenta.

[2] A propósito de la creación del neologismo "pasivismo": "Fue una reacción a un tipo de palabrería que se utiliza (…) en ciertos contextos dentro del mundo del arte y que considero vacío de significado. En este caso la palabra activismo. Quizás por venir del contexto del que yo provengo, donde este tipo de terminología lo asocio a un tipo de discurso muy específico (no tanto dentro del mundo del arte), tengo ya prejuicios y sospechas hacia ese término, no ya por lo que signifique, sino hacia las personas que necesitan utilizar esa palabra. (…) Quería reivindicar otro

la imagen de Valcárcel Medina que no haya querido nadie; quizás así mis instintos de protección me hagan revindicar con más ahínco a la perdedora. 8 (*Conozco a algunas personas que practican este deporte. Me parece un comienzo.*)

Recibo la invitación hace seis meses. Llamo hoy 3 de septiembre para informarme de en qué momento estarán escogidas todas las imágenes menos una, pero el listado de fotografías disponibles de Performance in Resistance *de Isidoro Valcárcel Medina es todavía considerable.*

Mi primera aproximación técnica se va al traste, ya que pretenden realizar la siguiente presentación pública dentro de cuatro semanas, y todavía quedan siete imágenes que nadie ha adoptado. Es decir, existe una probabilidad de que se escojan, a razón de dos por semana. No sé todavía cómo resolver este problema. De momento, decido seguir trabajando esperando a que suceda algo que determine la elección que yo no quiero tomar. 9 Por otro lado, sería mezquino escoger una fotografía por la simple razón de que se puede decir algo elocuente sobre ella. No puedo tampoco aplicar técnicas donde intervenga el deseo. Quizás como imagen, sin pensar en nada más, *El hombre de la capa* es la que más me atrae. Tiene algo de Isidoro aparece y des-aparece... aparece, y des-... Hoy mismo me comunican que ya está también medio comprometida.

Otra opción sería escoger las fotografías por los títulos, o quizás por los números. Esto último me daría una mayor sensación de que mi encuentro con una de ellas será más distanciado.

(*Voy ahora en autobús hacia Gernika. Son las 11:15, y pienso: 18/18, 18/81... ¿Podría "1881" ser razón suficiente para escoger la imagen que se refiere a una performance de 1981? Sería un poco flojo. Un recurso formal no tiene ningún sentido si no está conectado a su vez con materiales que existen en otro plano; el*

modo de ser, de estar activo, (...) desmarcarme totalmente de ese tipo de discurso que normalmente sólo parece legitimar a quien lo utiliza. Pasivismo no [es] una palabra que yo lanz[o] para designar a otros, (...) sino una palabra que (...) apareció como posibilidad para definir ideológicamente otros lugares posibles. Parece que si no eres activista y no lo dices, estás ya bajo sospecha de algo, (...) de manera que revindico otras maneras de desarrollar la actividad desde donde yo la defina. (...) Crear la palabra fue una manera plástica de hacerlo, gestual diría yo." J. M. Euba, conversación con José Roca, en *Valparaíso: In(ter)venciones. 2010.* Cat. de exp. Madrid, Seacex, 2010, pp. 71.

NUEVA YORK, 1967

"EL HOMBRE DE LA CAPA"

emocional, por ejemplo.) 10 *¡Ya sé! Sobre la imagen que escoja superpondré la lectura de lo referido a Isidoro que ya tengo escrito. Trataré de comprobar si lo genérico que describo se aparece en lo particular, lo específico de la imagen escogida.*

Recordarme jugar en casa con un pdf donde aparezcan las fotografías que quedan y moverlo hasta que suceda algo que todavía no está.

11 *Recordarme releer la página 85 de* Teoría teatral *de Meyerhold.*

Segunda parada: Bulegoa z/b (Bilbao), 20 de abril. 18:00h

Ayer (hace tres meses) veo a (tres) personas en Bilbao haciendo de contadoras.

Personas algunas de ellas que hacen este tipo de cosas habitualmente, porque trabajan como profesores. Personas que a veces dan la impresión de que tienen poco que enseñar/compartir (aunque sepamos que no es cierto). Estas personas en muchos casos están acostumbradas a contar historias, generalmente construidas sobre materiales que han creado otras. No me gusta lo que dicen, ni cómo lo dicen. A veces incluso estoy claramente en contra de lo que dicen y, por supuesto, de cómo lo dicen. ¿Cómo iba a gustarte algo que no te gusta cómo está dicho? (*¿Significará entonces que, si yo nunca he hecho esto, si no sé hacerlo, tengo una posibilidad de enseñar yo algo? Eso está por ver.*)

Ayer (hace tres meses). *Imitándole/Imitar.*
Un contador imita la pose que imita Isidoro en una performance.
Un límite: insisto, ¡no quiero escoger una foto! Que me den lo que quede.
Una limitación: Isidoro no va a viajar más. Un límite que él impone.
Uno de ellos dice: "Cómo hablar de una obra de un artista que no está aquí."
Usar la imagen producida por Isidoro como lo hizo Azucena, como una manera formal de crear un medio que me permita a la vez un anclaje y una fuga. He comprobado que funciona. Sería una forma.
Pero, ¿cómo planear la propia fuga? "Debe hacerse con estilo."

Ayer (hace tres meses). Un hombre profesional contador (que da clases), dice que el sociólogo, al iniciar una investigación, simplemente quiere corroborar lo que ya sabe. Al decirlo parece connotar que él pretende con su performance hacer lo contrario, o eso es lo que he entendido. Aunque puede que también esté refiriéndose a la manera de abordar los proyectos de Isidoro. En este caso estaría más de acuerdo.

¿Va él, ahora que está invitado a ser alguien que produce sentido a través de una forma oral más o menos performativa, a exponer, expresar algo que no sabe? ¿Tiene él acaso la técnica para hacerlo?

¿Comparte con nosotros lo que no sabe? ¿O va simplemente a contarnos lo que ya sabe?

¿Es suficiente para los fines de esta "investigación" con que veamos que no sabe hacer lo que hace y lo que está haciendo? ¿Y cómo lo está haciendo?

Dice no haber hecho esto nunca, pero en el fondo y en la forma, me da la impresión, está haciendo lo que cree que sabe hacer, no lo que no sabe.

Ayer (hace tres meses). La performance de "dar clase" no funcionaba en este contexto.

La clase efectivamente la da, pero, ¿cuál es el contenido?, ¿qué es lo que enseña?

Que no sabe hacer una performance. Pero ¡cuidado! Eso no es el contenido de lo que dice, sino lo que se ve.

Estoy seguro de que sabe que *performance* no es más que la consciencia de lo que se hace en el momento en que se está haciendo, aunque sea el mero saber que no se sabe, que diría Isidoro. Ya, pero saberlo no es suficiente. En arte hay que "poder" hacerlo (aunque sea sin saberlo).

¿Es suficiente ver lo difícil que resulta producir algo que no sea un mero comentario? ¿Es suficiente comprobar que simplemente llena un espacio que se le ha dado? Para mí, no.

En propuestas de este tipo, no necesariamente productivas, parece que lo que importa es que se mantenga uno dentro de la convención, dentro de unos límites. Pero en realidad quien ha generado la propuesta anhela que se produzca lo contrario (producción). Lamentablemente, en la mayoría de los casos el miedo, la inercia y la pereza empujan a que las cosas sigan como están debido a una falta de técnica. (No me gustaría colaborar, hacer esto con mi aportación.)

¿No habría que aspirar a algo más? ¿Habría que aspirar a algo más? ¿O no habría que aspirar a algo más? Habría que aspirar a algo más.

12 Revolución

(*If I Can't Dance, I Don't Want To Be Part Of Your Revolution.*)

"Camaradas, exponemos aquí el problema de la acción ejercida por el arte sobre el espectador; lo exponemos en un momento en el cual la cuestión de saber lo que debe ser el arte revolucionario no siempre está resuelta por los organizadores (…) puesto que se quiere un arte que sea un instrumento de propaganda, es natural pedir que desde el escenario puedan ser lanzadas al público algunas ideas (…) el arte no actúa solamente sobre el cerebro sino también sobre el sentimiento. Desde entonces, si no es más que retórica y razonamientos, si presenta diálogos tomados de una dramaturgia limitada a las conversaciones, esto no es arte sino una sala de conferencias, y nosotros no lo aceptamos. (…) No es suficiente con actuar únicamente sobre el cerebro del público."[3]

No sé por qué pedimos desde siempre a los o las organizadoras que tengan claro lo que debe ser el arte. Se supone que ése es nuestro (mi) trabajo. Pero NO estaría mal que pensasen un poco sobre qué NO lo es.

Yo también quiero bailar, no sé si tengo el (suficiente) espacio y quizás no sea el lugar, pero bailo.

13 Otra parada (es importante pararse a respirar)

No me cuestionaría quizás todo esto que tengo delante ahora (hace tres meses en Bulegoa z/b), si no fuera porque mi cuerpo, el mío, único e individual, ha sido involucrado en este gran relato sobre Valcárcel Medina a través de una invitación. **14** He venido a ver, aterrorizado, qué es lo que puedo yo hacer y qué es lo que van a hacer otras personas. Si asistiera como público a este evento, escucharía lo que me dan (lo que me tienen que decir) estos "contadores" y "contadoras". Si me pareciera que lo hacen mal, me parecería lo *nor-mal*, y una vez terminado me iría sin más, corroborando que lo excepcional hoy es que algo esté bien hecho. Este "hecho" es el que no se tiene en cuenta, no se proble-matiza lo suficiente el hacer. Hoy se asume que es suficiente con que las cosas parezcan estar bien

---

[3] V. E. Meyerhold, "La reconstrucción del teatro" (1930), en *Teoría teatral*. Madrid, Fundamentos, 1975 (3.ª ed.), p. 94. En el párrafo, Euba ha sustituido la palabra "teatro" del original por la palabra "arte".

hechas, y así van las cosas. Lo realmente excepcional y bien hecho escapa a la norma. Se ha decidido además que debe ser muy caro. Estoy también en contra de esta idea, pero no puedo detenerme aquí.

15 Si asistiera simplemente como público a este evento, quizás escucharía lo que me dan, sin pensar tanto en el formato en el que he sido invitado a participar. Formato viene de forma. (¿Qué es el formato? Una *forma* con *to*. O ¿qué es la *forma*? El principio de la palabra *formato*, que diría Warhol.) Éste (en concreto) ha sido resumido en un título, como una manera de for-malizar el planteamiento general (que, por cierto, recuerda a un tipo de exposiciones del pasado basadas en banalidades también formales como las medidas de un cuadro —*20 x 20*— o un tema más o menos forzado). Preguntemos pues al título (la forma). Seguro que nos da alguna pista sobre lo que está sucediendo en el fondo.

16 18 fotografías / 18 historias

Decía Jorge Oteiza, analizando cuestiones formales, que son las hijas de todas las cuestiones, que la simetría era el recurso de los tontos. ¿Podríamos considerar la equivalencia 18/18 como un acto de simetría especular? ¿O sería más imbécil, en el sentido literal, la opción *18 fotografías y 81 historias*?

Si de lo que se trataba con el planteamiento era de estirar la "cosa", esta última opción sería mucho más práctica.

(Las tres frases anteriores las he escrito ayer 4 de septiembre, pero, dando la razón a este planteamiento reproductivo, hoy 5 de septiembre se me informa de que debido al interés de otra institución por incorporarse al proyecto de "resistencia" —que más parece de persistencia— ya nos encontramos con ¡18 fotografías y 21 historias! Habrá que ver cuánto puede "resistir" el formato/la estructura que las instituciones organizadoras han definido... Personalmente, no sé si alegrarme por la destrucción de la simetría o llorar por el número de instituciones que nos faltan hasta llegar a 81 y poder cerrar así el círculo (cuadrado). El sinsentido sigue su curso.)

Es curioso que el agente re-productor de relatos no es ya el número de fotografías que componen la obra de Valcárcel Medina. Tampoco lo es el limitado número de "agentes" a los que la organización ha invitado. Comienza a ser evidente que la variable multiplicadora es el número de instituciones que desean acoger el evento. No hay, como se indicaba al inicio, un número finito de paradas, sino que el proyecto tiene una clara tendencia al infinito basada en la simetría y la repetición. (*Nunca me han gustado los caleidoscopios. Me generan una cierta claustrofobia.*)

Así, el verdadero protagonista objeto de estudio no es ya la obra del artista sino el que paga. Quien corre con los gastos quiere aparecer, y ya se sabe que quien paga manda, como sucedía con los retratos de Warhol "al servicio" de la gente "poderosa" que retrataba, donde era necesario actualizar en los cuadros ya entregados las operaciones de cirugía estética que iban sufriendo las narices en la vida. El riesgo de los encargos y de re-tratar al poder, por pequeño que sea, es que uno se ve enseguida sometido a las leyes de la vida y no a las del arte.

Decía Meyerhold que *"el teatro es un arte, y como tal, todo debe estar sometido a las leyes de ese arte"* y *"las leyes de la vida y las leyes del arte son diferentes; leyes para la pintura, para la música"*[4]. (*Siempre se ha dicho que la vida tiene sus reglas y el arte las suyas.*)

En este punto es como si la maquinaria (el formato *18/18*) ya pensase por sí misma y se retratara al incorporarse en el flujo de la vida que tanto esfuerzo cuesta a los artistas parar. La propia máquina parece intuir que dentro de las leyes del arte se debería someter al artista. Por eso sale a la vida y aquí ya no hay ya paradas, porque esto no hay quien lo pare.

No me queda más que ver si soy capaz de asumir como material de trabajo este papel re-productor de la institución.

(*Vuelvo a verme así —de repente— fuera —del mundo del arte—, como estaba al inicio de la invitación, regido por las leyes de la vida y debo decidir otra vez si definitivamente entro, participo e intento hacer algo para imponer o jugar con alguna de las leyes del arte, o me quedo definitivamente fuera.*)

17 ¿Qué estoy viendo? ¿Un texto o a alguien hablando?

Llegados a este punto del texto y de la intervención, no estaría de más pensar: ¿Quién ha creado realmente la forma que están ustedes viendo

---

[4] V. E. Meyerhold, *Lecciones de dirección escénica (1918-1919)*. Edición española de Jorge Saura. Madrid, Publicaciones de la Asociación de Directores de Escena de España (Serie Debate, n.º 15), 2010, p. 156.

ahora? No la ha creado un ser vivo. Quizás haya sido una máquina (de relatos) o una maquinaria, la institución. Un ente-máquina sin cerebro ni estómago pero con sus propias lógicas automáticas. ¿Pero cómo pedir que un ente virtual como éste se responsabilice de una decisión, si no hay un agente/persona concreto al que pedir explicaciones? ¿Puede una máquina parar la inercia creada? ¿O debe pararla quien la ha creado? ¿En qué medida es la institución o la estructura definida por ésta responsable de lo que están viendo? (*Dado lo anónimo del ente, podríamos referirnos a su manifestación negativa como "lo institución".*)

18 Una maquinaria de la que en este caso yo,
…

Este texto fue utilizado el 27 de octubre de 2012 como guía para su versión oral traducida al francés en el trayecto en autobús de París a Brétigny, que dura cincuenta minutos. Durante el viaje, una persona sentada en uno de los asientos delanteros del autobús, Marion Cruza, tradujo en directo al francés el texto-partitura escrito en castellano. Dirigida por JME por teléfono, habló a través de un micrófono conectado al equipo de megafonía del autobús. Debido a su extensión, el texto no se tradujo en su totalidad.

Los párrafos señalados en amarillo son aquéllos que, tras realizarse una serie de ejercicios de escenometría previos al trayecto en autobús, se consideraron prescindibles en una versión oral. Algunos de los párrafos que componen el texto fueron numerados, para permitir que JME dirigiera la lectura de otra persona en la distancia y que ésta saltara de unos fragmentos a otros. La numeración de algunos de ellos permite, al tiempo que articular, con-jugar los diferentes párrafos en un orden no predeterminado por la secuencia temporal.

En este libro se ha publicado y traducido al inglés una tercera parte de la totalidad del texto. En el fragmento número 43, no publicado ni traducido aquí, JME señala: "quiero que traduzcan hasta donde puedan pagarlo, incluyendo al final una nota en la que se indique: *la institución sólo tenía dinero para traducir hasta donde lo ha hecho*, indicando el número de palabras que han dejado fuera."

Jon Mikel Euba presented his text, which accompanies *El hombre de la capa* (*The Man in the Cape*) in this book, at the fourth stage of *18 pictures and 18 stories* on 27 October 2012, at CAC Brétigny, between Esther Ferrer and Pierre Bal-Blanc. Conceived as a score, the text is 12,000 words long. We decided to publish the first 4,000 words of it, equalling the length of the second longest text in the book. The full text will be available in Spanish at www.bulegoa.org until 2016. Frédérique Bergholtz, Director of If I Can't Dance, I Don't Want To Be Part Of Your Revolution, first heard of Valcárcel Medina during several conversations with Euba.

El hombre de la capa. New York, 1967

Jon Mikel Euba

How to Read the Value of a Resistance (at 120 km/h)

1 Invitation

18 pictures and 18 stories is a device, which, according to the organizers, takes the form of a machine for producing narratives. *(The first question I ask here is why we want narratives, or who wants them, when the production of a work by an artist—the photo series—has already been encouraged; but let me not speak too fast here.)* I'm told that a number of agents will be asked to build a subjective narrative from one of the small photographs making up the work *Performance in Resistance.* The idea is that the narrative of each contributor will become a 'case study' of the artist's work. The difficulty of doing research on someone who is here, now, and in motion, is also mentioned. *(This concern seems to arise from the premise that what ought to move is the curatorial project; the artist must keep still. We will soon see that the artist, precisely because he is in motion, will not be here, now, or even in the place he is expected to be, and this will lead us to ask precisely what machinery is in motion here and now, what direction it is moving in, and how we can try to break the inertia of its functioning, to get a clearer view of what is happening. I hope this text serves in some way as a small obstruction.)*

Jon Mikel Euba

The organization states that they want to weave a text in multiple voices, which will account for the richness and complexity of Valcárcel Medina's work. *(I find this polyphonic, choral image slightly baroque, maybe even decadent; whichever is the case, it reveals an inability to engage with the formal, or simply a dubious aesthetic orientation on the part of the protagonists, as we see that they are not interested in investigation as such, but instead go to the extent of 'imagining' a form-result. We know that the human imagination is dangerously limited and will relapse into clichés, but let us get to the end of the invitation.)* We are also told that each spoken narrative will last from thirty minutes to one hour. *(Now that's what you call seeing ahead.)*

Stages/stops

Within the curatorial-productive 'movement', which began, I think, in 2008, it was decided that the study would be based around, and develop through, a series of stages or stops, associated with certain places. We're told that, following a fixed modular structure, the number of photos would determine the number of narratives, with an equal number of each. *(As I will show further on, I find it important to begin with finite elements—in this case the eighteen photographs that make up the work.)* The invitation also speaks of understanding the investigation as an imaginative practice. *(I don't understand this. We know how dangerous and limited human imagination is.)*

The curatorial project aspires, they say, to reflect and carry on the spirit of the artist's rigorous, coherent methodology, his insistence, and the fact that he leaves few traces. A practice governed by a series of premises, such as opening to view and exposing the conventions and inertias under which systems (among them, the art institution) operate; or the principle of "squeezing the possibilities of a particular matter dry and exhausting it, to the ultimate consequence." *(I also strongly approve of the will to open to view and expose the conventions and inertias under which systems, especially the art institution, operate; but I do not understand why the institution contentedly and shamelessly makes do with revealing its own conventions and inertias instead of focusing on trying to change them. I will always be in favour of insistence, but I can already see that the artist's modes are not being followed to the end, as what seems to be the intent here is in actual fact to leave as many traces*

The Man in the Cape

as possible. Finally, I completely share the idea of trying to squeeze the possibilities of a particular matter dry and exhausting them to the ultimate consequence. On with it, then.)

2 Material elements

One. I am invited to choose one of the eighteen images reproduced by Isidoro Valcárcel Medina and making up this project. I am sent a copy of them. On first viewing I feel no reason to select any one in particular. *(Actually, I immediately encounter my own resistance as I read the invitation. My stomach clenches, it wants to flee, to get out of there. There is something convoluted, messy, about it, I'd have to analyze why. The proposal carries its own inbuilt inertias, and what it invites me to seems blurred and slippery. I am not interested in submitting myself to an exercise in ingenuity and the analysis of one of the proposed images. I'm not interested in applying any effort to it.)*

I hate attempts to describe a visual work in words. The redundancy of it reminds me of a deafening, unnecessary noise which leads to nothing. *(I wouldn't want to do anything like it. I don't care what is said about the image, as long as it doesn't 'touch' anything in it. No descriptions of what can be seen, please!)*

3 On the other hand, it's not that I needed to write something when I saw one of these works by Isidoro. Somebody invited me to do this. There might be something truthful in providing a 'comment' if one of them was in some way connected to my personal experience, but there is something contrived in having to select a work and start commenting on it; I resist.

4 *(Is this all not a somewhat academic form, applied to someone who is not an academic? I wonder where this tendency to make use of conventions that are known not to work comes from, and if it came from the artist himself, I doubt it.)*

I'm told that some of the proposed images have already been chosen by other people. Right now, the first problem I have is how to approach the commission I've been given. I'm not used to working like this.

Also. But the invitation I receive is even more confusing; there's something in it that disturbs me: the first thing I'm told, informally and in English, is that I'm required to be a 'storyteller'! (*I feel an immediate hostility towards the word. It disgusts me. I take it personally, and immediately ask the people intermediating if the idea of a narrator came up in Spanish, speaking*

Spanish, or maybe in English, thinking in English, or did it come up speaking and thinking in Basque? What language was used to think up the concept?)

5 At first I thought they might be wanting to explore other forms of creating commentary, and that I was the only person they'd invited to do so in this particular way, because of some of the performances I've done over the last few years. The rest of the guests, I thought, would have been asked to produce a mere text or written comment. *(Is this, then, an invitation to Jon Mikel Euba, performance artist? Or an invitation to Jon Mikel Euba to write a text? Who is inviting me to become a 'storyteller'? Bulegoa z/b or If I Can't Dance? I want to know. Is it perhaps for my particular physical attributes that I've been invited? Or is it the figure of the 'storyteller' you want, and maybe you want me to take it to pieces? I don't understand.)*

I'm told everyone else has been given the same invitation as me. This is something else, then.

After my initial repudiation of the word 'storyteller', which for some reason I have taken as an insult, I decide to analyse my aversion. Does a storyteller divulge or produce? It depends on how it's done. The literal translation of 'storyteller' in Spanish would be a *narrador (de cuentos)*, a narrator (of stories); a more derogative term would be *cuentista*, a bluffer, a step away from *mentiroso*, a liar. *(Is this perhaps why I feel insulted? Am I being called a liar?)*

6

My aversion to the term is perhaps more related to the naturalness with which they return to a convention, storytelling. To act within it, you also need a body to carry out an action, a person, a storyteller...That places me in a more difficult position. (*How can I do this without being it? I know there are 'professionals' who have no problem doing whatever it takes for money, but as an artist I have to confront my limits before anything else, simply in order to give myself a reality principle.)*

The invitation speaks unembarrassedly of us being interpreters. Are we to be interpreters of a role or of a series of photographs?

(One premise I have recently tried to set for myself is to only accept or do work that I'd do for free. This means I have to search for a reason that will oblige me to take on this commission.)

The first difficulty I have here is that I'm not good at interpreting. I've always perceived the work of art as what comes between the person who made it and me. I find it hard to communicate with other people through their work, but when it does happen, the work is dematerialized and the miracle takes place, the communication I so yearn for with people who might even live in a different place or time; a communication which, paradoxically, always takes place here and now, in the present. As time goes by I become better at this, but it doesn't come naturally to me and I don't like to force myself. (*Oteiza screams:* "The artist should not tell stories, he/she must signal...produce sculptural occurrences!"[1] *All I needed!*)

7 First approximation

One way of approaching the proposal in a 'passivistic'[2] way would be to put off the moment when I have to choose for as long as I can. Another way: I decide to choose an image by Isidoro Valcárcel Medina that nobody else wants; my protective instincts might then come into play to more eagerly defend the loser. 8 (*I know some people who practice this sport. It seems like a beginning.*)

I received the invitation six months ago. I call today, on the 3rd of September, to find out when all the images except for one will have been chosen, but there is still a considerable list of available photos.

---

[1] Oteiza, J., *Goya mañana. El realismo inmóvil*, Fundación Museo Oteiza, Alzuza, 1997, p. 177. Based on a text from the late forties.

[2] On the creation of the neologism *pasivismo*: "It was a reaction to a type of verbosity used (...) in certain contexts in the art world which I consider meaningless— in this case, the word activism. Perhaps because of the context I come from, where this kind of terminology is associated with a very specific discourse (this doesn't happen to such an extent in the art world), I have prejudices and suspicions towards the term; not because of what it means, but towards the people who need to use it. (...) I want to insist on another way of being and being active, (...) to distance myself completely from this type of discourse, which normally seems to just legitimize whoever uses it. Passivism is not a word I threw out to designate others, (...) but a word that (...) appeared as a possibility for ideologically defining other possible places. It seems that if you aren't an activist and don't say it then you're under suspicion of something or other, (...) so I vindicate other ways of doing this from my own position and definition. (...) Coming up with the word was a sculptural, or you might say gestural, way of doing it." Euba, J.M., conversation with José Roca, in *Valparaíso: In(ter)venciones*, 2010, (ex. cat.), Madrid, Seacex, 2010, p. 71.

My first technical approximation is rendered useless, as the next public presentation is due to be made within four weeks, and there are still seven images that nobody has yet taken on. This means they could easily be taken, at a rate of two per week. I still don't know how to solve this problem. For the moment, I decide to go on working, hoping something will happen to determine the choice I don't want to make. 9 On the other hand, it would be mean to choose a particular photo simply because I can say something eloquent about it. I can't choose, either, to apply techniques where desire comes into play. Perhaps, if I think no further, *El hombre de la capa (The Man in the Cape)*, is the one I like best as an image. There's something there like Isidoro appears and dis-appears…appears and dis-…Today I'm told it looks like it might be taken.

Another possibility would be to base my choice on the titles or numbers of the photos. The latter would give me a stronger sensation of distance in my encounter with them.

(I'm on the bus now, on my way to Gernika. It's 11:15h, and I'm thinking: 18/18, 18/81…Could '1881' be a good enough reason to choose an image referring to a performance from 1981? Too weak. It makes no sense to use a formal device, which has no connection to materials existing on another level—the emotional, for instance.) 10 *I've got it. Onto the image I choose, I will superimpose a reading of what I've already written relating to Isidoro. I'll attempt to find out whether the generic description I make will come through in the particular, the specific aspects of the image I choose.*

I remind myself to play around at home with a pdf of the unchosen photos until something happens that has yet to appear.

11 *I remind myself to re-read page 85 of Meyerhold's* Meyerhold on Theatre.

Second stage: Bulegoa z/b (Bilbao), 20 April, 18:00h

Yesterday (three months ago) I watched (three) storytellers in Bilbao.

Some of them habitually do this kind of thing, because they work as teachers. People who sometimes give the impression they have little to teach/share (though we know this isn't true). These people are often used to telling stories, which generally build on material created by others. I don't like what they say, or how they say it. I sometimes feel completely against what they say, and certainly against how they say it. How can you possibly like something if you don't like how it is said? (*Does this mean that even if I've never done this, if I don't know how to do it, I might be able to show/teach something? It remains to be seen.*)

Yesterday (three months ago). *Imitating him/to imitate.*
   A narrator imitates the pose Isidoro imitates in a performance.
   One limit: I don't want to choose a photo, I insist! I want them to give me what's left.
   A limitation: Isidoro will not travel anymore. A limit he has set.
   One of them says, "How to speak of the work of an artist who is not here."
   To use the image produced by Isidoro like Azucena did, as a formal means of creating a medium, giving me an anchorage and a vanishing point. I've seen it work. It would be a form.
   But how to plan my vanishing act? "It must be done in style."

Yesterday (three months ago): a professional narrator (who teaches) says that when sociologists begin a research project they simply want to corroborate what they already know. When he says this, he seemingly gives us to understand that he intends to do just the opposite with his performance, or at least this is what I understand. Though he might also be referring to a way of approaching Isidoro's projects. I would agree more with this.
   Now that he has been invited to be someone who produces meaning through a somewhat performative oral form, is he going to expose, to express, something he doesn't know? Will he have the technique to do so? Will he share something he doesn't know with us? Or is he simply going to tell us something he already knows? Is it enough for the aims of this investigation for us to see he doesn't know how to do what he does and is doing? He claims he's never done this, but both in essence and in form, I get the impression he's doing what he believes he knows how to do, not what he doesn't.
   Yesterday (three months ago): the 'giving a lesson' performance didn't work in this context. He ends up giving the lesson, but what is the content of it? What does he show, what does he teach? That he doesn't know how to do a performance. Careful, though! This is not the content of what he says, but what is seen.

I'm sure he knows that *performance* is no more than being conscious of what you're doing at the moment you do it, though it may only be knowing you don't know, as Isidoro would say. Sure, but knowing it is not enough. Art requires being 'able' to do it (even without knowing).

Is it enough just to see how hard it is to produce something that goes beyond a comment? Is it enough to realize it simply fills a space made available for it? Not for me.

In proposals like this one, not necessarily productive, it seems like what matters is to adhere to the conventions, to stay within the limits, but in actual fact, those who generate the proposal long for the opposite (production) to happen. Sadly, in most cases, fear, inertia and laziness force things to stay the same, owing to a lack of technique. *(I wouldn't want to collaborate, to do this with my contribution.)*

Shouldn't we aspire to something else? Should we aspire to something else? Or should we not aspire to anything else? One should aspire to something else.

12 Revolution

(If I Can't Dance, I Don't Want To Be Part Of Your Revolution.)
"Comrades, we lay before you the problem of the action of art on the viewer; we lay it before you at a moment when the issue of knowing what revolutionary art should be is not always resolved by the organizers (...) as art is expected to be an instrument of propaganda, it is natural to ask that certain ideas be put to the audience from the stage (...) art not only acts on the brain, but also on feeling. Thus, if it is nothing else but rhetoric and reasoning, if it presents dialogues taken from a dramaturgy limited to conversations, it is not art but a conference hall, and we will not accept it. (...) It is not enough to act only on the brain of the public."[3]

I don't know why we have always asked the organizers to have a clear idea of what art is. That is supposed to be our (my) job. But it would NOT be a bad idea for them to think a little about what art is NOT.

---

[3] Meyerhold, V. E., 'La reconstrucción del teatro' (1930), in *Teoría teatral*, Fundamentos, Madrid, 1975, p. 94. In his paragraph, Euba substitutes the word 'art' for the word 'theatre'.

I also want to dance, I don't know if I have (enough) space and this might not be the place, but I dance.

13 Another stage (time to stop for breath)

I might not be questioning everything I have before me here (three months ago at Bulegoa z/b) if it weren't for the fact that my body, mine, unique, individual, has been caught up in this grand narrative on Valcárcel Medina via an invitation. **14** I have come in terror, to see what I can do, and what other people are going to do. If I came to this event as a member of the public, I would listen to what I was given by these narrators. If I thought they were doing it badly, I would find it *nor-mal***, and simply leave at the end, having confirmed that today, what is exceptional is to find that things are well done. The 'doing', however, is not taken into account; it is not thought about enough, and this is why things are the way they are. What is truly exceptional and well-made breaks out of the norm. Also, it has been decided that it must be very expensive. I am also against that idea—but I cannot stop here.

15 If I simply came to this event as a member of the public, I might listen to what I was given, without putting so much thought into the format I've been invited to contribute to. Format comes from form. (What is format? *Form* with a 't'. What is *form*? The beginning of the word *format*, as Warhol would say.) This (in particular) has been summed up in a title, as a way of form-alizing the general idea (which, by the way, is reminiscent of a type of exhibition from the past, based on similarly for-mal banalities such as the size of a painting—*20 x 20*—or a more or less contrived theme.) Let's ask the title (the form), then. It will surely give us some kind of clue as to what's happening behind it.

16 *18 pictures / 18 stories*

Jorge Oteiza said, in an analysis of formal concerns, which are the daughters of all concerns, that recourse to symmetry was a dumb recourse. Can we consider the 18/18 equivalence to be an act of mirror symmetry?

** Translators note: Play on words with *mal* (bad) in Spanish.

Or would the option *18 pictures and 81 stories* be (literally) even more idiotic?

If the idea was to stretch 'things' out, the latter option would have been a lot more practical.

(I wrote the preceding three sentences yesterday, on 4th September, but, as if in answer to my idea of reproduction, today, on 5th September, I am told that another institution wants to be involved in the project of 'resistance'—which is beginning to seem more like persistence—and that we are now looking at eighteen pictures, twenty-one stories! We will see how long the format/structure defined by the organizing institutions lasts. Personally, I don't know whether to feel happy at the destruction of the symmetry, or to weep at the number of institutions still to come before we get to eighty-one and can finally close the—square—circle. The senselessness follows its course.)

Interesting that the agent of the re-production of the photos is no longer the number of photographs in Valcárcel Medina's work. Neither is it the limited number of 'agents' invited by the organization. It is becoming obvious that the variable behind the multiplication is the number of institutions that want to take part in the event. There is not, as I was told at first, a finite number of stages; the project has a clear tendency towards the infinite, based on symmetry and repetition. *(I've never liked kaleidoscopes. They make me feel claustrophobic.)*

So the true protagonist, the object of this study, is no longer the work of the artist, but the institution paying for it. He who holds the purse strings wants to be seen, and we know that money rules, as we see in Warhol's portraits put to the 'service' of the 'powerful' people he painted, which had to be updated to include the plastic surgery the clients' noses had undergone in real life. However small the risk of taking commissions and portraying power is, it means submitting to the laws of life instead of the laws of art.

Meyerhold: "Theatre is an art, and as art it should submit to the rules of that art," and "The laws of life and the laws of art are different; laws for painting, for music."[4] *(It has always been said that life has its own rules, and so does art.)*

---

[4] Meyerhold, V. E., *Lecciones de dirección escénica (1918-1919)*, Spanish edition by Jorge Saura, Publicaciones de la Asociación de Directores de Escena de España (Serie Debate, No. 15), Madrid, 2010, p. 156.

At this point, it's as if the machine (the *18/18* format) were now thinking on its own, and portraying what it is by incorporating itself into the very flow of life it takes artists so much effort to stop. The machine itself seems to realize intuitively that within the laws of art, the artist must be made to submit. So it moves into life, and there are no more stops or stages then, because there's no stopping this.

I can do nothing more than see if I am able to take on the reproductive role of the institution as my working material.

(Again, I find myself—suddenly—outside—the world of art—, as I was at the start of the invitation, ruled by the laws of life, and I must decide again if I will finally enter, take part, and try to do something to instill some of the laws of art— or if I will finally agree to be left out.)

17 What am I looking at? A text or someone speaking?

At this point of the text and this intervention, it might be a good idea to ask who really created the form you are looking at now? It wasn't made by a living being. Perhaps it was a (story-telling) machine; or machinery, an institution. A machine-being with no brain or stomach, but with its own automatic forms of thought. But how can you ask that sort of virtual being to take responsibility for its decisions. Can a machine break the inertia? Or can the maker of the machine break it? To what extent is the institution, or the structure defined by it, responsible for what you are witnessing? (*Given the anonymity of the being, we might refer to its negative manifestation as* "being *institution*".)

18 Machinery of which in this case I,
...

This text was used on 27 October 2012, as the basis for a spoken version translated into French during the course of a fifty-minute bus ride from Paris to Brétigny. During the journey, the Spanish text-score was translated directly into French by Marion Cruza, who sat in one of the front seats of the bus. JME directed her telephonically as she spoke into a microphone connected to the sound system of the bus. Owing to the length of the text, it was not translated in its entirety.

Paragraphs highlighted in yellow in the original (here printed in grey ink) were considered dispensable for the spoken version of the text once the conditions of the bus journey had been estimated. Some of the paragraphs in the text were numbered so that JME could direct Marion's performance from a distance and instruct her to skip from one fragment to another. Numbering them was a way to articulate the text, but also to playfully shuffle the fragments around.

A third of the entire text has been published and translated for this book. In fragment No. 43, not published or translated here, JME indicates, "I want this to be translated up to where it can be paid for, including a note at the end indicating that *the institution only had enough money to translate up to here*, and also indicating how many words were left out."

Pierre Bal-Blanc performed his narrative on *Maratón (Marathon)* on 27 October 2012, at the fourth stage of *18 pictures and 18 stories* at CAC Brétigny, after Esther Ferrer and Jon Mikel Euba. His presentation consisted of a telephone conversation with Valcárcel Medina in which the public also participated. Since 2009, the artist has taken part in various exhibition projects on the invitation of Bal-Blanc.

Maratón. Madrid, 1981

Pierre Bal-Blanc

Journey around the work of Isidoro Valcárcel Medina

> *You can't come in today…so let's just go around.*
> —IVM

On 27 October 2012, as part of an initiative of the Brétigny Contemporary Arts Centre (CAC) in the Paris suburbs, a three-step journey into the works of Isidoro Valcárcel Medina—who participated in the journey by phone—was organized and guided by three consecutive narrators. That Saturday morning, a meeting was organized in Paris with the first narrator of the journey, Esther Ferrer, on the Passerelle Simone de Beauvoir, a footbridge that crosses the Seine from the Quai François Mauriac. Esther Ferrer evoked the work *El Sena por París*, which she had participated in. During the bus journey that took the audience from Paris to the city outskirts and the CAC Brétigny, a second narrator, Jon Mikel Euba, intervened, without reference to any work in particular. Once at the art centre, a phone call between Pierre Bal-Blanc, Director of the art centre, and Isidoro Valcárcel Medina took place. They discussed *Maratón* in front of an audience and in the Edutainer pavilion, designed by Atelier van Lieshout for the square of the CAC Brétigny. A discussion with the public ended the epic poetic event. The following text is the transcript of the telephone conversation and exchanges as they took place, without rewriting or re-ordering[1]:

Pierre Bal-Blanc: Hello Isidoro, this is Pierre.
Isidoro Valcárcel Medina: Hello Pierre.
PBB: I'm calling you from Brétigny, where I am with around thirty people. Hello from all of us.
IVM: Hello too…
PBB: We've talked a lot about you and your work since this morning.
IVM: Thank you.
PBB: We started with Esther Ferrer on the Paris bridge, we followed the white ball that she threw in the water…
IVM: She told me the story over the phone…
PBB: Then we stepped onto the bus and during the journey Jon Mikel Euba offered a reading, which was simultaneously translated from Spanish to French by a woman hired for the occasion. Since the school holidays have just started, there were a lot of traffic jams. But it's pleasant; the weather's really good here.

I chose to discuss *Maratón* with you, the piece that you created in Madrid in 1981. I would like you to tell us more about it.

IVM: This marathon is an official race organized by the government every year in Madrid. It is 42 kilometres and 195 meters long and the runners must run it in less than five hours. I did it in exactly five hours, and was the last to cross the line. The run goes through the city and surrounding parks before arriving in the Retiro Park. It's very complicated. I had to train for three or four months, as I wasn't fit to practice any sport. Before running the race I sent a letter to lots of people, specifying the time and place where I would be. For example "I'll be on the Plaza de Cibeles at 11:30." So there were people present at the said location and time and we would exchange a few words. Participation in this race is huge, there are more than 15,000 people, which makes it very difficult to

---

[1] Transcription by Lou Foster.

find one person in particular, and which is why I gave out detailed times and locations. That's roughly the story.

PBB: You sent invitations to people so that they would meet you in the same place or in different locations?

IVM: No, no, I sent every person the list of all the meeting points...

PBB: A different place for every person?

IVM: No, no, people could just choose where they wanted to find me. There were, I think, six different places and six different times. If you wanted to find me on the Plaza de Cibeles, then you had to be there at roughly such-and-such a time to find me.

PBB: It's a bit like the white ball that we wait on the bridge for.

IVM: Yes, more or less. It's a question of space and time.

PBB: What interested you in using the marathon, which is an institutionalized, official format? Is it important for you to use an already-existing form rather than creating a new one?

IVM: That's exactly it. It's a journey that I did not choose—a very old official race. I adapted to these existing circumstances. That's what I liked about it. I'm just a person amongst 15,000 others. Of course, I only ran this race once and I will never run it again because it's so exhausting. I don't know whether this experience has anything to do with art, but that doesn't really matter.

PBB: Do you think that the marathon is a bit like the programming of a museum?

IVM: It's the first time I think about it...when you make the decision to take part in a marathon, you cannot choose anything. You'll follow the course, that's precisely what you'll do. The course is predefined and you will end the race at the arrival line.

PBB: There is a recurring presence of mobility in your work. In 1976, you created a work called *Manifiesto del arte ambulante* (*Manifesto of Travelling Art*). How do you explain this resolve towards mobility?

IVM: I think that space is something that people have forgotten. We don't think of the place where we are. To that, you can add movement. If I'm in a space and I have to go to another space, I have to make a mental, spiritual effort. I have to be conscious that I'm doing something.

PBB: And this mobility has something to do with time...

IVM: Yes, time is the most important thing in our life. You can't do anything without space and time. This is why I say that the artist deploys time in each of his actions, throughout his life. You cannot do anything without using time, even art!

PBB: The idea of mobility is also the will to escape what will ground, or close, the potential or the experience that you are trying to encourage. Are you worried about constantly maintaining works that you created as open and unstable?

IVM: I don't know. What you've just said is interesting. I practice movement because I'm scared of remaining still, no?

PBB: What I see in your work is that nothing is truly stable, that there are invitations to start off on journeys, to travel, but few things are perceptible in that way. They need to be experienced to be understood.

IVM: Yes, of course. But it's because I'm obsessed about making everybody work. If you want to see me run in a marathon you have to be in a specific place, to which you must walk, no? It's not possible to remain still to contemplate an art piece in a museum. "I'm going to a museum to look at a piece of artwork." No, no! I think that the public must go and find, must work, they have to make an effort.

PBB: In the same way, in your project for Museo Reina Sofía in Madrid[2] you took people on a walk when the museum was closed. You took them around the buildings of the museum. Could you explain this circumstance, as this is how you described it?

IVM: A circumstance, yes. "You can't go in today…so let's just go around." There are four buildings covering a distance of a kilometre and a half. It's a lot! You have to walk and encircle. Can we say 'encircle'? But the doors are closed on that day. That's it, quite simply.

PBB: I'm just going to ask whether anyone has a question for Isidoro. Do you have questions for Isidoro?

Silence.

PBB: Everyone is really quiet.
IVM: In spite of my speech…

[2] This was within the framework of the Autumn 2009 retrospective (See below).

PBB: We were happy talking to you.

IVM: Thanks; you're very kind to have made the effort to come all the way to Brétigny. How long did it take?

PBB: Er...forty-five minutes.

IVM: What, what...

PBB: Er, we were not by foot, we were in a bus. Thanks again for having been in Brétigny...sort of...

IVM: Thanks again. I now have some idea of what Brétigny is like.

PBB: Thanks again Isidoro, bye.

IVM: Bye.

He hangs up the phone.

PBB: We spoke of *Maratón*. What interested me in that work, within the framework of this day, is the choice of an existing format, and how he slid into this existing form.

A member of the public: Constrained...

PBB: Yes, a constricting. It's also...

Esther Ferrer: It's also...that he doesn't so much slide into an organization as distort it to his advantage. Ultimately, you get the impression that the marathon exists so that Isidoro can perform his action. He needs the marathon for his work to exist. He did the same thing with other works. During a performance festival, he asked the Reina Sofía the price for which a piece had been sold.[3] In Spain, you're entitled to know the price, whereas it's impossible in France.

So, he asks for the price of the sale. Isidoro is married to a lawyer, and knows the steps he needs to take to obtain information. The process is complicated, but finally he showed all the correspondence during a performance festival held at the Reina Sofía. That's what's interesting. It is never violent, he is never violent, but he makes the unavailable available.

[3] *S/T (Untitled)*. Madrid, 1994, ref. 174 (Acción, Postal, Informe documental). 'Valcárcel Medina al habla. Valcárcel Medina en conversación con José Díaz Cuyás y Nuria Enguita Mayo' in *Ir y venir de Valcárcel Medina*. Barcelona / Murcia / Granada: Fundació Antoni Tàpies / Comunidad Autónoma de la Región de Murcia / Centro José Guerrero, 2002.

He has never shown what the museum produced and that he never wants to show. Thus, the entire organization of the museum became Isidoro's work.

A member of the public: He turns constraint around.

EF: He turns constraint around. The museum exists for Isidoro's proposition. For the other work that I did with him, and told you about, the encircling of the Reina Sofía in the Retiro park (it was an evening when we had nothing else to do), it was a way of recuperating something useless. It does not matter that the museum is closed and we cannot penetrate it, that we cannot achieve anything with it from a museum perspective. We have still created a work.

PBB: But at the same time it's a work that shows the museum almost better than if we were to enter it.

EF: I don't agree. It presents it differently. It's another idea. From the moment it is closed, useless…

Someone in the audience: Inaccessible…

EF: It is showing the inaccessible. From the moment that the museum is closed it becomes useless. He puts it at his disposal; the museum serves to create a work, that's what is really clever.

PBB: Or it's showing the museum by default. You don't just look at things from one angle. It's proposing to look at something you wouldn't usually pay attention to—that which is closed. There is a sort of disobedience that often reappears in his work; the consideration of what is not official. There is an imposed use and he will do everything to show that its uses are very open. There is no reason to limit the use of things. In his entire Reina Sofía project, he was already playing with the question of temporality, and with an invitation made by an institution to an artist who is recognized in his own country, but who never tried to integrate into the official Spanish art scene.

Isidoro responded with a project called *Otoño de 2009* (*Autumn 2009*), which celebrates a season rather than the official duration of an exhibition. He then developed a range of 'circumstances', not 'performances'. 'Circumstance' is a peculiar word that allows the combining of several elements (time, space). It is an equation of several things. Moreover, you never know the exact number of circumstances taking place; I had a difficult time getting to know them all. There is nothing to archive these circumstances as the artist opposes documentation. A young curator of the Reina Sofía, Rafael García Horrillo, helped me put these performances together again, at least those in which he assisted or collaborated. The first—I'll pass the photos around—was an installation of artwork crates left in the courtyard of the Reina Sofía,[4] a yard that appeared on the occasion of the opening of a new wing of the museum by architect Jean Nouvel. In this yard, you can see a work by Roy Lichtenstein, and behind are the crates, which were left in place for some time.

Another circumstance was this clock,[5] which tells the time but, in a museum, also marks the intrusion of daily life, and rules of everyday life are generally forgotten in a museum. All the elements I mention arrived progressively, sometimes overlapping. There were no specific announcements made when these elements were put into place.

The banner was set up on Jean Nouvel's new building[6] and would translate as "the author apologizes for any inconvenience." It offers something tautological by apologizing for being there, but also responds to a specific event: a complaint by the neighbours of the Reina Sofía about the colour of the building, which interfered with the light in some of their homes. There were many other circumstances, including a visit on the closed day of the museum, when a red carpet was laid out at the entrance. This first section responding to the proposition of a museum retrospective is completed with an exhibition of his entire work. His works were presented in one of the corridors of the Reina Sofía, along with a small text celebrating the 300th anniversary of a 1707 exhibition organized by Prince Ferdinand of Tuscany in the cloister of the Church of the Annunciation in Florence. The Prince had installed 250 paintings from Florence, which covered the

---

[4] "Crates: the artist selected some artwork crates (made of wood, the normal crates used to transport artworks when they travel) and we put them on the terrace and the square of the Nouvel building. Some of these crates were painted green," (e-mail to Pierre Bal-Blanc from Rafael García Horrillo).

[5] "A wall clock with *Otoño de 2009* hung on a regular wall of the museum," (e-mail to Pierre Bal-Blanc from Rafael García Horrillo).

[6] "A big banner hanging outside the Nouvel building says 'El autor ruega que disculpen las molestias' as a response to the claims and complaints that the Reina Sofía received from neighbours because of the bright red panels of the Nouvel building," (e-mail to Pierre Bal-Blanc from Rafael García Horrillo).

walls from floor to ceiling. Isidoro snatched the story (chronicled at the time) and proposed, on the anniversary of the exhibition, another show of the same type, where the walls of the Reina Sofía (which is itself a sort of cloister) would also be entirely covered in art works, thus replicating the impossibility of apprehending all the pieces, as they went all the way up to the ceiling. This anecdote comes from another of Isidoro's work, the encyclopaedic *2000 A.D.*[7]

EF: On the occasion of the millennium, Isidoro made a work on Bible paper, which indexes one event per year from year zero until 2001. Beyond the idea, which I find very beautiful, it is remarkable that the events high-

[7] "III Centennial of the Last Exhibition in the Cloister of l'Annunziata, Florence: On 18 October 1707, the collector, patron of the arts and promoter of painting, Prince Ferdinand of Tuscany, organized a gigantic exhibition in the cloister of l'Annunziata comprising no less than 250 paintings from Florentine collections. The show was open for only three days, and spatial limitations made it necessary to hang eight to ten paintings in each lunette of the cloister's blank wall, so unfavourable were the circumstances for the contemplation of artworks. Apparently, the idea for the montage came out of a similar one that had been done on a smaller scale in San Rocco, Venice, and also in San Giovanni Decollato and the Pantheon in Rome, where Velázquez's portrait of his servant Pareja was exhibited in 1655. The most unusual aspect of this Florentine exhibition was the publication of a catalogue with information about the paintings on display. A rarity for the time (although nowadays it is all too common), the catalogue, for some reason, listed the year of the exhibition as 1706. Giorgione, Titian, Tintoretto, Pordenone, Schedoni were all 'present', which gives a glimpse of the artistic breadth of the enterprise. However, to go back to the main theme here, we can form an idea of this surfeit of paintings by imagining a Schiavone resting on the floor or a Veronese hung as high as the top of the dome: as Confucius observed, 'No one looks at their reflection in the current, but rather in still waters.' Fortunately, the exhibition became neither periodic nor frequent. (…) For, in his *Chronicle*, Giovanni Dandolo recalled the anxiety of visitors around lunchtime, the pushing and shoving of a society that was there only as a social obligation and the scant interest shown by all spectators. (From the book *2000 d. de J.C.*, by Isidoro Valcárcel Medina.) Note: There was a second and final version of the exhibition in October 1709. It is that variant whose third centennial is being celebrated here. October 1709—Autumn 2009."

Editor's note: Valcárcel Medina laid this text on a lectern at the start of the exhibition *Otoño de 2009*. As indicated, it contains a transcription of his 1707 entry in the book *2000 d. de J.C.* (Madrid, Entreascuas, 2001.)

lighted by Isidoro are so little known. For example, he makes no mention of the discovery of America in 1492, but recalls another event that happened that year and bears some relation. One story always makes me laugh. There is one year for which chroniclers agree that nothing happened. So Isidoro wrote after the year: 'nothing.'

PBB: In this 2000-page book, there is an event per page and an event per year. This event is a compression of the year into one sole element, an event that may be completely anecdotal but which was considered in depth by Isidoro. We are reading about history via an anecdote, yet, at the same time, as you go through the book, there is something that becomes as true as if he had intended to pick the most important elements.

EF: Isidoro is passionate about history and thus situates himself as an alternative chronicler. To finance his research, he started selling years. You could buy a year. I bought a certain number of years; it was a way of helping him. You could choose the year you wanted to buy.

PBB: What year did you buy?

EF: I can't remember because there were several of us. But I was the one who gave him the idea of selling years.

PBB: You bought the year…

EF: I can't remember but I think they're all registered somewhere. I couldn't go to the book presentation but I told Isidoro that I was going to write something about an event that took place during the year I bought, an event that is not described in the book and that he might read on the day of the book presentation. I remember that I chose *Caligula*, which I read during the presentation of the Círculo de Bellas Artes of Madrid, and a text on the Institución Libre de Enseñanza, a pedagogical laboratory that held great importance during the time of the Spanish Republic. Several people wrote a text and the presentation went on for hours.

PBB: I think it gives a good idea of his work. I can perhaps end with what is still available by Isidoro, or still accessible, as his work is not collected by many museums, or often shown. There is a publication from Madrid available. It is a work that I really consider as an art piece (*Otoño de 2009*).[8]

---

[8] *Otoño de 2009. Valcárcel Medina.*
Circunstancias, MACBA Collection, 2009.

EF: It's a catalogue.

PBB: It's a catalogue that is one of the interventions he made for the Reina Sofía, entitled *The Collection of the Reina Sofía Museum, Autumn 2009*,[9] and signed by Isidoro. He represented each room using a map, then measured every piece on show in the museum. Systematically, all the rooms were measured, as were all the pieces. He measured every single work without mentioning any as he only notes down the measurements. Just like *Maratón*, he imposes on himself a discipline that consists of measuring with a team. Just like the encyclopaedia, it's a huge work that will consist of measuring every single piece hanging in every room at that moment in time. It is sold as a catalogue at the Reina Sofía. These are the only available pieces of Isidoro and this is what makes his work so interesting in my eyes. He is very specific in his choices to give access. It is logical that a publication should be accessible but in relation to the issue of the artwork, its acquisition, its sale, he does not want to enter this sort of exchange.

Someone in the audience: There's also a third—relatively recent—publication called *Intonso*. I saw it but know nothing more as the pages are stuck together, I mean they have not yet been cut…it came out last year.

François Hiffler: There's also a book called *Rendición de la hora*,[10] the accountability of the hour, where he develops a theory that is very appropriate today: he suggests that, instead of changing Summer Time to Winter Time every year, we could be content to—or at least make our lives easier by—adding nineteen seconds per day on our watches. There would thence be no more abrupt changes. He has given 365 titles to this theory, a title per day. The book is like a poetry book and consists of those 365 titles, which he chose. There is also a short paragraph. There is only a Spanish version of this book, which means I understood very little, but it's a highly literary Spanish, alternating between satire, irony and pure

---

[9] *La Colección del Museo Nacional Centro de Arte Reina Sofía en Otoño de 2009*, MNCARS, Madrid, 2009.

[10] *Rendición de la hora*, Fundació Antoni Tàpies, Barcelona, 2002.

poetry, where total arbitrariness rests in the choice of the title. It's rather beautiful.

Someone in the audience (translated from Spanish): There are in fact nine or ten books. There are even artist books dating back to 1970, such as *El libro transparente (The Transparent Book)*.[11] As for 'published' books, apart from *Intonso*, there's also one published by Lady Foster, Norman Foster's wife.

EF: There are old books and catalogues, but now, there is also the emergence of books, and people are starting to talk about Isidoro's work.

Someone in the audience (translated from Spanish): Beyond the fact that there are very few books available, albeit some, Isidoro archives his work. If you contact him, he will open his studio and provide you with reproductions, photocopies of his archives of all his works. I am specifically referring to *Ley del Arte*, which was typed for ten years, just like a law, and which was published two years ago.[12] It is a popular initiative on art that he put before the parliament to discuss. There is also a series of works that were made for book formats, such as *2000 AD* and other projects that he completed on various supports, like the *Ley del Arte*, which was published after ten years by Sala Parpalló in Valencia.

Someone in the audience (translated from Spanish): I'd like to add something on *2000 AD*—Isidoro once told me that there were two people: one religious and the other a scientist. The first tells him that it is not right to select such an event for such a year because it is blasphemous and dangerous. There is thus a problem with religious authorities. But there is also a problem with a scientific authority because he chose an event that he thought was true but turned out to be false. So the scientist tells him: "you cannot tell that." I very much like the fact that he plays with authority. Reality rears its head and says 'no!' He always pokes at the law, authority and power.

---

[11] *El libro transparente*, MACBA Collection, 1970.

[12] *El arte en cuestión / Ley del arte*, Edited by Álvaro de los Ángeles, Sala Parpalló / Diputació de València, Valencia, 2011.

Pierre Bal-Blanc

Someone in the audience: He will soon publish a novel he wrote in the seventies. It's a novel in the Nouveau Roman style, where the characters are nameless.

PBB: That's all. Thank you to all of you, Jon, Miren, Esther. Perhaps, one day, we'll manage to get him up here…

> Pierre Bal-Blanc realizó el relato sobre *Maratón* en la cuarta parada de *18 fotografías y 18 historias* el 27 de octubre de 2012 en el CAC Brétigny después de Esther Ferrer y Jon Mikel Euba. Su presentación se desarrolló en forma de conversación telefónica con Valcárcel Medina y contó con la participación del público asistente. Desde 2009, Bal-Blanc ha invitado al artista a participar en varios proyectos expositivos.

Maratón. Madrid, 1981

Pierre Bal-Blanc

Viaje en torno a la obra de Isidoro Valcárcel Medina

> Hoy no se puede entrar. Pues entonces demos una vuelta.
> —IVM

Por iniciativa del Centro de Arte Contemporáneo de Brétigny, situado en la periferia de París, el 27 de octubre de 2012 se organizó un viaje en tres etapas por la obra de Isidoro Valcárcel Medina, con la presencia de éste a través del teléfono y la guía de tres narradores sucesivos. La primera cita tuvo lugar en París, en la pasarela Simone de Beauvoir que atraviesa el Sena desde el muelle François Mauriac, a las 11 de la mañana de aquel sábado, con Esther Ferrer como primera narradora, con la idea de evocar la acción *El Sena por París* en la que ella había tomado parte en su momento. A continuación, sin referirse directamente a ninguna de las obras, intervino el segundo de los narradores, Jon Mikel Euba, durante el trayecto en el autocar que trasladó al público desde París hasta el extrarradio, donde se encuentra el CAC Brétigny. Luego, en el pabellón Edutainer creado por el Atelier van Lieshout frente al CAC Brétigny, Pierre Bal-Blanc, director del centro de arte, e Isidoro Valcárcel Medina mantuvieron en público una conversación telefónica acerca de la acción *Maratón*. La epopeya concluyó con un debate con los allí presentes. El texto que sigue es la transcripción de la conversación telefónica y el diálogo posterior tal como se desarrollaron, sin que se haya retocado ni alterado el orden de las ideas.[1]

Pierre Bal-Blanc: Buenas tardes, Isidoro, te habla Pierre.
   Isidoro Valcárcel Medina: Buenas tardes, Pierre.
   PBB: Te llamo desde Brétigny, donde estoy acompañado por una treintena de personas. Te mandamos un saludo.
   IVM: Igualmente…
   PBB: Desde esta mañana hemos estado hablando mucho de ti y de tu trabajo.
   IVM: Muchas gracias.
   PBB: La primera ha sido Esther Ferrer, en el puente de París donde hemos estado siguiendo la bola blanca que ha lanzado al agua…
   IVM: Sí, me lo ha contado por teléfono…
   PBB: Y luego hemos subido al autocar y durante el trayecto Jon Mikel Euba ha propuesto una lectura que iba traduciendo simultáneamente al francés una chica española contratada para la ocasión. Había muchos atascos porque aquí acaban de empezar las vacaciones escolares. Pero el tiempo es muy bueno y ha sido muy agradable.
   Yo he elegido comentar contigo *Maratón*, la acción que hiciste en 1981 en Madrid. Te propongo que nos expliques en qué consistía.
   IVM: El Maratón es una carrera oficial que todos los años organiza aquí el gobierno. Son 42 km y 195 m que hay que recorrer en menos de cinco horas. Yo la hice en cinco horas justas y fui el último en llegar. El trazado discurre por la ciudad y por los parques alrededor de Madrid y termina en el parque del Retiro. Es muy complicado. Tuve que entrenarme durante tres o cuatro meses, porque no me encuentro en absoluto en condiciones de hacer deporte. Antes de la carrera envié una carta a buen número de personas indicándoles la hora y el lugar donde yo iba a estar. Por ejemplo, "Estaré en la plaza de Cibeles a las 11:30", más o menos.

---

[1] Transcripción de Lou Foster.

MADRID, 1981

"MARATÓN"

Bueno, pues algunos estuvieron a la hora y en el lugar indicados y allí intercambiamos algunas palabras. La participación en la carrera suele ser enorme, más de 15.000 personas, así que localizar a alguien en concreto resulta muy difícil. Por eso fijé citas en un lugar y un momento precisos. Ésa es poco más o menos la historia.

PBB: Mandaste invitaciones a las personas para que se viesen contigo en el mismo sitio o en sitios distintos.

IVM: No, no, a cada una le mandé todos los sitios…

PBB: ¿Un lugar diferente para cada persona?

IVM: No, no, ellos podían elegir dónde encontrarme. Había, creo, seis sitios y seis horarios diferentes. Si querías verme en la plaza de Cibeles, entonces tenías que estar allí más o menos a tal hora.

PBB: Es un poco como la bolita blanca que se espera en el puente.

IVM: Sí, algo así. Es una cuestión de espacio y tiempo.

PBB: ¿Y qué te interesaba en el hecho de aprovechar el maratón? Éste es en realidad un formato institucional, oficial. ¿Es importante para ti utilizar una forma ya existente en vez de crearla?

IVM: Sí, de eso se trata. De que fuese un recorrido no elegido por mí, una carrera institucional muy antigua. Me adapté a la circunstancia oficial. Eso fue lo que me gustaba. Ser sólo uno más entre 15.000 personas. Está claro que no lo he hecho más que una vez y que jamás volveré a repetirlo porque es agotador. No sé si la experiencia tiene alguna relación con el arte, pero eso da igual.

PBB: ¿Te parece que el maratón es como la programación de un museo?

IVM: Es la primera vez que me lo planteo… Cuando tomas la decisión de participar en un maratón no hay nada que puedas elegir. Tienes que seguir el recorrido y hacer exactamente eso. Hay un recorrido prefijado y tu carrera termina en el punto de llegada.

PBB: En tu trabajo hay una presencia recurrente de la movilidad. En 1976 creaste una obra titulada *Por un arte ambulante.* ¿Cómo explicas esa voluntad de movilidad que es tan constante en tu trabajo?

IVM: Creo que el espacio es algo de lo que la gente se olvida. No piensa en qué lugar se encuentra. A eso puede sumarse la puesta en movimiento. Si estoy en un espacio y tengo que cambiar de espacio, he de hacer un esfuerzo mental, espiritual, no sé. Debo tener conciencia de hacer algo.

PBB: Y esa movilidad tiene relación con el tiempo…

IVM: Sí, el tiempo es lo más importante de nuestra vida. No se puede hacer nada sin espacio y sin tiempo. Por eso digo que el artista en cada una de sus acciones despliega el tiempo, el tiempo de su vida. No hay nada que pueda hacerse sin emplear el tiempo, ¡ni tan siquiera arte!

PBB: La idea de movilidad es también la voluntad de escapar a lo que deja fijado o cerrado el potencial o la experiencia que tú deseas intentar estimular. ¿Te preocupas de mantener permanentemente abiertas e inestables las obras que has realizado?

IVM: No lo sé. Eso que acabas de decir es interesante: que practico el movimiento porque temo permanecer inmóvil, ¿no?

PBB: Lo que veo en tu trabajo es que nada es verdaderamente estable; hay unas invitaciones a iniciar recorridos, a viajar, pero es poco lo que se percibe sin más. Hay que experimentarlo para entenderlo.

IVM: Desde luego. Pero eso se debe a que tengo la obsesión de hacer trabajar a todo el mundo. Si quieres venir a verme correr el maratón, es necesario que estés en un sitio preciso, hace falta que andes, ¿no es así? No es posible quedarse quieto para contemplar la obra de arte, como en un museo. "Voy al museo a contemplar una obra de arte." ¡No, no! Yo creo que los espectadores deben ir a buscar, trabajar, tienen que hacer un esfuerzo.

PBB: Del mismo modo, en el proyecto que hiciste en el Reina Sofía de Madrid[2] te llevabas de paseo a la gente cuando el museo estaba cerrado. La llevabas a recorrer los edificios alrededor del museo. ¿Puedes explicarnos esta "circunstancia", puesto que tú a esa obra la llamabas una "circunstancia"?

IVM: Una circunstancia, sí. "Hoy no se puede entrar… Pues entonces demos una vuelta." Son cuatro edificios en kilómetro y medio. ¡Es mucho! Hay que andar, dar rodeos. Pero es el día en que están cerradas las puertas. No es más que eso.

PBB: Voy a ver si alguien quiere hacerte alguna pregunta. ¿Quieren preguntarle algo a Isidoro?

Silencio.

---

[2] Dentro de la retrospectiva *Otoño de 2009* (véase más abajo).

PBB: Están todos muy callados.
 IVM: A pesar de lo que he dicho...
 PBB: Ha sido estupendo conversar contigo.
 IVM: Muchas gracias, han sido muy amables tomándose la molestia de ir hasta Brétigny. ¿Cuánto tiempo se tarda?
 PBB: Ummm... Cuarenta y cinco minutos.
 IVM: Vaya...
 PBB: Bueno, tampoco ha sido andando, íbamos en autobús... Gracias otra vez por estar presente en cierto modo en Brétigny.
 IVM: Muchas gracias. Ahora ya me hago una idea de lo que es Brétigny.
 PBB: Gracias de nuevo, Isidoro. Hasta otra ocasión.
 IVM: Hasta otra.

Cuelga.

PBB: Hemos hablado de *Maratón*. Lo que me interesaba de esta obra, en el marco de esta sesión, es la elección de una forma existente; Isidoro se infiltró dentro de esa forma ya existente...
 Una persona del público: Condicionante...
 PBB: Sí, condicionante. También es...
 Esther Ferrer: También es que no sólo se infiltra en una organización, sino que la reutiliza en beneficio suyo. Al final tienes la impresión de que el maratón se celebra para que Isidoro realice su acción. Tiene necesidad del maratón para que la acción exista.
 Ya en otras piezas había hecho lo mismo. Durante un festival de performances le preguntó al Reina Sofía cuál era el precio de compra de una obra[3]. En España tienes derecho a conocer el importe, mientras que en Francia es imposible...
 Les preguntó por el precio de compra. Isidoro está casado con una abogada, así que hizo todas las gestiones necesarias para obtener la informa-

---

[3] *S/T*. Madrid, 1994, ref. 174 (Acción, Postal, Informe documental). "Valcárcel Medina al habla. Valcárcel Medina en conversación con José Díaz Cuyás y Nuria Enguita Mayo", en *Ir y venir de Valcárcel Medina*. Cat. de exp. Barcelona / Murcia / Granada, Fundació Antoni Tàpies / Comunidad Autónoma de la Región de Murcia / Centro José Guerrero, 2002.

ción. Como la cosa se complicó, lo que al final hizo Isidoro en el festival de performance celebrado en el Reina Sofía fue exhibir toda la correspondencia mantenida con la institución. Es decir, reutilizó toda la organización del museo poniéndola al servicio de su propio trabajo. ¡Eso es lo que es muy interesante! Nunca es algo violento, él no es nunca violento, pero pone a su disposición lo que no está disponible. Expuso lo que había producido el museo, aquello que nunca se quiere exponer. Toda la organización del museo se convertía así en obra de Isidoro.

Una persona del público: Da la vuelta al condicionante...

EF: Da la vuelta al condicionante. El museo existe para la propuesta de Isidoro. En cuanto a la otra obra de la que se ha hablado, el paseo alrededor del museo, que yo hice con él alrededor del Reina Sofía por el parque del Retiro (era una tarde sin nada que hacer), fue una manera de recuperar lo que no es útil. Si el museo está cerrado y no se puede penetrar, no es posible hacer nada con él desde un punto de vista museístico; bueno, pues de todas formas crea una obra.

PBB: Pero al mismo tiempo muestra el museo casi mejor que si se penetra en él...

EF: En eso no coincido. Él lo presenta de otra manera. Es otra idea. A partir del momento en que el museo está cerrado y es inútil...

Una persona del público: Inaccesible...

EF: Es mostrar lo inaccesible. Desde el momento en que el museo está cerrado, es inútil. Él lo pone a su servicio, y el museo sirve, pese a todo, para hacer una obra, eso es lo inteligente.

PBB: O bien para enseñar el museo por defecto. Las cosas no se contemplan desde un único ángulo. Él se propone mirar a lo que no se presta atención, lo que está cerrado. Hay una forma de desobediencia que a menudo se repite en su obra, la toma en consideración de lo que no es oficial. Hay un uso impuesto y él actúa de tal forma que muestra que los usos son muy abiertos. No hay por qué limitar el uso de las cosas. En todo su proyecto en el Reina Sofía jugaba ya con la cuestión de la temporalidad y con la invitación hecha por una institución a un artista reconocido en su país pero que sin embargo nunca ha tratado de formar parte del panorama oficial del arte español.

Isidoro respondió con un proyecto llamado *Otoño de 2009* que celebra una estación del año en lugar de la duración oficial de la exposición.

Después desarrolló un conjunto de "circunstancias" y no de "performances". "Circunstancia" es una palabra particular que permite combinar diferentes elementos (tiempo, espacio), es una ecuación de diversas cosas. Por otra parte no se sabe exactamente el número de circunstancias que se dan, a mí me ha resultado difícil conocerlas todas. No hay nada que las archive, puesto que él se opone a la documentación. Ha sido el joven comisario Rafael García Horrillo, del Reina Sofía, quien me ha ayudado a reconstituir las performances, al menos aquéllas en las que él pudo estar presente o colaborar. La primera —les paso las fotos— era una instalación de cajas de obras de arte que se emplazaron en el patio del Reina Sofía[4], un patio surgido a raíz de la construcción de la nueva ala del museo por Jean Nouvel. Es un patio donde se ve una obra de Roy Lichtenstein y detrás las cajas que se colocaron allí durante un cierto tiempo.

Otra circunstancia fue este reloj[5], un reloj que da la hora pero que dentro del museo marca la intrusión de lo cotidiano, de una norma de la vida diaria que en el museo queda normalmente un poco en el olvido. Todos estos elementos de los que hablo aparecían sucesivamente, coincidían en algunos momentos, y no había ningún anuncio especial de su instalación.

Esta banderola se instaló encima del nuevo edificio de Jean Nouvel[6]. Lo que dice el texto ("El autor ruega que disculpen las molestias") tiene algo de tautológico por disculparse de estar allí. Pero también responde a un suceso específico: a las quejas de los vecinos del Reina Sofía por los colores del edificio, que interfieren con la luz en algunas de sus casas.

---

[4] "Cajas: el artista eligió unas cuantas cajas de embalaje de obras de arte (hechas de madera, las mismas cajas corrientes que se emplean para transportar obras cuando viajan) y las colocamos en la terraza y la plaza del edificio Nouvel. Algunas de las cajas iban pintadas de verde." (Descripción enviada por Rafael García Horrillo a Pierre Bal-Blanc por correo electrónico.)

[5] "En *Otoño de 2009* se colocó un reloj de pared en una de las paredes normales del museo." (Descripción enviada por Rafael García Horrillo a Pierre Bal-Blanc por correo electrónico.)

[6] "Delante del edificio de Nouvel se colgó una gran banderola en la que se pedían disculpas respondiendo a las quejas y reclamaciones de los vecinos contra el Reina Sofía por el brillo de los paneles rojos del edificio." (Descripción enviada por Rafael García Horrillo a Pierre Bal-Blanc por correo electrónico.)

Hubo otras muchas circunstancias. Entre ellas, sobre todo, la visita durante las horas de cierre del museo; y además a la entrada del Reina Sofía se instaló una alfombra roja los días de cierre.

A esta primera serie, en respuesta a la invitación hecha por el museo de hacer una retrospectiva, vino a sumarse una exposición del conjunto de su trabajo. Sus obras fueron presentadas en uno de los pasillos del Reina Sofía acompañadas de un breve texto en el que se conmemoraban los trescientos años de una exposición organizada en 1707 por el príncipe Fernando de Toscana en el claustro de la iglesia de la Anunciación de Florencia. En ella el príncipe instaló 250 cuadros de su colección de pintura florentina de tal forma que cubrían por completo las paredes hasta el techo. Isidoro retomó esta historia, mencionada en las crónicas de la época, para proponer en la fecha del aniversario el mismo modelo de exposición cubriendo totalmente un pasillo del Reina Sofía (que además tiene forma de claustro), con lo cual reafirmaba la imposibilidad de apreciar todas las obras, puesto que éstas llegaban hasta el techo. La anécdota está tomada de otra obra de Isidoro, una obra que yo calificaría de enciclopédica, titulada *2000 d. de J.C.*[7]

---

[7] "III Centenario de la última exposición en el claustro de la Annunziata de Florencia.

El príncipe Fernando de Toscana, coleccionista, mecenas y promotor de la pintura, organiza el 18 de octubre de 1707 una mastodóntica exposición en el claustro de la Annunziata, en la cual se muestran nada menos que 250 cuadros de colecciones florentinas. Si tenemos en cuenta que la muestra se mantuvo abierta sólo durante tres días y que las obras estaban colocadas, por las necesidades de espacio, a razón de ocho o diez en cada luneto del muro ciego del claustro, se puede tener una idea de que aquello era, cuando menos, un ambiente poco adecuado a la contemplación de obras de arte. Parece ser que la idea de este montaje surgió de otro semejante que venía haciéndose, aunque más modestamente, en San Rocco, de Venecia, así como en San Giovanni Decollato y en el Panteón, en Roma. En este último, fue donde, en 1655, se presentó el retrato que Velázquez hizo a su criado Pareja. El detalle más exclusivo del despliegue florentino era la publicación de un catálogo impreso donde se recogían los datos de las obras expuestas. Este catálogo constituye una experiencia nada común hasta entonces (aunque hoy en día se haya hecho vulgar en su demasía), que reflejaba, todo hay que decirlo, el año 1706 como fecha de la exposición. Giorgione, Tiziano, Tintoretto, Pordenone, Schedoni, etc. estaban 'presentes', lo que da idea de la envergadura artística del empeño. Pero, volviendo al tema principal, si pensamos en un schiavone apoyado en el suelo o en un veronés a la altura del techo de la

EF: Con ocasión del cambio de milenio Isidoro realizó un libro en papel biblia en el que se recoge un acontecimiento anual desde el año cero hasta 2001. Más allá de la idea, que encuentro muy bonita, hay que hacer notar que los sucesos que destaca Isidoro son poco conocidos. Por ejemplo, en 1492 no menciona el descubrimiento de América. Relata un suceso que tuvo lugar aquel año y que, de una u otra manera, está relacionado con el descubrimiento.

Hay un detalle que siempre me hace reír. De cierto año dicen los cronistas que en él no ocurrió nada. Y entonces Isidoro escribe que lo ocurrido ese año fue "Nada".

PBB: En el libro, que tiene 2.000 páginas, hay un acontecimiento por página y un acontecimiento por año. Ese suceso representa la reducción del año a un solo acontecimiento; es un suceso que puede ser completamente anecdótico pero sobre el que Isidoro ha reflexionado a fondo. Estamos ante una lectura de la historia a través de la anécdota, pero al mismo tiempo cuando se recorre el libro hay algo que resulta más verdadero que si hubiese seleccionado los acontecimientos más importantes.

EF: A Isidoro le apasiona la historia y de este modo se muestra como un cronista alternativo. Para financiar su investigación comenzó a vender los años. Cualquiera podía comprar un año. Yo compré unos cuantos años, era una manera de ayudarle. Podías elegir el año que querías comprar.

PBB: ¿Y qué año compraste?

EF: Ya no me acuerdo, porque éramos varios. Pero fui yo quien le dio la idea de vender los años.

PBB: Compraste el año...

bóveda, podemos representarnos aquel hartazón de pintura, porque, como decía Confucio: 'Nadie se mira en la corriente, sino en las aguas tranquilas'. Por fortuna, la exhibición no consiguió una periodicidad fija ni frecuente. (...) Giovanni Dandolo, en su *Crónica*, hace recapitulación de las angustias de los visitantes de las horas inmediatas a la comida, de los apretujones e incomodidades de una sociedad ceremoniosa por fuerza y del escaso interés, en fin, que en todos los espectadores se apreciaba. (Del libro *2000 d. de J.C.*, de Isidoro Valcárcel Medina)
Nota: Hubo una segunda y última versión de esta exposición en octubre de 1709. Ésta es la variante cuyo tercer centenario se celebra aquí.
Octubre de 1709 – Otoño de 2009."

Nota editorial: Valcárcel Medina colocó este texto en un atril al comienzo de la exposición *Otoño de 2009*. Tal como se indica, en él se transcribe la entrada del año 1707 de su libro *2000 d. de J.C.* (Madrid, Entreascuas, 2001).

EF: No lo recuerdo, pero creo que todos están registrados en alguna parte. No pude asistir a la presentación del libro pero le dije a Isidoro que escribiría algo sobre un acontecimiento que hubiese ocurrido en el año comprado por mí, un acontecimiento no descrito en el libro, para que pudiese leerlo el día de la presentación. Recuerdo que elegí a Calígula y que se leyó durante la presentación en el Círculo de Bellas Artes, y también un texto sobre la Institución Libre de Enseñanza, un experimento pedagógico de gran importancia durante la República. Hubo bastante gente que escribió un texto. Fue una presentación larguísima.

PBB: Creo que esto nos da una idea de su trabajo. Ahora podría tal vez terminar con lo que se encuentra disponible de Isidoro, o es siquiera accesible, porque sus obras son muy poco coleccionadas por los museos. Hay muy poca obra suya que esté expuesta. Tenemos esta publicación, *Otoño de 2009*, editada en Madrid, que está disponible y que es un trabajo que yo considero una auténtica obra[8].

EF: Un catálogo…

PBB: Es un catálogo que es una de las intervenciones que hizo para el Reina Sofía. Su título es *La Colección del Museo Nacional Centro de Arte Reina Sofía en Otoño de 2009*[9] y lo firma Isidoro. Trazó los planos de cada una de las salas y después midió todas las obras presentes en el museo. Todas las salas y todas las obras están medidas sistemáticamente. Por otro lado no se hace mención concreta de ninguna obra, porque únicamente indica las medidas. Lo mismo que para *Maratón*, él se impone una disciplina, la de acudir allí con un equipo de medición. Como en el caso de la enciclopedia, es un trabajo descomunal, consistente en ir durante meses por las salas del museo tomando las medidas de todas las obras visibles en aquel momento. En el Reina Sofía el libro se vendió al precio de un catálogo.

Son lo único que está disponible de Isidoro, y eso es también lo que me parece tan interesante de su trabajo: que elige muy cuidadosamente a qué permite acceder. Es lógico que una publicación sea accesible, pero en cuanto a la cuestión de la obra de arte, de su compra o su venta, él no quiere entrar en ese tipo de intercambio.

---

[8] *Otoño de 2009. Valcárcel Medina – circunstancias*. 2009. (Colección MACBA.)

[9] *La Colección del Museo Nacional Centro de Arte Reina Sofía en Otoño de 2009*. Madrid, MNCARS, 2009.

Una persona del público: Hay además una tercera publicación bastante reciente, titulada *Intonso*, que he visto, pero de la que no sé nada porque las páginas están pegadas, quiero decir que están todavía sin cortar... Apareció el año pasado.

François Hiffler: Hay también otro libro cuyo título es *Rendición de la hora*[10], en el que desarrolla una teoría que justamente hoy es de actualidad. Propone que en vez de cambiar todos los años entre hora de invierno y hora de verano, nos bastaría (o por lo menos así podríamos complicarnos la vida) con añadir al reloj diecinueve segundos cada día. Así no habría cambios bruscos. A esa teoría le da 365 títulos, un título por día, y el libro es como un libro de poesía, un poema consistente en los 365 senta y cinco títulos elegidos para denominar la operación. Hay además un breve párrafo... El libro sólo está en español y no he entendido casi nada en él, es un español muy literario que alterna entre la parodia, la ironía y la poesía pura o la arbitrariedad más absoluta en la elección de los títulos. Es bastante bonito.

Una persona del público: En realidad hay unos ocho o nueve libros. Incluso algún libro de artista como *El libro transparente*, que es de 1970[11]. De los "publicados", además de *Intonso*, tiene un libro que ha editado Lady Foster, la mujer de Norman Foster.

EF: Hay libros antiguos, catálogos, pero ahora empieza a haber libros, ya empieza a hablarse del trabajo de Isidoro.

Una persona del público: Aparte del hecho de que haya pocos libros disponibles, aunque son unos cuantos, Isidoro archiva su trabajo. Si te pones en contacto con él, te abre el taller y te proporciona reproducciones, fotocopias de su archivo, de todos sus trabajos. Pienso en concreto en *Ley del arte*, escrito a máquina durante diez años con arreglo al formato de una ley, y que se ha publicado hace dos años[11]. Es una iniciativa popular sobre el arte que él presentó al Congreso de los Diputados para que fuese debatida. Tiene toda una serie de trabajos hechos para formato libro, como *2000 d. de J.C.*, y otros proyectos que realiza sobre soportes diversos, como esa

---

[10] *Rendición de la hora*. Barcelona, Fundació Antoni Tàpies, 2002.

[11] *El libro transparente*, 1970. (Colección MACBA.)

Ley del arte que publicó la Sala Parpalló de Valencia al cabo de diez años.

Una persona del público: Me gustaría añadir acerca de *2000 d. de J.C.* algo que una vez me contó Isidoro. Trataba de dos personas, un religioso y un científico. El primero le dijo que no estaba bien seleccionar cierto acontecimiento para un determinado año porque se trataba de una blasfemia y era peligroso. Es decir, que tuvo un tropiezo con una autoridad religiosa… Pero también tuvo algún roce con una autoridad científica, porque él había elegido un suceso que creía cierto pero que luego resultó ser falso. Entonces el científico le dijo: "No puedes poner eso". Lo que me más gusta es que Isidoro juega con la autoridad. La realidad replica diciendo "¡no!". Él siempre se mete con la ley, con el poder de la autoridad.

Una persona del público: Dentro de poco va a publicar una novela que escribió en los años setenta. Es una especie de *nouveau roman* cuyos personajes no tienen nombre.

PBB: Bien. Muchas gracias a todos: Jon, Miren, Esther. Tal vez consigamos que algún día él venga por aquí.

[12] *El arte en cuestión / Ley del arte*, Álvaro de los Ángeles (dir.). Valencia, Sala Parpalló–Diputació de València, 2011.

Miren Jaio leyó su texto sobre *12 ejercicios de medición sobre la ciudad de Córdoba (J)* en la quinta parada de *18 fotografías y 18 historias* el 6 de noviembre de 2012 en la oficina de BNV Producciones en Sevilla. A continuación le siguieron Isaías Griñolo y Pedro G. Romero. Como miembro de Bulegoa z/b, ha seguido de cerca el desarrollo de *Performance in Resistance* y de *18 fotografías y 18 historias*.

12 ejercicios de medición sobre la ciudad de Córdoba (J). Córdoba, 1974

Miren Jaio

Los documentos

CÓRDOBA, 1974

La foto

La fotografía obtenida en Córdoba en 1974 retrata a un hombre con barba, Valcárcel Medina, mientras traza una raya de tiza en una pared. El texto en la parte inferior derecha explica que la fotografía documenta una de las doce acciones realizadas bajo el título *12 ejercicios de medición sobre la ciudad de Córdoba*. En el informe redactado a posteriori, el artista explica que las acciones se completaron entre el 27 y el 30 de noviembre de 1974. En referencia al ejercicio J —realizado el día 30, que ese año cayó en sábado—, apunta que "como consecuencia de la observación de la gran cantidad de trazos longitudinales de tiza o yeso que se ven por los muros de la ciudad, he comprobado el recorrido que era necesario abarcar para el consumo de cuatro barras de tiza, tamaño comercial".

La investigación

Córdoba, 30 de noviembre de 1974. ¿Cómo afrontar la investigación de lo allí sucedido a partir de una foto y unos datos? No estoy en Córdoba y no es 1974. Nunca he estado en Córdoba pero, sin embargo, sí he estado en 1974. Tal vez no sea un mal comienzo. ¿Qué hacía ese sábado de 1974 al mediodía? Yo, que entonces tenía cinco años y medio, estaría probablemente volviendo a casa de mi paseo de los sábados con mis hermanos y mi abuelo.

Mi abuelo. Nacido en 1898, un año de barbas[1], paradójicamente, no las soportaba, ya que las consideraba inútiles y antihigiénicas. Imagino que tampoco hubiera soportado las del barbudo que trazaba rayas por las paredes de Córdoba mientras en Bermeo volvíamos a casa de nuestro paseo sabatino.

Nunca se me hubiera ocurrido pensarlo. Me refiero a la influencia de mi abuelo en mi futuro profesional. Sus palabras, cada vez que veía entrar por la puerta a mi hermana, solían ser: "Paca, sabes que a ti te adoro, pero es que a esta niña la quiero con locura". Sus palabras, cada vez que me veía entrar por la puerta, siempre con tono de alarma, eran: "¡Paca, Paca! ¡La niña, la niña! ¡Los documentos, los documentos!". Hay que explicar que a mí me encantaba revolver en los armarios, donde había cosas muy interesantes, como los abanicos de mi abuela. Me pregunto si mi interés por los documentos no me viene de esa voz de alarma originaria de mi abuelo. Algo hay sin duda en los documentos.

Pero volvamos a lo nuestro. Ya que no en 1974, ¿cuándo me topé por primera vez con la obra de Isidoro Valcárcel Medina? Aquí, reaparecen las barbas del 98. En 1990, un año antes de recibir el documento académico que me faculta para andar entre documentos —mi título de licenciatura en Historia del Arte—, fui en viaje de estudios a Madrid. En una sala del Círculo de Bellas Artes me encontré con *No necesita título*, una reproducción de un comedor de beneficencia para trece comensales. En las mesas no hay cubiertos. He de admitir que aquellos platos rebosantes de sopa y garbanzos me produjeron tanto rechazo como a mi abuelo las barbas. Salí de allí pensando: "He aquí un artista madrileño matérico garbancero". No sé por qué me vino a la cabeza el nombre "garbancero" que

---

[1] "Generación del 98" es la denominación acuñada por Azorín en 1913 para nombrar al grupo de escritores del que formó parte y que, caracterizado por el espíritu de protesta, respondía a la crisis moral, política y social experimentada en España tras la pérdida de las últimas colonias en Cuba, Filipinas y Puerto Rico.

Valle-Inclán, barbudo del 98, dio a Pérez Galdós, como mi abuelo, un rasurado del 98.

Nunca he dedicado mucha atención a esta mi primera y enjundiosa valoración de la obra de Valcárcel Medina como "matérico-garbancera". Vuelvo a ella. Las primeras impresiones son siempre dignas de crédito. Busco en el diccionario "garbancero": "Persona o cosa ordinaria y vulgar". Luego, "matérico": "Perteneciente o relativo a los materiales utilizados en la obra de arte". Compruebo así que en 1990 no andaba tan errada. Valcárcel Medina es un artista "matérico" porque efectivamente trabaja con los materiales propios del arte, que son los materiales de la vida. También es "garbancero" porque trabaja con lo "ordinario y vulgar", es decir, la realidad que le rodea que, hoy como ayer, no podría ser más "garbancera".

MADRID, 2011

La foto

En la fotografía, obtenida por Rocío Areán Gutiérrez el 22 de abril de 2011, el artista aparece en una calle del barrio madrileño de Lavapiés trazando una raya de tiza en una pared. El 22 de abril de 2011 cayó en Viernes Santo. Esta foto, junto con el resto de las dieciocho que conforman *Performance in Resistance*, fue tomada, tal y como estaba programado, entre el miércoles 20 y el lunes 25 de abril, coincidiendo con las vacaciones de Semana Santa de la fotógrafa, que estudia en el St. Martin's College de Londres. Como resulta apreciable en la imagen, esos días fueron muy lluviosos.

La investigación

Los datos arriba referidos no los conozco a través de documentación, sino de manera directa. Lejos de la protohistoriadora que era en 1974, en 2011 me convierto en testigo presencial y fuente de documentación fidedigna. Me planto en Madrid en la Semana Santa de 2011 armada con una grabadora y dispuesta a generar documentación sonora. Durante esos días, sigo incansablemente a artista y fotógrafa con el objeto de registrar lo que allí suceda. Si exceptuamos el sonido de la peonza contra el tablero en *Peón de rey*, poco hay en la grabación que añada algo a lo ya sabido o a lo que ya se ve. Extracto como muestra un fragmento de las noventa y cinco páginas transcritas. En él, se recogen las conversaciones incidentales mantenidas en el puente de Toledo durante la toma de la fotografía *El Sena por París* (París, 1976) o, para el caso, *El Manzanares por Madrid* (Madrid, 2011):

(…) Rocío: ¿Qué río? Si es que no se ve.

IVM: No, no, es que no hay.

Miren: No hay río, ¿no?

IVM: No hay, no.

Miren: Pero, ¿dónde está el río?

Rocío: El agua parece que está por ahí, ¿no?

IVM: No, no, es que es una cosa que…

Rocío: Pero vamos, que agua no se ve. [Sonido de fondo del agua de una fuente]

IVM: Por eso te decía yo… [Risas]

En cualquier caso, esta posición privilegiada de testigo me permite conocer cosas que las fotografías no llegan a revelar. Por ejemplo, que el artista elegirá las localizaciones siguiendo unos criterios estrictos de fotogenia y economía. No hace falta mirar las fotos para comprender que el término "fotogenia" según Valcárcel Medina tiene un sentido distinto del aplicado a las estrellas de Hollywood o a las *top models*. Aquí, una localización "da bien en cámara" porque todo en ella contribuye a hacer comprensible, en un solo instante congelado, una acción con un desarrollo temporal que tiene un antes y un después del clic de la cámara.

La pared de Lavapiés es sin duda fotogénica porque es continua como un lienzo y permite ver en un golpe de vista que el artista está trazando una raya de tiza. Testigo de lo que está sucediendo en esa pared madrileña durante una Semana Santa lluviosa de 2011, vuelvo mi mirada a la Córdoba de 1974: desconozco si sus paredes eran igualmente fotogénicas, si la raya de tiza que las marcaba quedó camuflada entre "la gran cantidad de trazos longitudinales de tiza" o qué es lo que suponía que un barbudo trazara una raya en la calle un año antes de la muerte del dictador Francisco Franco. La duda me asalta e inquiero sobre este punto al artista: "Yo soy muy frío políticamente", responde por teléfono, "pero todo arte es político, inevitablemente".

Estas frases me llevan, también inevitablemente, a otra del artista: "Tienes que responder a tu momento histórico". Terco e insistente como las gotas de lluvia, el momento histórico se cuela por todos lados durante la ejecución de *Performance in Resistance*. Así, la primera pared continua elegida como lienzo, la de un edificio que da a la plaza Benavente, será pronto desestimada debido a la presencia de unas cámaras de videovigilancia que cubren el perímetro del edificio que alberga el Registro Civil Central del Ministerio de Justicia.

Desde un extremo de una calle en pendiente del barrio de Lavapiés, Rocío dispara varias fotos a Valcárcel Medina mientras éste sujeta un paraguas y traza una raya en la otra acera. La fotógrafa realiza pocas tomas, tantas como le permite el artista, cuyo único objetivo es obtener dieciocho fotografías que registren los gestos de otras tantas acciones que realizó en años y lugares distantes del Madrid de 2011. Mientras esto sucede, yo, testigo presencial, me pregunto qué revelará esta imagen concreta que ahora mismo se está produciendo de la fidelidad del artista a su momento histórico, más allá de rastros evidentes del aquí y ahora como la regularidad del piso o el colorido del cartel anunciador de una manifestación[2].

---

[2] Otros huecos por los que se cuela el momento histórico: veinte días más tarde y en la plaza del Sol, a pocos minutos de la pared de Lavapiés, comienza el 15M, el movimiento que a través de la ocupación de la vía pública mostrará el descontento ciudadano con la clase política. Meses más tarde, en febrero de 2012, algunos de quienes participamos en este libro visitamos con el artista las localizaciones de las fotografías. La pared de Lavapiés evidenciaba rastros de que algunos se habían servido de sus cualidades para hacer pintadas de protesta y de que, tras ellos, unos trabajadores del servicio municipal de limpieza las habían borrado. Invisibles y poco subversivos, la raya de tiza y un signo de interrogación de color rojo habían pasado el control del servicio municipal.

SEVILLA, 2012

La foto

En la fotografía, llueve mansamente pero con insistencia. La figura con barba, paraguas y chaqueta a rayas traza mientras tanto una línea en la pared. Las gotas de lluvia que sin objeto ni intención lo mojan todo son apenas perceptibles más allá del brillo plateado en las junturas de los adoquines. La imagen se caracteriza por una economía y un equilibrio formales que son fruto de la combinación de elementos: la monocromía de tonos grises, la articulación de la composición a partir de líneas rectas, la perspectiva oblicua que aquéllas subrayan y la presencia de la lluvia. La composición recuerda una estampa de *ukiyo-e* de Hiroshige, en la que unas figuras anónimas ocultas tras sus paraguas transitan por los caminos. Género pictórico que recoge escenas de la vida urbana de Japón entre los siglos XVII y XIX, *ukiyo-e* significa literalmente "pinturas del mundo fluctuante".

La investigación

1.

Estoy ahora, año y pico más tarde, en una ciudad nueva y en un papel nuevo. Aquí en Sevilla, el 6 de noviembre de 2012 ya no soy testigo, sino narradora. Sin embargo, sigo formulándome la misma pregunta que me hacía un año antes. Sigo buscando pistas en una fotografía que den cuenta del compromiso de Valcárcel Medina con su momento histórico.

Voy a valerme de los instrumentos que la forma narrativa pone en mis manos. Voy a fabular. Miro a la fotografía y a la lluvia que cubre su superficie. Lo veo claro. No hay duda. La clave está en la lluvia. Ésta es un elemento constitutivo de la imagen y de la acción. Incluso lo es de esta narración. Así, una acción en Córdoba, una fotografía en Madrid y un relato en Sevilla están indisolublemente unidos por el leitmotiv de la lluvia.

Prosigo con mi argumento: imprevista y caprichosa, la lluvia está más allá del tiempo histórico, y es por ello fiel al sentido de las cosas y al momento en que éstas se inscriben. Escucho a Eliza Doolittle cantar dos veces una misma canción. En la versión en inglés, la florista *cockney* interpretada por Audrey Hepburn en *My Fair Lady* entona con distinguida

CÓRDOBA, 1974

"12 EJERCICIOS DE MEDICIÓN SOBRE LA CIUDAD DE CÓRDOBA (J)"

dicción "The rain in Spain stays mainly in the plain"[3]. En la versión castellana, demuestra su abandono del estado de ignorancia con "La lluvia en Sevilla es una pura maravilla".

La canción y sus dos ejecuciones están plagadas de inexactitudes: llueve poco en Madrid; en Sevilla, cuando lo hace, no es siempre una maravilla; la asunción de que dicciones distintas de las cultas son incorrectas es infundada y clasista, etc. En cualquier caso, prosigo, la lluvia evocada en una canción, o en cualquier otra forma, es siempre fiel al espíritu de su momento histórico. Prueba de ello es que, mientras leo esto en la oficina de BNV, afuera, en la callejuela de Descalzos, llueve sin parar.

Regreso a mi argumentación y la remato: me atrevo a sostener que el 30 de noviembre de 1974 Valcárcel Medina trazaba una raya de tiza por las paredes de Córdoba mientras la lluvia caía sobre sus hombros. A esta argumentación podrá responderse alegando que, en tanto que fabulada, es arbitraria y caprichosa y pervierte el espíritu de lo sucedido. Te pido sin embargo, lector, que mires a la fotografía. Si lo haces por primera vez, tal vez te preguntes si la figura con barba y chaqueta a rayas que sostiene un paraguas traza esa raya de tiza en la pared, no a pesar de la lluvia sino, precisamente, "por" ella. Esa figura con barba debe saber que el agua disuelve el yeso, y que el destino que le aguarda a una raya de tiza es tan incierto como el del agua que se escurre entre los adoquines y desaparece en cuanto escampa.

Concluyo: Valcárcel Medina realizó una acción inútil en Córdoba en 1974 y, para señalar esa inutilidad, vino en su ayuda la lluvia. Mientras el artista ejecutaba el ejercicio J de sus *12 ejercicios de medición sobre la ciudad de Córdoba*, de fondo, Eliza Doolittle cantaba, y aliteraba, "la borrasca en Córdoba bordea por las bardagueras de las cordilleras".

2.

Me pregunto por mis razones para elegir esta fotografía más allá de su atractivo inintencionado. Hay en su título elementos que provocan extrañeza. Los ejercicios de medición son realizados no "en" Córdoba, sino

---

[3] En "La lluvia en España permanece sobre todo en el llano", entiendo que por "el llano" se refiere a la Meseta Central, en cuyo centro se encuentra Madrid.

"sobre" ella. La preposición "sobre" implica la fidelidad al carácter descriptivo y gráfico de la topografía. El viajero llega a una ciudad desconocida después de pasar horas en el tren mirando su plano. Realiza sus ejercicios de medición y, sin apenas tocar nada, se vuelve por donde ha llegado.

Otras razones tienen que ver con la relación entre imagen y texto. Me fascina mirar el agua que brilla en las junturas de los adoquines como si se tratara de hilillos de plata entretejidos, luego mover los ojos un poco a la derecha, posarlos sobre el *passe-partout* y leer "Córdoba". Vuelvo a los brillos plateados. Regreso a la palabra "Córdoba". Vuelvo de nuevo a los hilillos. Otra vez regreso a "Córdoba", ciudad donde nunca he estado o, mejor: lo más cerca que he estado fue por persona interpuesta, cuando en 1990 (año de encuentros) ligué con un platero cordobés. Entonces, como en una revelación, entiendo:

C-Ó-R-D-O-B-A
B-R-O-C-A-D-O

Hay un vínculo secreto entre el "tejido fuerte de seda con dibujos que parecen bordados, de distinto color que el del fondo, normalmente entretejidos con hilos de oro y plata" y la ciudad que en "el siglo X llegó a su momento de mayor esplendor como capital del Califato de Córdoba". Busco ese vínculo y lo encuentro. En el otro extremo del mundo islámico, en el Califato de Bagdad, Al-Wassa escribió *El libro del brocado*, un tratado sobre la elegancia que influyó en *El collar de la paloma* del cordobés Ibn Hazm. Al-Wassa definía al elegante del siglo X:

> La elegancia se manifiesta en su natural, aparece en su carácter, es evidente cuando habla, no se oculta cuando calla; sus señales están claras en su forma de andar, de vestir, en su pronunciación, se infiere externamente de los movimientos llenos de gracia.[4]

Identifico sin dificultad esta descripción en la figura con barba de la foto, la misma figura que hace veinte años califiqué como "artista matérico-gar-

---

[4] Al-Wassa, *El libro del brocado*. Madrid, Alfaguara, 1990.

bancero" y que hace cuarenta mi abuelo tacharía de barbudo desaseado. Sigo leyendo:

> Entre las señales por las que se muestra su perfecta cortesía y se conoce la superioridad de sus aspiraciones se cuenta lo mucho que sienten la pasión y sufren el fuego del amor.

No sé cómo integrar esta última parte en el relato sobre la elegancia innata de Valcárcel Medina. Sé que en algunos trabajos ha vinculado la ciudad y el amor. Antes de venir a Sevilla, le llamo por teléfono. Le pregunto por el contexto en el que realizó las acciones, si fue un festival. Me dice que no. Vuelvo a insistir y le pregunto por los motivos que le llevaron a la ciudad. Contesta de manera evasiva y con una risita: "No, los motivos fueron estrictamente personales". "Ah", le digo. "Entonces tú fuiste a Córdoba por amor, ¿no?". "Sí," [risas de nuevo] "fui a Córdoba por amor… y por desamor también, por lo que luego pasó".

3.

Llamo de nuevo al artista tras terminar la presentación en BNV. Le pregunto. Motivos, de nuevo. Debe estar harto de tantos "por qué". Llevo dos años atosigándole a preguntas. Esta vez, son los motivos para no afeitarse la barba. Si hay una cuestión práctica, estética o sentimental. Me dice que hay muchos motivos, pero que el primero fue, después de un viaje a París a finales de los cincuenta, el espíritu de inconformismo.

Miren Jaio read her text on *12 ejercicios de medición sobre la ciudad de Córdoba (J)*, (*12 Measuring Exercises on the City of Córdoba (J)*), at the fifth stage of *18 pictures and 18 stories* on 6 November 2012, at the BNV Producciones office, Seville. She was followed by Isaías Griñolo and Pedro G. Romero. As a member of Bulegoa z/b, she has been closely involved in the development of *Performance in Resistance* and *18 pictures and 18 stories*.

12 ejercicios de medición sobre la ciudad de Córdoba (J). Córdoba, 1974

Miren Jaio

The Documents

CÓRDOBA, 1974

The Photo

The photograph taken in Córdoba, 1974, shows a man with a beard, Valcárcel Medina, drawing a chalk line along a wall. The text on the bottom left states that the photograph is a document of one of twelve actions by the artist titled *12 ejercicios de medición sobre la ciudad de Córdoba*. In a report written after the event, he explains that the actions were made between the 27 and 30 of November, 1974. In reference to Exercise J—made on the 30, which fell on a Saturday that year—he says, "After having observed the many longitudinal chalk lines on the city walls, I now know how far I need to walk in order to completely use up four pieces of chalk of the regular commercial length."

My Research

Córdoba, 30 November 1974. How to begin to approach my research on what took place there with nothing but a photo and a small amount of information to base it on? I am not in Córdoba, and this is not 1974. I've never been to Córdoba, but I have lived in 1974. Perhaps I could start there. What was I doing at midday on that Saturday in 1974? I was five and a half at the time. I would probably have been coming back from my Saturday walk with my brother, sister and grandfather.

My granddad. He was born in 1898, a year of beards,[1] though paradoxically, he hated beards, as he found them pointless and unhygienic. I guess he also would have hated the beard on the man who, while we were coming back from our Saturday walk in Bermeo, was drawing lines along the walls in Córdoba.

It never would have occurred to me to think about it—my granddad's influence on my professional future, I mean. Whenever he saw my sister come through the door he would say, "Paca, you know I love you—but I love this little girl like crazy." Whenever he saw me coming through the door he would say, in an alarmed voice, "Paca, Paca! The child, the child! The documents, the documents!" I should explain here that I loved rummaging around in my grandparents' cupboards, which had fascinating things in them, like my grandma's fans. I wonder if my interest in documents didn't begin there, with my granddad's expression of alarm. There is definitely something in documents.

To get back to where we were: it wasn't in 1974 that I first saw Isidoro Valcárcel Medina's work—so when was it? Back to the beards of '98 again. In 1990, a year before I was given the academic document authorizing me to rummage around in documents—my degree in History of Art—I went to Madrid on a student trip. In one room of the Círculo de Bellas Artes was *No necesita título* (*No Title Needed*), which reproduces a soup kitchen for thirteen diners. There are no knives or forks on the tables. I have to admit that I found the dishes, filled to the brim with soup and chickpeas, as disgusting as my granddad found beards. I left the room thinking, "One of those grimy (*garbancero*), matter-loving (*matérico*) Madrid artists." I don't exactly know why the word *garbancero* came to

---

[1] *Generación del 98* was a term coined by Azorín in 1913 for the group of writers he belonged to. The group was characterized by its spirit of protest, and responded to the moral, political, and social crisis in Spain following the loss of its last remaining colonies in Cuba, the Philippines and Puerto Rico in 1898.

me. It was a nickname given by Valle-Inclán, a bearded man of '98, to Pérez Galdós—who, like my granddad, was a clean-shaven man of '98.

I've never paid much attention to my first, substantial appraisal of Valcárcel Medina's work as *garbancero* and *matérico*. Let me go back to it; first impressions are always worth going back to. I looked up *garbancero* in the dictionary: ordinary, vulgar person or thing. Then *matérico*: pertaining to or relating to materials used in a work of art. So I wasn't so far from the truth back in 1990. Valcárcel Medina is *matérico*, because he does in effect work with the materials of art, which are the materials of life. He is also *garbancero* because he works with the 'ordinary and vulgar'; that is, the reality of his surroundings—and what could be more ordinary and vulgar than that, either today or yesterday.

MADRID, 2011

The Photo

In the photograph taken by Rocío Areán Gutiérrez on 22 April 2011, the artist can be seen in the Madrid district of Lavapiés, drawing a line in chalk along a wall. 22 April 2011 was Easter Friday. This photo, along with the other eighteen of *Performance in Resistance*, was taken as planned between Wednesday 20 and Monday 25 April, to coincide with the Easter holidays at Central St. Martins College, London, where the photographer was studying. As the image shows, it rained a lot that week.

My Research

I discovered the above in person, not through any documentation of it. Far from the proto-historian I was in 1974, in 2011 I became a direct witness and a source of reliable documentation. I arrived in Madrid that Easter armed with a sound recorder with which I would be documenting the events aurally. Over the days the photographs were made, I tirelessly pursued and recorded the artist and photographer. With the exception of the sound of the spinning top on the chessboard in *Peón de rey*, there is little in the recordings to add to what we already know or can see. By way of an example I include a fragment of the ninety-five pages transcribing the recordings (below). It shows incidental conversations on the Puente de Toledo, Madrid, during the making of the photograph *El Sena por París* (*The Seine through Paris*), Paris, 1976—or let's call it *El Manzanares por Madrid* (*The Manzanares through Madrid*), Madrid, 2011:

> Rocío: Which river? I can't see a river here.
>
> IVM: No, no, there isn't one.
>
> Miren: There isn't a river, is there?
>
> IVM: No, there isn't.
>
> Miren: But where's the river?
>
> Rocío: Looks like the water's over there, doesn't it?
>
> IVM: No, no, it's just something...
>
> Rocío: Well you can't see any water. (Sound of water from a fountain in the background.)
>
> IVM: That's why I was saying...(laughs)

My privileged position as a witness did, however, give me access to things imperceptible in the photographs. For instance, the fact that the artist based his choice of locations on strict criteria: photogenia and economy. There is no need to look at the photos to understand that the term 'photogenia' has a different meaning when used by Valcárcel Medina than when applied to Hollywood stars or top models. Here a location 'looks good' because everything in it works towards the comprehension, in a single frozen instant, of an action which develops in time and exists before and after the moment of the shot.

The wall in Lavapiés is definitely a photogenic wall. It is continuous, like a canvas, and the viewer can see in a single glance that the artist is drawing a chalk line. As witness to what happened on that wall in Madrid on a rainy Easter in 2011, I look back to Córdoba 1974: I don't know if the walls there were as photogenic, if the chalk line marking them was camouflaged among the "many longitudinal chalk lines", or what it meant for a man with a beard to be drawing a line in a street one year before the death of the dictator Francisco Franco. I wonder, and I phone the artist to ask him about this. "Politically, I'm pretty cold," he answers. "All art is inevitably political, though."

I am reminded then of another phrase of his: "You must respond to your historical moment." As stubborn and insistent as the dripping rain, the historical moment leaks in everywhere during the making of *Performance in Resistance*. The first continuous wall chosen by the artist for his canvas—which belonged to a building on the Plaza Benavente—was discarded as a choice because of the video surveillance cameras around the building housing the Ministry of Justice Central Registry Office.

Rocío photographs Valcárcel Medina from one end of a sloping street in Lavapiés. He is on the opposite side of the road, holding an umbrella and drawing a line. She only takes as many shots as the artist allows her. His only aim is to capture eighteen photos that will show him acting out other actions he made in places and times other than Madrid, 2011. Meanwhile, I ask myself what the concrete image, whose production I am a witness to, reveals of the artist's commitment to his historical moment, beyond the obvious traces of the here and now such as the regularity of the paving, or the colours of the poster for a demonstration.[2]

SEVILLE, 2012

The Photo

It is raining in the photo, quietly but steadily. The bearded man in a striped jacket holding an umbrella is drawing a line along the wall as it rains. The droplets of falling water wetting him, empty of all aim or in-

[2] Other gaps in the historical moment leak through: twenty days later in the Plaza del Sol, minutes away from the wall in Lavapiés, the 15M movement, a demonstration of citizens' discontent towards the political class, began. Months later, some of the people collaborating on this book visited the locations of the photographs with the artist. The wall in Lavapiés had also been used as a surface for protest slogans, which had later been cleaned off by municipal services. The invisible, not very subversive chalk line, and a red question mark, had escaped the notice of the municipal cleaners.

tention, can hardly be seen, except for the silvery gleam on the edges of the cobblestones. The image has an economy and a formal balance, the result of different factors: monochromatic shades of grey; a composition built around straight lines, which highlights the oblique perspective; and the presence of the rain. The composition is reminiscent of the *Ukiyo-e* prints by Hiroshige showing anonymous figures hidden under their umbrellas, walking along a path. *Ukiyo-e*, a genre of woodblock print, which portrays scenes from Japanese urban life from the 17th and 18th centuries, literally means 'pictures of the floating world'.

My Research

1.

It is just over a year later, and I am now in a new city playing a new role. Here in Seville, on 6 November 2012, I am no longer a witness, but a narrator. I am still, though, asking myself the same question I was asking a year ago. I am still studying the photograph for clues to Valcárcel Medina's commitment to his historical moment.

I will use the tools of narrative. I will tell a tale. I look at the photograph and the rain shimmering on its surface. I see it clearly. There is no doubt. The rain is the key to it. It is a fundamental part of the image and the action, and of this narrative: a leitmotif running through an action in Córdoba, a photograph in Madrid, and a narrative in Seville.

Let me continue with my discourse: unpredictable, whimsical, rain exists outside historical time,[3] and because of this it remains true to the meaning of things and their time. I hear Eliza Doolittle sing the same song two different times. In English, the Cockney flower girl played by Audrey Hepburn in *My Fair Lady* sings "The rain in Spain stays mainly in the plain."[4] In the Spanish dubbed version of the film, she sheds her state of ignorance with *"La lluvia en Sevilla es una pura maravilla."*[5]

---

[3] As the reader in English may already know, *tiempo*, 'time' in Romance languages, refers both to the weather and to the duration of things.

[4] I understand the 'plain' to mean the Spanish Inner Plateau, whose centre is Madrid.

[5] Literally, "The rain in Seville is absolutely delightful."

The song is full of inaccuracies in both versions: it hardly rains in Madrid, for example, and it is not always a delightful experience when it does in Seville; the assumption that anything other than upper-class pronunciation is wrong is unfounded and classist, etc. Still, I insist, the rain the song speaks of, or rain anywhere else, is always true to the spirit of the historical moment. Proof of this is that as I read over this in the BNV office, it is pouring down outside on Descalzos.

I go back to my argument, and will round it off here: I will claim that on 30 November 1974, Valcárcel Medina drew a chalk line along the walls of Córdoba in the rain. This argument could be refuted by saying that it is an arbitrary, whimsical invention that perverts the spirit of the action. So I will ask you, the reader, to take a look at the photograph. If it is the first time you are doing so, you might ask if the figure with the beard, jacket and umbrella is drawing his chalk line on the wall not in spite of the rain, but precisely *because of* it. The bearded figure must know that water dissolves chalk, and that the fate of the chalk line is as uncertain as the fate of the water that runs between the cobblestones and disappears as soon as the rain clears.

To conclude: Valcárcel Medina's action in Córdoba in 1974 was a pointless one, and to signal its pointlessness, it rained. In the background of Exercise J of the artist's *12 ejercicios de medición sobre la ciudad de Córdoba* was Eliza Doolittle alliterating "The rain in Spain falls mainly on the plain."

2.

I think about my reasons for choosing this photo, above and beyond its unintentional appeal. There are peculiarities in the title. The measuring exercises are not done 'in' Córdoba, but 'on' it. The preposition 'on' implies an adherence to the descriptive, graphic character of topography. The traveller arrives in an unknown city after hours on a train staring at his map. He carries out his measuring exercises on a surface, with very little intervention in the city, and then goes back to where he came from.

Other reasons for my choice are connected to the relationship between the image and the text below it. I am fascinated by the glimmer of the water between the cobblestones, like threads of woven silver, and I look a little towards the right, to the passe-partout, where I read 'Córdoba'. I go back to the silver. I return to the word Córdoba. I go back to the threads. Then back to Córdoba, where I have never been: or, to be more precise, the closest I've ever been was through someone else, a Córdoban silversmith I hooked up with in 1990 (a year of encounters). Then, I am hit by something like a revelation, and I understand:

C-Ó-R-D-O-B-A
B-R-O-C-A-D-O

There is a hidden link between 'brocade', the "thick silk textile with designs which appear to be embroidered, in a different colour to the background, normally interwoven with gold and silver thread," and the city which "reached its greatest splendour as the capital of the Caliphate of Córdoba in the 10th century." I search for the link and find it. At the other end of the Islamic world, in the Baghdad Caliphate, Al-Wassa wrote *The Book of Brocade,* a treatise on elegance, which influenced the Córdoban Ibn Hazm in the writing of *The Ring of the Dove.* Al-Wassa defined the elegant man of the 10th century: "Elegance is manifested in his way of being, it can be seen in his nature, it is evident when he talks, it is not hidden when he is quiet; its signs are clear in the way he walks, the way he dresses, his elocution; it is inferred externally by his movements, which are full of grace."[6]

I find this description closely answered in the bearded figure in the photo, the one I once categorized as a grimy matter-loving artist, who my granddad would have dismissed as an unhygienic bearded individual. I continue reading: "Among the signs of his perfect courtesy and the superior nature of his aspirations are the strength of his passion and his suffering for the fire of love."

I don't know how to bring Valcárcel Medina's innate elegance into this final part of my tale. I know that there is a link in some of his works between love and the city. I call him before I get to Seville. I ask him about

---

[6] Al-Wassa, *El libro del brocado*, Alfaguara, Madrid, 1990.

the context of his actions—was it a festival? He says it wasn't. I insist, and ask him why he went to Córdoba.

He answers evasively, with a quick laugh. "No, my reasons were strictly personal."

"Ah," I say. "So it was love that took you to Córdoba, was it?"

"Yes," [laughs again] "It was love…and then things turned, and it was just the opposite."

3.

I call the artist back after I finish my presentation at BNV. I ask him. Reasons, again. He must be sick of so many questions. I've been pestering him for two years now. This time I want to know why he doesn't shave his chin, if it's for practical, aesthetic, or sentimental reasons. He says there are many reasons, but the first, after a trip to Paris in the late fifties, was the spirit of non-conformism.

Isaías Griñolo realizó el relato sobre *El pintor en la calle* en la quinta parada de *18 fotografías y 18 historias* el 6 de noviembre de 2012 en la oficina de BNV Producciones en Sevilla. Su presentación, desarrollada en forma de conversación telefónica con Valcárcel Medina, estuvo acompañada de imágenes fotográficas y en vídeo, algunas de las cuales se incluyen aquí. Como él mismo reconoce, en alguna ocasión, y de manera explícita, se ha apropiado en su práctica de asuntos, títulos y procedimientos utilizados por Valcárcel Medina.

El pintor en la calle. Madrid, 1978

Isaías Griñolo

Bricolaje

Sus calles (las de ellos) —por ejemplo, la calle de Fernanflor, donde trescientos cincuenta diputados dicen que *nos representan pero en realidad nos reemplazan*[1]— estaban llenas de policías pegando a aquéllos que no marcaban el paso que se supone deben llevar los súbditos (cosas de los reinos). En las otras calles (las nuestras), cada vez más dolor y desesperanza.

Caminar diciendo NO. Caminar junto a un nosotros *anónimo* que pregunta. Ésos son los materiales y los días que definen este relato.

La invitación de *18 fotografías y 18 historias* me llegó en el contexto del 25S. Desde primeros de año andaba recopilando materiales sobre cómo la gente estaba tomando las calles. El 6 de noviembre de 2012, como parte de mi presentación en BNV, mantuve una conversación telefónica con IVM a propósito de la fotografía de *El pintor en la calle*. La estructura de este texto se basa en el relato videográfico de 13 minutos construido para la ocasión, y en las preguntas realizadas a IVM mientras veíamos el vídeo. En última instancia quería saber su opinión sobre la reforma del artículo 135 de la Constitución de 1978, año de la performance.

El museo como botín

Al fondo de la fotografía distingo el Museo del Prado; me vienen a la memoria las colas formadas ante los eventos culturales del entretenimiento… Ni ayer ni hoy el *dolor acumulado* computa en el arte. Ahora recuerdo cómo se reunió esa ingente cantidad de obras de arte que hacen del Prado uno de los grandes museos del mundo. Pero ese relato ni va en la entrada ni lo recogen las audioguías.

> Al igual que otros museos europeos, el Prado debe su origen a la afición coleccionista de las dinastías gobernantes a lo largo de varios siglos. Refleja los gustos personales de los reyes españoles, su red de alianzas y sus enemistades políticas. La colección es intensa y distinguida, formada esencialmente por unos pocos reyes aficionados al arte, donde muchas obras fueron creadas por encargo. El núcleo procedente de la Colección Real se ha ido complementando con aportaciones posteriores, que apenas han desdibujado su perfil inicial[2].

Impasibles, durante treinta y siete años, celebramos los rituales democráticos con la creencia de que la Democracia era eso que tanto nos haría disfrutar cuando por fin ganásemos un Mundial de fútbol, borrachera democrática y futbolera que llenó las calles ocultando *lo real* al grito de "Yo soy español". En 2012 la guinda ceremonial la puso el discurso de Navidad del Rey. Poco antes Su Majestad había sufrido un accidente cazando elefantes con su amante (asesora estratégica del reino). Al salir del hospital pronunció once palabras:

> Lo siento mucho. Me he equivocado y no volverá a ocurrir[3].

Desde ese día pedir perdón, aunque no forma parte del articulado de la Constitución de 1978, se ha incorporado al ritual democrático; tácitamente iba incluido.

> Buenas noches.
> En esta Nochebuena, como cada año, quiero reflexionar con vosotros sobre lo que nos preocupa y también sobre nuestras esperanzas.

En concreto, me gustaría referirme a tres asuntos: la crisis económica, la fortaleza de España como nación europea e iberoamericana y la necesidad de reivindicar la política como instrumento necesario para unir las fuerzas de todos y acometer la salida de la crisis y los retos que tenemos por delante.

A lo largo de mi reinado hemos pasado por varias coyunturas económicas realmente complicadas... La Corona es muy consciente del esfuerzo y el sacrificio que los ciudadanos están llevando a cabo con entereza. Ningún esfuerzo en la vida es baldío y tampoco lo serán los que se están haciendo ahora[4].

El 30 de octubre de 2007 se inauguró la ampliación del Museo del Prado. Delante del cuadro *Fusilamiento de Torrijos y sus compañeros en las playas de Málaga*, de Antonio Gisbert (1888), se fotografió la Familia Real.

Siete comentarios sobre esa fotografía[5]:

Carlos: ¿Hay alguien que siga siendo tan carca como para darle semejante valor a los lazos de sangre de hace casi 200 años?

E.: Bueno, en ese sentido nada más carca que un linaje familiar ¿no?

X: Aquí de lo que se trata es de símbolos. En nuestro Rey se encarna su genealogía. ¿Qué sentido tiene que un Borbón esté ahora como Jefe de Estado?

El_peor: Seguro que lo saben y se parten la caja, a ver si te crees que están donde están por ser buenas personas... Viva la Familia Retard, digo Real...

Paul M.: Para mí que lo importante para ellos y para quien organizó la foto era el tamaño del cuadro. Ya se sabe, grande, ande o no ande.

Carlos: Que nada tiene que ver con Fernando VII salvo en el apellido es discutible. A ver si ahora no vamos a poder ir a Sudamérica por lo que hicieron nuestros antepasados.

Mas: Lo raro es que JuanCar no tenga un cartelito de ¿POR QUÉ NO TE CALLAS TORRIJOS? La verdad, no creo que supiera nada. Sólo se preocupan si ven la polla de Nacho Vidal sacada por García-Alix al lado de la Reina. El 80% de los españoles tampoco lo saben. ¿Qué más da?

En la fotografía los muertos no salen, están tras los fotografiados. La restauración absolutista anuló la Constitución de 1812, tomando Torrijos partido por los liberales del Partido Progresista y negándose a ir a América para combatir contra los independentistas. En 1817 terminó en prisión tras participar en la conspiración fallida para levantar al ejército en Andalucía.

Con la rebelión victoriosa de Rafael de Riego en 1820 es excarcelado y nombrado Comisario de Guerra (1823), dirigiendo la resistencia contra *Los Cien Mil Hijos de San Luis*, el ejército francés enviado para restaurar a Fernando VII. El 5 de diciembre de 1831, junto a cincuenta y dos compañeros, es apresado y conducido a la prisión de Málaga. Al amanecer del 11 de diciembre fueron fusilados en la playa. Dos días antes Fernando VII había escrito:

Que los fusilen a todos. Yo, el Rey.[6]

IG: ¿Es el Museo del Prado un botín de guerra?

IVM: Me parece un poco brusco esto..., pero realmente tiene mucho de botín. Da la casualidad de que estaba oyendo en la radio algo sobre la obra de Tiziano recuperada y mostrada a partir de hoy en el Prado. Efectivamente, viendo la restauración parece un botín de guerra, porque la obra nunca se había expuesto, estaba en los almacenes; entonces, ahora aparece de nuevo como el resultado de un combate... Pero pienso bastante mejor del museo, de este museo en concreto, como para llamarlo como tú dices..., aunque evidentemente las cosas van a la mano del que ganó la batalla. Un lugar donde no hubiera habido una monarquía tan poderosa en su tiempo, no tendría un museo tan poderoso; o sea, que eso está claro.

Pintor de la calle

La exposición *Diseño contra la pobreza* se presentó en el Museo Nacional de Artes Decorativas de Madrid como una propuesta de casa de acogida para el siglo XXI. La muestra recababa testimonios de personas sin hogar, como Miguel Fuster:

> Pintaba en el parque de La Ciudadela. Una tienda me lo compraba casi todo..., pero para sacar algo más... si hacía un cuadro y de camino a la tienda encontraba un guiri, un turista, le decía:
>
> —*How much?* Cien...
>
> O lo cambiaba por cartones de vino, así de claro. Para sobrevivir... nada más. Pintar era la única arma a la que recurrir para no tener que pedir. Pintaba lo que tuviera más salida... Cuadros de toros y manolas.

> Éste lo empecé a hacer, al principio, para dar un poco de testimonio de lo que es la vida en la calle...[7]

Cerca de donde Miguel mostró su cuadro se encuentra el Museo Thyssen, separado del Prado por una isleta de cemento y árboles. Estos museos, junto a otros, forman el "eje de los museos". La remodelación de ese eje amenazaba con talar algunos árboles. Ante semejante atentado contra el bosque de la cultura, la baronesa Thyssen (Carmen Cervera) protestó encadenándose… y con conjunto de primavera, bolso, sombrero y un manojo de cadenas sobre los hombros advirtió:

> No se van a talar. No lo voy a permitir, primero me tienen que cortar a mí un brazo[8].

IG: ¿Qué opinión tienes de los museos?

IVM: Comparto la mala prensa de los museos… Lo curioso es que la culpa no es de la Institución Museo, sino por el uso y la versión que se da de ellos. El concepto Museo, es decir, donde se guarda algo que está mejor guardado que en otro sitio, y donde están una serie de cosas juntas, me parece estupendo. Ahora, eso no es un arma arrojadiza para propaganda del bien pensado, del bien hacer de un individuo, de una institución, de una ciudad o de un país, sino que es una circunstancia que en el mejor de los casos debería ser utilitaria y eso rara vez lo es. Me subleva esta manía, esta obsesión de los museos de contar el número de visitantes; lo haga quien lo haga, me parece mal. Por lo demás, del Museo de Artes Decorativas ya te he dado mi opinión… Y del Museo Thyssen, pues, hombre, tiene cosas muy buenas, no lo podemos negar. Evidentemente, son armas de propaganda en todos los casos.

Arte Constitucional

En 2012 celebramos un nuevo cumpleaños, los doscientos años de *La Pepa*, la Constitución de 1812 promulgada por las Cortes de Cádiz en el Oratorio de San Felipe Neri. En Carnavales aproveché la visita a esa ciudad para conocer ese Oratorio y el edificio *Valcárcel Recuperado*[9], una casa ocupada que tomó su nombre del colegio Valcárcel, situado en el antiguo Hospicio Provincial. En julio de 2011 el movimiento ciudadano 15M acordó recuperar el edificio para uso social del barrio; para ello limpió y adecentó el abandonado colegio (un inmueble catalogado como Bien de Interés Cultural que había pasado a manos de la empresa Zaragoza Urbana). Cuando llegué, una valla de alambre me impidió entrar y hablar con la gente… La policía había hecho su trabajo: nada de okupas en el cumpleaños. Sólo vi un aparcamiento de coches y un cartel con las palabras: hotel de lujo.

Agentes de la Policía Nacional escoltan el ejemplar original de la Constitución de 1812, conocida como *La Pepa*, que viaja a Cádiz para conmemorar su segundo centenario. Es la primera vez que sale del archivo del Congreso de los Diputados, donde se conserva bajo grandes medidas de seguridad. Agentes de la Brigada Central de Protecciones Especiales, adscrita a la Comisaría General de Seguridad Ciudadana de la Policía Nacional, son los responsables de proteger y custodiar su traslado (…) Ha sido asegurada en 200.000 euros, aunque su valía va más allá de lo pecuniario ya que es un documento de incalculable valor histórico. Es la primera vez que se ha cuantificado económicamente la Constitución liberal[10].

Mientras paseaba por Cádiz encontré carteles sobre el paro, también ropa de faena que los trabajadores de Navantia colgaron en el monumento en restauración de *La Pepa*. La policía no se atrevió a retirarla… Sólo la escondió detrás de la placa conmemorativa, la misma sobre la que el Rey depositó flores.

bajo la forma de unas esperpénticas
"Jornadas de Puertas Abiertas"
el Congreso de los Diputados
se convierte en un gran *gadget*

un objeto llamativo que no sirve para nada y que el pueblo mira
como cuando mira un cuadro muy caro
que no es suyo

pueblo entretenido en el cotilleo superficial del
salón de reuniones de la casta política

la gente no tiene ni idea de cómo se enjuagan los asuntos políticos
o cómo se ejecutan los presupuestos
o cuál es el destino de las partidas adjudicadas a la Monarquía
o los fondos reservados
o los gastos suntuarios
o cómo se controla la acción del Gobierno

su único anhelo es sentarse en uno de esos sillones
y tomar unas fotografías de recuerdo

cambiamos democracia por fotografía[11]

En la puerta del Banco de España un policía pega a un chico de los que rodean el Congreso de los Diputados el 25 de septiembre de 2012. En este mismo lugar, en 1978, es donde IVM hizo *El pintor en la calle*.

[12]

La Petición de Pablo García[13]:

Para Jorge Fernández Díaz, Ministro de Interior
Estimados señores:

La reforma de la Ley de Seguridad Ciudadana que se está barajando plantea la prohibición de la captación, tratamiento o difusión en Internet de imágenes de agentes en el ejercicio de sus funciones, "si ponen en riesgo su persona o la operación en la que están trabajando".

El objetivo último de esta ley parece ser el amordazar a los ciudadanos dejando en manos de las autoridades gubernativas el control de la libertad de expresión. Así, frente a las reiteradas críticas por la violencia policial ejercida contra manifestantes pacíficos o por la falta de identificación de los agentes, el Gobierno, lejos de investigar las irregularidades producidas, prefiere ocultarlas controlando qué imágenes se pueden difundir y cuáles no. Esto puede significar el principio del fin del Estado de Derecho y la justificación de la censura.

Por ello les pido que retiren esa disposición de la futura reforma de la Ley de Seguridad Ciudadana.

Atentamente
[Tu nombre]

IG: ¿Qué te parece la reforma del artículo 135 de la Constitución?

IVM: Me parece una jugada vergonzosa; no he conseguido saber qué reforma se ha hecho, ni siquiera he llegado a conocer el texto. Es una sinvergonzonada, por decirlo suavemente, a la que estamos absolutamente acostumbrados y, por supuesto, no se puede cargar a la Constitución esta irresponsabilidad de los constituyentes, por así decirlo. Es decir, la Constitución surgió en un momento de lucidez general, momento que ha desaparecido hace ya bastantes años y que ha tenido su culminación el año pasado con esta modificación y que, me temo, puede tenerlo con las modificaciones que se empiezan a intuir o entrever. En ese sentido, estoy absolutamente convencido de que la cosa es mejorable muchísimo, pero, por favor, que no nos la mejoren estos individuos; es decir, busquemos primero Padres de la Patria para usar el lenguaje, y luego modifiquemos, pero mientras no haya Padres de la Patria dejémosla estar, porque aunque sea pésima es magnífica en comparación con lo que hemos experimentado.

El otro asunto, lo del pintor en la calle, la intención la define el mismo título; es decir, el señor que saca testimonios de la realidad vivida. Mi pintor no pinta. Más que la cuestión social o política me interesa la cuestión del autor, de la obra de arte, llamémoslo así; me interesa que este señor no hace nada, simplemente da testimonio de que se puede actuar de la manera que él actúa (con un cacharro delante que se llama caballete y otro que se llama lienzo) y que hace sobre todo el gesto de que va a pintar, pero no lo hace. Es decir, por encima de la obra está el comportamiento necesario para hacer la obra. Entonces, ¿por qué salgo a la calle a hacerla…? Pues porque da lugar a que la gente se pare como se paraba, miraba y al cabo de treinta segundos —como mucho— se iba porque decía: "Bueno, aquí no hay entretenimiento, aquí no hay diversión". En este sentido, el arte no es una cuestión de diversión, es de compromiso. Este pintor, podemos decir o que tiene un compromiso gordísimo porque está dando un testimonio, o que no tiene ningún compromiso. O sea, pasa olímpicamente de la pintura…

[Código fuentes]

1. Antonio Orihuela, *Libro de las derrotas*. Madrid, La Oveja Roja, 2008.
2. Wikipedia, artículo "Museo del Prado"
   http://es.wikipedia.org/wiki/Museo del Prado
3. *El Rey se disculpa*. Subido a Youtube por europapress
   http://www.youtube.com/watch?NR=1&feature=endscreen&v=mTd5IRa_eVg
4. "Mensaje de Navidad 2012"
   http://www.casareal.es/ES/actividades/Paginas/actividades_actividades_detalle.aspx?data=11251
5. "Siete comentarios sobre esa fotografía"
   http://www.contraindicaciones.net/2007/12/no-dejes-que-la-historia-te-es.html
6. "José María de Torrijos y Uriarte"
   http://censoarchivos.mcu.es/CensoGuia/productordetail.htm?id=47663
7. *Área 1. Ingenio en la calle. El Pintor*. Subido a Youtube por canalmcu
   http://www.youtube.com/watch?v=t6wb2UFzCTE&list=PL184B6D07794BE03F&index=8
8. *Protesta de la baronesa Thyssen en Madrid*. Subido a Youtube por libertaddigitaltv
   http://www.youtube.com/watch?v=WwM0buc4Dlk
9. "Valcárcel Recuperado"
   http://valcarcelrecuperadocadiz.wordpress.com/
10. "El ejemplar original de 'La Pepa' viaja a Cádiz escoltado por la policía", *El País*, 9 de marzo de 2012.
11. *Jornadas de Puertas Abiertas*. A partir de un texto subido a Youtube por SirPetterLily
    http://www.youtube.com/watch?v=PhmXPjxWQyY
12. *Manifestación 26S / Exige al policía que le ha golpeado que se identifique*. Subido a Youtube por saintwolf3neu
    http://www.youtube.com/watch?v=57jhw6WE194
13. "Petición de Pablo García"
    http://www.change.org/es/peticiones/ministerio-del-interior-no-prohiban-la-captaci%C3%B3n-y-difusi%C3%B3n-de-im%C3%A1genes-de-polic%C3%ADas?

[Última fecha de consulta: 25 de marzo de 2013]

Isaías Griñolo performed his narrative on *El pintor en la calle* (*The Painter on the Street*) on 6 November 2012, at the fifth stage of *18 pictures and 18 stories* at the BNV Producciones office in Seville. His presentation consisted of a telephone conversation with Valcárcel Medina, with photographic and video images, some of which are included here. As he himself admits, he has sometimes explicitly appropriated issues, titles, and procedures used by Valcárcel Medina in his work.

El pintor en la calle. Madrid, 1978

Isaías Griñolo

Bricolage

Their streets—Fernanflor, for example, where three hundred and fifty Members of Parliament say *they represent us, when actually they replace us*[1]—were full of policemen beating those who wouldn't march to the tune we subjects must march to (these things happen in kingdoms). In the other streets (our streets, that is)—more and more pain and despair.

To walk, saying NO. To walk alongside an *anonymous* we, who ask questions. These are the materials and the days that define this narrative.

The *18 pictures and 18 stories* invitation came to me in the context of the 25S. I'd been gathering material since the beginning of the year on how people were taking to the streets. On 6 November 2012, as a part of my presentation at BNV, I held a phone conversation with IVM on his photo for *El pintor en la calle*. The structure of this text is based on the thirteen-minute video narrative made for the occasion, and on the questions I asked IVM while we watched the video. Ultimately, I wanted his opinion on the amendment to Article 135 of the Constitution of 1978, the year he made the performance.

MADRID, 1978

"EL PINTOR EN LA CALLE"

The museum as war booty

In the background of the image I can make out the Museo del Prado; I think of the queues at the doors of cultural entertainment...pain accumulated has had no reckoning in art, neither today nor ever. Now I remember how the enormous collection that makes the Prado one of the greatest art museums in the world was put together. But that is a story that you will not see on the museum walls, or find in the audio guides.

> Like other European museums, the Prado owes its existence to collections built up over centuries by governing dynasties. It reflects the personal tastes and networks of political alliance and enmity of the Spanish monarchs. The Prado has an intense, distinguished collection, most of which was acquired by several kings who were lovers of great art. Many of the works in it were made on commission. The core of the original Royal Collection has been added to with later contributions, which serve to complement its initial characteristics.[2]

For thirty-seven years, we impassively celebrated the rites of Democracy, believing that Democracy was what we would be enjoying when we finally won the Football World Cup; drunken democratic football stupor that filled the streets and hid *the real* under the shouts of 'I'm Spanish'. The icing on the cake came with the King's 2012 Christmas speech. Shortly before it, His Majesty had had an accident while hunting elephants with his lover (strategic advisor to the kingdom). On coming out of hospital, the King spoke the following eleven words:

> I am very sorry. I was wrong. It won't happen again.[3]

Since that day, saying sorry has become one of the rites of Democracy; though this was never mentioned in the 1978 Constitution, it is tacitly included in it.

> Good evening.
> This Christmas Eve, as on every year, I would like to share with you my thoughts on the issues that concern us and the hopes we share.

I particularly want to talk about three things: the financial crisis; the strength of Spain as a European and Ibero-American nation; and the need to fortify the role of politics as a necessary implement in the mustering of our common strength, through which we may emerge from the crisis and face the challenges ahead.

Complicated economic circumstances have arisen before during my rule...the Crown is strongly aware of the effort and sacrifices that our citizens are making with great integrity. No effort in life is made in vain, and the efforts being made now will not be either.[4]

On 30 October 2007, a new wing of the Museo del Prado was opened to the public. The Royal Family were photographed in front of the painting *Fusilamiento de Torrijos y sus compañeros en las playas de Málaga* (*The Execution of Torrijos and his Companions at Málaga Beach*) by Antonio Gisbert (1888).

Seven comments[5] on the above photograph:

Carlos: Are there really still people so reactionary they'd value blood ties so highly nearly two hundred years later?

E.: Well, you can't get much more reactionary than lineage, can you?

X.: It's all about symbols. The King is the incarnation of his genealogy. What sense does it make now to have a Bourbon as our Head of State?

El_peor: I bet they know that and they sit there pissing themselves with laughter—do you think they are where they are now because they're nice people? Long live the Retard...I mean the Royal Family.

The Painter on the Street

Paul M.: I reckon the important thing for them and whoever organized the shot was the size of the painting. Size is everything...

Carlos: I doubt he has nothing in common with Fernando VII but his surname. It could get to the point where we won't be able to go to South America because of what our ancestors did.

Mas: Strange there's no little placard for JuanCar saying WHY DON'T YOU JUST SHUT UP, TORRIJOS! I don't think he really knows anything at all about it. They only worry when they see the Queen standing next to Nacho Vidal's dick in a García-Alix photo. 80% of Spanish people don't know anything about it either. Who cares?

There are no dead in the photograph. They are behind the Royal Family. With the restoration of absolutism, the 1812 Constitution was abolished. Torrijos took the side of the Progressive Party liberals, and refused to go to America to fight against the Independentists. He was imprisoned in 1817 after taking part in a failed uprising in Andalusia. With the victory of the rebellion led by Rafael de Riego in 1820, he was released from prison and nominated War Commissioner (1823), leading the resistance against *Los Cien Mil Hijos de San Luis,* the French army sent to reinstate Fernando VII. On 5 December 1831 he was taken prisoner with fifty-two others and sent to Málaga jail. At dawn, 11 December, they were executed on the beach. Two days before this, Fernando VII had written,

Let them all be shot. I, the King.[6]

IG: Is the Museo del Prado war booty?

IVM: I find that a bit harsh but there is some truth in it. Actually, I was just listening to something on the radio about a Titian painting, which had been restored and will be shown from today in the museum. When you think about the restoration, it does seem to be war booty—the work had never been exhibited, it was sitting in the storeroom; and now, after a period of combat, it suddenly reappears. But I have a better opinion of this particular museum than to simply call it that...though, obviously, the winners of any battle call the rules. A nation without such a powerful monarchy would never have had such a powerful museum, that's for sure.

The Street Painter

The exhibition *Diseño contra la pobreza* (*Design Against Poverty*) was presented at the Museo Nacional de Artes Decorativas in Madrid as a proposal for a 21st century shelter for homeless people. It showed testimonies by homeless people such as Miguel Fuster:

> I painted at the Ciudadela park. There was a shop that used to buy nearly everything I did...but to earn a bit more...if I was on my way to the shop and I passed a foreigner, a tourist, I'd ask, "How much? A hundred?" I would also exchange them for cartons of wine, you know. To survive, just to survive. Painting was the only thing I could do if I didn't want to beg. I painted whatever sold best...bullfights, women in traditional dress.

(Translation: In the beginning, I did this to show a little bit of what living on the streets is like.)[7]

Near to where Miguel's painting was shown is the Museo Thyssen, separated from the Prado by a traffic island made of cement and trees. The two museums and several others make up the 'museum axis'. At one point the axis was due to be remodelled, and this would have entailed some of the trees being cut down. This terrible threat to the forest of culture was protested against by Baroness Thyssen, who chained herself up, suitably attired in her spring outfit, bag, hat and a bunch of chains around her shoulders, proclaiming,

> They won't be cut down. I'll never allow it—they'd have to cut off my arm before they do that.[8]

IG: What do you think of museums?

IVM: I agree with a lot of what is said about them, but the interesting thing is that the problem doesn't lie in the museum as an institution, but in the use made of them and the way they're portrayed. The concept of the Museum—a place for storing things in better conditions than they would be elsewhere, and a place where a series of things are brought together—is fine with me. But this shouldn't be a weapon to be used at will, as propaganda for the good intentions of an individual, an institution, a city, or a country. It's a circumstance, and at best it ought to be utilitarian; but it rarely is. The need, the museum obsession with counting their visitors, this infuriates me; I don't care who does it, I don't agree with it. Apart from that, I've already told you what I think of the Museo de Artes Decorativas and the Museo Thyssen, well, there are some excellent works in it, you can't deny that. But all of them end up as propaganda.

Constitutional Art

In 2012, we celebrated a new birthday: the two hundredth anniversary of *La Pepa*, the 1812 Constitution established by the Cádiz Parliament at the Church of Oratorio de San Felipe Neri. During Carnival, on a visit to the city, I went to see the church, and also visited a building, *Valcárcel Recuperado*,[9] a squat, which took its name from a school in what had previously been the Provincial Hospice. In July 2011, the 15M citizens' movement collectively decided to restore the disused school building (catalogued as a Site of Cultural Interest, now under the ownership of the company Zaragoza Urbana) for social use, and cleaned and fixed it up. When I got there I found a wire fence had been put up around the building, and I could not go in or talk to people. The police had done their job:

no squatters on the birthday. Nothing but a car park and a sign saying 'Luxury Hotel'.

(Translation: Valcárcel liberated?)

Agents of the State Police escorted the original copy of the 1812 Constitution, known as *La Pepa*, on its journey to Cádiz, in commemoration of the two hundredth anniversary of its establishment. This is the first time the document has ever left Congress, where it is kept under tight security. Agents of the Central Special Security Brigade, under the State Police General Public Safety Commission, are responsible for protecting and guarding it on its journey...The document has been insured to a value of 200,000 euro, although its incalculable historical value transcends purely monetary considerations. This is the first time the liberal Constitution's monetary value has been estimated.[10]

Walking through Cádiz, I saw posters on unemployment, and work clothes hung by workers from Navantia on the monument to *La Pepa*, currently under restoration. The police didn't have the nerve to take the clothing away. They simply hid it behind the commemorative plaque where, by the way, the King had once laid a bunch of flowers.

(Translation: Cádiz 2012. European Capital of Unemployment)

under the grotesque guise of an
"Open Day"
Congress becomes an enormous gadget

a bright useless object the people stare at
like when they stare at an expensive painting
that doesn't belong to them

people entertained by the superficial gossip
from the meeting rooms of the political caste

people have no idea of how politics
rinses out its dirty laundry
or how budgets are managed
or where expenditure on the Monarchy
or reserve funds
or sumptuary expenses go
or how Government operations are controlled

their only longing is to sit down on one of those big chairs
and take a couple of photos to remember it

shall we change democracy for photography[11]

At the doors of the Banco de España a policeman beat a young man, one of those who surrounded Congress on 25 September 2012. This was the place where IVM did *El pintor en la calle* in 1978.

(Translation: We need painters on the streets)[12]

Isaías Griñolo

Petition from Pablo García:

To Jorge Fernández Díaz, Minister of Home Affairs
Dear Sirs:

The proposed amendment to the Public Safety Law requires that the recording, manipulation or Internet distribution of images of state agents carrying out their work be banned "if this puts their personal safety, or the operation they are carrying out, at risk."

The ultimate aim of this law appears to be to suppress citizens' freedom of expression, leaving it under the supervision of government authorities. Government has reacted to the reiterated complaints of police violence against peaceful demonstrators, or non-identification of police agents, by hiding irregularities and controlling which images may be distributed and which may not, instead of investigating events. This could mean the end of the Rule of Law and the justification of censorship.

I therefore ask that you suppress the proposed amendment to the Public Safety Law.

Yours faithfully
[Your name][13]

IG: What do you think of the amendment to Article 135 of the Constitution?

IVM: I think it's a shameful manoeuvre; I've never managed to find out what the amendment was, or even see the text. It's a rogue tactic, to put it lightly, and the problem is we're much too used to that. You just can't make the Constitution take the brunt of the Constitutors' (if you can say it like that) irresponsibility. The Constitution came into being at a time of general lucidity. That is a thing of the past and has been for some years now, and things hit rock bottom last year with this amendment—and I'm afraid they might do so repeatedly with other amendments we can now begin to guess at. In that regard, I strongly believe things are very much open to improvement—but please, let it not be these people who improve them for us; that is, let us first find our Fathers of the Nation, to use their

The Painter on the Street

language, and then let's make changes; but while there are no Fathers of the Nation in sight, let's leave the Constitution as it is—because it might not be much, but it's a marvel in comparison to what we had before it.

About the painter on the street: the title defines the intention; the man who testifies to the reality he experiences. My painter does not paint. What I care about more than the social or political aspects is the question of the maker, the maker of the work of art, if we can call it that; what I like is that this man is doing nothing; all he's doing is providing testimony to the fact that you can behave as he behaves (with one device in front of him known as an easel and another one known as a canvas), and that he acts like he's about to start painting, but he doesn't actually do it. Above and beyond the work is the necessary behaviour for the work to take place. So why did I go out into the street to make the piece? Well, because it makes people stop, and they look and then after half a minute—at the most—they walk off, saying "That wasn't very fun, not at all entertaining." Art is not a matter of fun. It is commitment. The painter, well, you could say he has a very, very strong commitment because he is providing a testimony, or that he has no commitment at all. That is, he doesn't care about painting, not at all...

1. Orihuela, A., *Libro de las derrotas*, La Oveja Roja, Madrid, 2008.
2. Wikipedia, 'Museo del Prado' entry (Spanish)
   http://es.wikipedia.org/wiki/Museo del Prado, 25 March 2013.
3. 'El Rey se disculpa' (The King apologizes), *YouTube*, uploaded by europapress
   http://www.youtube.com/watch?NR=1&feature=endscreen&v=mTd5IRa_eVg,
   25 March 2013.
4. 'Mensaje de Navidad 2012' (Christmas Message 2012)
   (http://www.casareal.es/ES/actividades/Paginas/actividades_actividades_detalle.aspx?data=11251, 25 March 2013.
5. 'Siete comentarios sobre esa fotografía'
   http://www.contraindicaciones.net/2007/12/no-dejes-que-la-historia-te-es.html, 25 March 2013.
6. 'José María de Torrijos y Uriarte'
   http://censoarchivos.mcu.es/CensoGuia/productordetail.htm?id=47663, 25 March 2013.
7. 'Área 1. Ingenio en la calle. El Pintor' (Área 1. Inventiveness on the Streets. The Painter), *YouTube*, uploaded by canalmcu
   http://www.youtube.com/watch?v=t6wb2UFzCTE&list=PL184B6D07794BE03F&index=8, 25 March 2013.
8. 'Protesta de la baronesa Thyssen en Madrid' (Baroness Thyssen Protests in Madrid), *YouTube*, uploaded by libertaddigitaltv
   http://www.youtube.com/watch?v=WwM0buc4Dlk, 25 March 2013.
9. 'Valcárcel Recuperado'
   http://valcarcelrecuperadocadiz.wordpress.com/, March 25, 2013.
10. 'El ejemplar original de 'La Pepa' viaja a Cádiz escoltado por la policía' (Original Copy of 'La Pepa' Journeys to Cádiz under Police Custody), *El País*, 9 March 2012.
11. 'Jornadas de Puertas Abiertas' (Open Day), after a text uploaded to *YouTube* by SirPetterLily http://www.youtube.com/watch?v=PhmXPjxWQyY, 25 March 2013.
12. 'Manifestación 26S/ Exige al policía que le ha golpeado que se identifique' (26S Demonstration/ Demands for Police who beat him identify themselves.) *YouTube*, saintwolf3neu
    http://www.youtube.com/watch?v=57jhw6WE194, 25 March 2013.
13. 'Petición de Pablo García'
    http://www.change.org/es/peticiones/ministerio-del-interior-no-prohiban-la-captaci%C3%B3n-y-difusi%C3%B3n-de-im%C3%A1genes-de-polic%C3%ADas? 25 March 2013.

Pedro G. Romero realizó su presentación sobre *Encuesta en la cola del besamanos del Jesús de Medinaceli* en la quinta parada de *18 fotografías y 18 historias* el 6 de noviembre de 2012 en la oficina de BNV Producciones en Sevilla. G. Romero coincidió por primera vez con Valcárcel Medina durante la exposición *Antes y después del entusiasmo* en la KunstRAI de Ámsterdam en 1989. Desde entonces, ha invitado al artista en diversas ocasiones a participar en sus proyectos. A día de la publicación de este libro, el texto que aquí se presenta, así como la grabación en audio de la presentación de G. Romero en BNV Producciones pueden encontrarse en la página web del Archivo F/X http://fxysudoble.com. El texto, en la letra "E" del índice *Tesauro*, y la grabación, en el año 2012 del índice *Cronología*, respectivamente.

Encuesta en la cola del besamanos del Jesús de Medinaceli. Madrid, 1978

Pedro G. Romero

Pedro G. Romero

7 de marzo de 1947. Cola de fieles. Novena de aniversario del "Segundo Rescate". Iglesia de Nuestro Padre Jesús de Medinaceli. Madrid. La imagen del Cristo es de la primera mitad del siglo XVII, con 1,73 m de altura. Imagen devocional y peregrina. Fue tallada en Sevilla por Luis de la Peña o Francisco de Ocampo. Talla procesional. Frente al muro de la actual Basílica. Custodiada por la Archicofradía Primaria Nacional de la Real e Ilustre Esclavitud de Nuestro Padre Jesús Nazareno. Afiliados con la Hermandad de Jesús de Medinaceli y Esperanza Macarena de Miami, Estados Unidos. Su última estancia fuera de España fue en Ginebra, donde participó en una exposición en el Palacio de la Sociedad de Naciones.

3 de marzo de 1978. Conversaciones en la cola del Jesús de Medinaceli. Primer viernes de marzo. Madrid. Arte sociológico. Permanece como un informe de dos folios. En esta obra el autor inquiere por los motivos de su espera a un grupo de personas que aguardan a las puertas de una iglesia para participar en un acto devocional. *Comunicazioni postali*, Nuova Galleria del Teatro, Parma, 1978. *18 fotografías y 18 historias*, quinta parada de *Performance in Resistance* de Isidoro Valcárcel Medina en BNV Producciones, Sevilla, 2012. Un proyecto de Bulegoa z/b, Bilbao, en colaboración con If I Can't Dance, I Don't Want To Be Part Of Your Revolution, Ámsterdam.

Durante la Guerra Civil, el día 13 de marzo de 1936 los devotos y vecinos del convento lograron impedir que la imagen fuera destruida por un piquete de revolucionarios. El 17 de julio los frailes ocultaron la imagen en una caja de madera y, envuelta en sábanas, en los sótanos del convento. Alojándose en el mismo el batallón republicano conocido con el sobrenombre de "Margarita Nelken", y para mitigar el frío del invierno madrileño que allí padecían sus tropas, al buscar unas tablas para calentarse se encontraron con la sorpresa de la caja que contenía la sagrada imagen y al comprobar Juan Manuel Oliva, jefe del batallón, "a las cuatro de la tarde" que se trataba del Cristo de Medinaceli, no sólo por motivos artísticos, sino también religiosos, entregó la imagen a la "Junta del Tesoro", que la trasladó bien pronto a la ciudad de Valencia, concretamente al Colegio del

Patriarca. En marzo de 1938 fue transportada a Barcelona y desde allí, el día 3 de febrero de 1939, fue trasladada con todo el Tesoro Artístico a la ciudad suiza de Ginebra, a la que llegó el día 12 de febrero.

El 3 de marzo, coincidiendo con la tradición del besamanos a la imagen de Jesús de Medinaceli que se venera en la iglesia del mismo nombre, he mantenido una serie de conversaciones con las personas que formaban cola en espera de entrar en el interior de la iglesia. El especial carácter del tema, así como las particularidades de la espiritualidad, subjetividad, etc., han hecho que prescindiera en este caso de un cuestionario fijo, cuidando más bien que se desarrollase una conversación que, por un lado, aclarase la concepción e información que cada persona tenía del suceso histórico y actual, mientras que por otro dejara entrever mi postura de desacuerdo con la acción como puro ritual —respetando íntegramente las creencias religiosas—. El total aproximado de personas que han intervenido, generalmente formando grupos, en las conversaciones debe estar alrededor de las cuarenta. En ningún momento he tomado nota de las manifestaciones.

La imagen se realizó por encargo de la comunidad de los Padres Capuchinos de Sevilla, quienes la llevaron a la colonia española de Mámora, en el norte de África, llamada por los españoles San Miguel de Ultramar. El día 30 de abril de 1681, Mámora cayó en manos de Muley Ismael y su ejército, y la imagen del Nazareno fue también capturada y llevada a Mequínez. La historia atestigua que, por orden expresa del rey Muley, la imagen fue arrastrada por las calles de Mequinez en señal de odio contra la religión cristiana y hasta algunos aseguran que, como si se tratara de carne humana, fue arrojada a los mismos leones. Fue vista por el padre de la Orden de la Santísima Trinidad, fray Pedro de los Ángeles, quien, arriesgando su vida y presentándose ante el mismo rey, solicitó el rescate de la imagen como si se tratara de un ser vivo. Se dice que el rey le permitió al padre trinitario custodiar la imagen hasta que reuniera el dinero para su rescate, amenazándole con que, de no hacerlo así, lo quemaría a él y a la imagen. El Padre General de la Orden mandó a los padres Miguel de Jesús, Juan de la Visitación y Martín de la Resurrección que se encargaran de servir de mediadores en la solución del problema y éstos lograron convencer al rey Muley de que tasara el rescate de la imagen pagando su peso en oro. La leyenda asegura que la balanza se equilibró exactamente cuando se acumularon treinta monedas. Una y otra vez efectuada esta operación, el resultado fue siempre idéntico, con lo que el recuerdo del episodio evangélico en el que Cristo mismo apareció valorado en esas treinta monedas resultaba milagroso.

Se ha puesto de relieve que la gran mayoría ignora de una manera absoluta los hechos o las razones que provocan esta devoción; además, el móvil que confiesan tener para asistir está más ligado a una especie de costumbre que a una creencia íntima y consciente. Se da el caso de que muchas de las personas afirman que se venera a un santo, siendo muy pocas las que se han referido a la divinidad o figura capital de su religión. Por lo demás, la glorificación de la imagen es mucho más frecuente que la de la figura que representa. En cuanto al simple conocimiento histórico de la devoción, las variaciones son completas y abarcan abundantísimos datos y aun contradictorios. El momento más curioso se produjo cuando una de mis preguntas dio lugar a que dos personas entablaran una fuerte discusión sobre detalles de este rito. Por mi parte debo decir que he procurado hacer mis observaciones y preguntas en el interior de las conversaciones y de una forma respetuosa sin que en ningún momento hayan sido rechazadas, aunque sí rebatidas. El grado de aceptación del diálogo ha sido total. Aunque, como se desprende de lo dicho, he tenido que sostener gran parte de las conversaciones por cauces ajenos a mis intereses, es lo cierto que me ha sido posible repetir con frecuencia los temas que tenía proyectados y que en todos los casos han sido propuestos sin que se profundizara en el sentido de la auténtica razón que los originaba; pero de cualquier modo, han sido siempre preguntas contestadas, aunque admitamos que el grado de comprensión no ha sido notable.

Cuando terminó la guerra y fue recuperado el Tesoro, don Fernando Álvarez de Sotomayor, representante del nuevo Gobierno español, consiguió que la imagen del Cristo saliera de Ginebra el día 10 de mayo de 1939, siendo esperada con toda devoción en Pozuelo de Alarcón, pueblo cercano a Madrid. Allí fue recibida con honores militares y de ella se hizo cargo la Junta de la Real Esclavitud, llevándola a Madrid, momentáneamente al monasterio de la Encarnación. La víspera de la festividad de San Isidro, el día 14 de mayo, todo el pueblo de Madrid se organizó en solemne procesión acompañando la imagen hasta el altar de su templo, en el que siguió recibiendo el culto y la veneración de multitud de devotos. Siempre, pero sobre todo los viernes del año, y de forma multitudinaria el primer viernes de marzo, son incontables las personas que acuden a venerar al Cristo de Medinaceli, para lo que han de aguantar largas horas de espera y de incomodidades aun climatológicas, hasta conseguir besarle el pie y formularle las tres peticiones rituales.

De nuevo debemos insistir aquí en la distancia entre lo que el autor llama arte sociológico y la ciencia del mismo nombre. Cuando se representa o se pone en escena una encuesta, es el caso de Valcárcel, su finalidad no puede ir más allá del propio juego representacional, es decir no debe buscar, ni siquiera pretender, cerrar el proceso y obtener respuestas, y en ningún caso, por descontado, ofrecer respuestas acertadas. Sólo la plena conciencia de esta diferencia, en ocasiones muy tenue, puede permitir la apertura del juego —al otro— evitando el determinismo, invasivo y violento, consustancial a todo el interrogatorio, y ello aun a sabiendas, como el propio autor especifica a continuación, de que todo preguntar es siempre un determinar respuestas: "Lo interesante es hacer preguntas... [limitando] las encuestas al puro recuento de las preguntas, o, para ser exacto, a la simple formulación de éstas. Sobre la base de lo dicho, me encuentro con que, en caso de ser leído, el resultado del muestreo es un hecho en cierto modo folclórico, mientras que el cuestionario virgen conserva toda su razón de ser. Una pregunta contestada ya no es una pregunta, es una respuesta; y las respuestas son aburridas."

El Cristo de Medinaceli se alza en la cúspide de la devoción popular en Madrid y en toda su Comunidad, en buena parte de España y aun de la Iglesia universal. Son numerosas las personas que a lo largo del año lo visitan en su basílica regida por los Padres Capuchinos, y también numerosas, y de modo muy significativo, las donaciones que recoge, fruto y consecuencia de agradecimientos por los favores recibidos.

Hay que resaltar que entre los madrileños la devoción al Cristo de Medinaceli va en aumento. En la actualidad son unos 8.000 los miembros inscritos, con mención también para tantas otras Esclavitudes filiales registradas en muchas otras partes de España y aun del extranjero.

En este sentido, el autor es coherente cuando se niega a etiquetar su obra como arte político. Con independencia del pleonasmo en que incurre semejante categoría, en su caso no hay una voluntad de emitir *mensajes* o argumentos ideológicos —de que la obra haga demostraciones—, sino de hacer figura con motivos tomados de los asuntos de la vida pública —que éstos se muestren en ella—. Figurar. Medir y contar la realidad del cuerpo social hasta el límite de lo representable, pero sin someter los resultados a una voluntad consciente de sí misma, sin tener razón y sin caer en fantasías.

———————

La procesión que a las siete de la tarde comienza a recorrer las calles de Madrid con la imagen del Cristo el Viernes Santo y que organiza la "Archicofradía Primaria Nacional de la Real e Ilustre Esclavitud de Nuestro Padre Jesús Nazareno" es espectacular y en ella son muchos los que le expresan sus muestras de devoción, agradecimiento y sacrificio de múltiples maneras, rozando algunas de ellas hasta los límites de lo esperpéntico a veces, y otras, de los sacrificios cruentos. Los viernes son días especiales para venerarla. La Iglesia recuerda en ese día la pasión y muerte de Cristo, y desde el principio se vio que los madrileños se acercaban ese día en mayor número a reconciliarse con Dios, a participar en la eucaristía y a besar su pie. La Efigie representa el momento en que Pilatos, dirigiéndose al pueblo judío, le dice: "*Ecce Homo*, he aquí al Hombre". El Viernes Santo nuestro Cristo devuelve la visita a los madrileños en una emocionada e impresionante procesión que presencia un millón y medio de personas.

No creo que haya duda de que los Encuentros de Pamplona han sido la mayor concentración artística ocurrida en España. De sobra sabemos que gran parte de los artistas que eran significativos entonces y, curiosamente, de los que después lo fueron, estaban allí, por una semana, juntos. En lo que a mí se refiere, su importancia estuvo repartida entre lo que vi y pre-

MADRID, 1978

"ENCUESTA EN LA COLA DEL BESAMANOS DE JESÚS DE MEDINACELI"

sencié y la reacción del público ante mis obras. Puede decirse que la película, que allí se estrenó, pasó como debía y cabía esperar, con un confortable escándalo, pero menor que los demás sitios en que se ha pasado. Sobre el otro trabajo, el gran montaje del centro de la ciudad, puedo decir que yo era demasiado ignorante como para haber previsto lo que podía pasar. Así que yo presenté una obra que podría llamarse "plástica" y me di cuenta de que era una obra exclusivamente social... Me di cuenta allí. Ésa fue la repercusión y el aprendizaje. Como podéis ver por lo que digo, definitivo para dar lugar a una concienciación.

El Papa Pablo VI el día 1 de septiembre de 1973 elevaría a Basílica Menor la iglesia de Nuestro Padre Jesús. Cuando al año siguiente le regalaron una reproducción de la imagen, el Papa la besó, y dijo: "Que el beso del Papa a esta imagen de N.P. Jesús lleve la bendición a cuantos la besan y veneran en Madrid". El beso es manifestación de amor. El beso de los fieles a la imagen de N.P. Jesús no es falsa devoción; es la prueba externa de un amor que llevan muy dentro. Las colas interminables para besar a Jesús nos recuerdan las escenas evangélicas de las multitudes que "querían ver y tocar al Señor". Jesús sigue dejándose besar y tocar por los afligidos, por los tristes, por los necesitados: "Venid a mí todos los que estéis fatigados y Yo os aliviaré" (Mt, 11, 28). Por supuesto, la amistad con el Señor es condición indispensable para ser escuchados.

Pero el sentido de esta toma de conciencia no es el de que, a partir de entonces, yo haya dado un papel al espectador, no. El sentido es que yo me di cuenta de que no es el espectador, sino el hombre, el que tiene una función básica, ineludible, en el territorio artístico. En las llamadas obras de participación que han podido venir después, el público (que no es público, sino coautor) no hace sino ejercer su derecho creativo: no es que se le conceda o se le ceda nada, sino que se le advierte de para qué está allí. Y al público siempre le queda la posibilidad de no "participar"... Pero, generalmente, el público participa. Muy frecuentemente en el arte no se tiene claro el sentido de lo que uno hace, creo yo. Tal vez aquí hay algo de ese pálpito mágico que, consensuada y socialmente, define al arte. No tengo empacho en decir lo que siempre he negado (tal vez por una mala conciencia injustificada), y es que en el ejercicio del arte, constantemente se viven momentos en los que lo que pasa no tiene apoyatura lógica y consecuente. Digo esto porque hay trabajos a los que uno no les encuentra sentido hasta después de pasado el tiempo.

Entre los madrileños y nuestro Jesús de Medinaceli hay una conexión que podríamos llamar telepática. En cada casa hay una imagen, una estampa o una figura de barro y están allí como si fueran teléfonos con los que cada madrileño y madrileña puede llamar a su Señor y pedirle a su Padre un favor, un ruego, un milagro pequeño, que interceda por algo o por alguien, algún tipo de consuelo para su familia o prosperidad en su trabajo... Después está la obligación de ir a agradecerlo. Por eso la participación de los madrileños es cada vez mayor. Por eso las largas colas llegan hasta el Paseo del Prado.

Como comprenderéis, llamar a un desconocido por teléfono para darle mi número no es el *summum* de la genialidad... El porqué de esta idea está, sencillamente, en que, siendo algo impecablemente coherente, nadie lo hace. Pero si tú vas y lo haces, te encuentras con que muchos de los llamados apuntan tu número, aunque no sepan muy bien por qué. Eso es el arte de participación: el que el sucedido es muy probable que esa persona se lo cuente a su familia... y poco importa si él no es consciente de haber participado en una obra de arte, basta con que sea consciente de que "ha participado".

Inventaire des Œuvres d'Art Espagnoles transportées au Palais de la Société des Nations en exécution des dispositions arrêtées à Figueres le 3 Février 1939 entre le Représentant du Gouvernement Républicain et le Délégué du Comité International pour la Sauvegarde des Trésors d'Art Espagnols.

(En español) Sellos correspondientes en la caja:

1. "Imagen de N.P. Jesús".
2. "Perteneciente".

3. "Iglesia de Jesús".
4. "C79".
5. "P.P. Capuchinos, Madrid".
6. "Rescatada Segunda Vez".
7. "Ginebra".
8. "Ocho de Mayo".
9. "Año de la Victoria".

Hangar del Palacio de Exposiciones de Ginebra, documentos preparativos de la primera repatriación de las obras de arte.

Éstas son las cuestiones que, con mayor o menor frecuencia, he planteado:

1. ¿Pide Ud. bienes materiales o espirituales?
2. Si no se le concede lo que pide, aunque Ud. piense que es fundamental, ¿cree que en realidad no le era conveniente?
3. ¿Sigue pensando en la posibilidad de los milagros en nuestra época?
4. Lo que va a pedir, ¿es un milagro?
5. ¿Se piden aquí milagros?
6. ¿Se viene solamente a agradecer?
7. A qué concede más importancia, ¿a lo que pide o a lo que ofrece?
8. ¿Es cierta la historia del incendio, del pesaje?
9. ¿Quiénes fueron los ladrones de la imagen?
10. ¿Se sabe cuánto pesó?
11. ¿Hace usted las tres peticiones por orden de preferencia?

Hay que decir que las muy distintas versiones del suceso histórico hacían imposible ciertas preguntas a ciertas personas.

Notas sobre lo ocurrido al Tesoro Artístico Nacional en el extranjero. Exp. C79.

1. Carácter devocional.
2. Titular eclesiástico. Propietario C.C.
3. Acuerdos internacionales. Rubricados.
4. Ningún daño físico ni moral.
5. Transporte acordado: primera remesa.

6. Salida: 8 de mayo de 1939 / Llegada: 14 de mayo de 1939.
7. Escolta militar y/o civil. Se le dará.

---

1. Predominio ligero de los espirituales.
2. Queda conforme en general y piensa que no era oportuno.
3. Subsiste la creencia en las posibilidades del milagro, aunque se desdibuja el concepto de qué puede llamarse así.
4. Generalmente no.
5. Sí.
6. Generalmente sí.
7. A lo que pide, en gran mayoría.
8. Sí, es cierta, pero bastantes la ignoran.
9. Se desconoce casi por completo (desde los moros a los rojos).
10. Se desconoce por completo.
11. Muchos no conocen la costumbre; los que sí, no suelen tener orden.

Nota editorial:
Este texto se encuentra alojado en la página web de *Archivo F.X.*, en la letra "E" del índice *Tesauro*. *Archivo F.X.* es un proyecto en curso que "trabaja un vasto archivo de imágenes de la iconoclastia política anti-sacramental en España entre 1845 y 1945, imágenes fotográficas, cinematográficas y documentales que se ordenan bajo un índice de términos". En *Tesauro* se "muestra estrictamente el índice de las entradas que constituyen la base del archivo", "cientos de términos que muestran la cosa (fotografía, cine, documento) y el término que la nombra". En este caso, el texto está compuesto por una serie de fragmentos de distintas fuentes textuales. Siguiendo el criterio de edición por montaje de *Tesauro*, los elementos aparecen intercalados sin reconocer fuentes ni autorías. Son fragmentos procedentes de, entre otros, referencias a la historia de la figura del Cristo de Medinaceli, textos de Isidoro Valcárcel Medina y de Pedro G. Romero.

Pedro G. Romero delivered his presentation on *Encuesta en la cola del besamanos del Jesús de Medinaceli* (*Survey in the Queue of Worshippers, Church of Jesús de Medinaceli*) on 6 November 2012, at the fifth stage of *18 pictures and 18 stories*, at the BNV Producciones office, Seville. G. Romero first came into contact with Valcárcel Medina at the exhibition *Before and After the Enthusiasm* at the KunstRAI, Amsterdam, in 1989. He has invited the artist to take part in projects of his own on several occasions since then. At the time of publication of this book, the text included here, and a recording of Pedro G. Romero's presentation at BNV Producciones, can be found at http://fxysudoble.com (Archivo F/X): the text under 'E' of the *Tesauro*; the recording under 2012 in the *Cronología* index.

Encuesta en la cola del besamanos del Jesús de Medinaceli. Madrid, 1978

Pedro G. Romero

7th March, 1947. Queue of worshippers. Novena for the anniversary of the 'Second Rescue,' Church of Nuestro Padre Jesús de Medinaceli, Madrid. The image of Christ dates from the first half of the 17th century and is 1.73 m high. Devotional image, attracts pilgrims. Sculpted in Seville by Luis de la Peña or Francisco de Ocampo. Sculpted for use in processions. Stands in front of the wall of the Basilica. Kept by the religious association Archicofradía Primaria Nacional de la Real e Ilustre Esclavitud de Nuestro Padre Jesús Nazareno. Affiliated with the brotherhoods of Jesús de Medinaceli and Esperanza Macarena de Miami, United States. Last travelled out of Spain to Geneva, where it was included in an exhibition at the Palace of Nations.

3rd March, 1978. Conversations in the queue at Jesús de Medinaceli. First Friday in March. Madrid. Sociological art. Survives as a two-page report. In this work, the artist asks a group of people waiting outside the doors of a church to enact a religious rite about why they are waiting. *Comunicazioni postali*, Nuova Galleria del Teatro, Parma, 1978. *18 pictures and 18 stories*, fifth stage, *Performance in Resistance* by Isidoro Valcárcel Medina, BNV Producciones, Sevilla, 2012. A Bulegoa z/b project, Bilbao, in collaboration with If I Can't Dance, I Don't Want To Be Part Of Your Revolution, Amsterdam.

On 13th March, 1936, at the time of the Civil War, the congregation of the convent and other members of the surrounding community managed to prevent the sculpture from being destroyed by a group of revolutionaries. On 17th July, the monks hid it in a wooden chest, which they wrapped in sheets and left in the basement of the convent. A Republican battalion known as *Margarita Nelken* were sheltering in the church, and were searching for wooden boards to insulate their troops from the cold when they came upon the chest holding the sacred image. Juan Manuel Oliva, the battalion leader, saw that this was the *Cristo de Medinaceli*, and handed the sculpture over to the Junta del Tesoro, the Public Treasury, which rapidly sent it to the Colegio del Patriarca, a seminary in Valencia.

In March 1938 it was transported to Barcelona, and then, on 3rd February 1939, to Geneva, where it arrived on 12th February together with the rest of the items in the Public Art Treasury.

On 3rd March, the same day people gather to kiss *Jesús de Medinaceli's* hand, I held a series of conversations within the queue of worshippers as they waited. Owing to the peculiar nature of the theme, and the particularities of spirituality, subjectivity, etc. I decided not to work with a fixed set of questions, but instead to hold a series of conversations that would clarify what each person thought, and how much information they had on the history and current situation of the sculpture, while at the same time I could hint at my objection to action as pure ritual—while fully respecting religious beliefs. The total number of people I interviewed must have been around forty, generally gathered into groups. I never wrote down any of the resulting comments.

The sculpture was made on commission for the Capuchin Fathers of Seville, who transported it to the Spanish colony of Mamora in the north of Africa, known by the Spaniards as San Miguel de Ultramar. On 30th April, 1681, Mamora fell into the hands of Moulay Ismail Ibn Sharif and his army, and the sculpture of the Nazarene was also captured and taken to Mequinez (Meknes). History tells that the king expressly ordered that it be dragged through the streets of Mequinez as a sign of contempt for Christianity, and some people even say that it was thrown to the lions like human flesh. It was seen by a priest of the Order of the Santísima Trinidad, Fray Pedro de los Ángeles who, at great risk to his own life, appeared before the king and begged for the sculpture to be rescued as if it were a living being. It is said that the king allowed the Christian priest to keep it if he could raise enough money for it to be returned. If this did not happen, he and the sculpture would both be burned. The Father General of the Order sent Fathers Miguel de Jesús, Juan de la Visitación, and Martín de la Resurrección to negotiate towards a solution, and they managed to convince King Moulay to levy a tax on the return of the sculpture amounting to its weight in gold. Legend tells that the scales balanced exactly at a weight of thirty gold coins. The operation was carried out time and time again and gave the same result each time, a miraculous reminder of the episode in the gospel where a value of thirty gold coins is placed on Christ himself.

I noticed that most of the people interviewed completely ignored the events or the reasons behind the worship of the figure; in addition to this, the motives they claimed for being there seemed to have more to do with a sort of custom than with a private or conscious belief. Many people claimed in fact to be worshipping a saint, and very few referred to a divinity or the primary figure of their religion. The devout also tended to glorify images rather than the figures they portray. As for the mere knowledge of the history of devotion to the Christ, it varies enormously, and includes an abundant range of often contradictory facts. The most interesting moment came when one of my questions led to a heated argument about the details of the rite. Personally, I will say that I took care to make my observations and ask my questions in respectful conversation, and that these were never refused, although I was often contradicted. The dialogue was met with total acceptance. Obviously, many of the conversations followed paths extraneous to my own interests; however, I was still able to broach many of the topics I had in mind, although I never went into the reasons behind them in any depth. My questions were always answered, though I have to admit that I did not perceive a significant degree of comprehension in the responses.

When the war ended and the Treasury was returned to Spain, Mr. Fernando Álvarez de Sotomayor, a representative of the new Spanish Government, had the sculpture transported from Geneva to Pozuelo de Alarcón, a village near Madrid, where on the 10th of May 1939 it was eagerly awaited. It was received with military honours and taken to Madrid by the Junta de la Real Esclavitud, where it was briefly held at the Monasterio de la Encarnación. On 14th May, the eve of the San Isidro celebrations, the entire population of Madrid formed a solemn procession and accompanied the figure to the altar at its temple, where it continues to be venerated by a multitude of followers. Every day, but particularly on Fridays, and, in a spectacular fashion, on the first Friday of March, countless numbers of people come to adore the *Cristo de Medinaceli*, and wait uncomfortably for long hours or in bad weather to kiss the foot of the figure and ask for three ritual wishes.

I must again insist on the distance between what the artist calls sociological art and the science of the same name. When a survey is staged or represented, as Valcárcel has done, the mere game of representation, and nothing further, must be its aim. That is, it should not seek to, or even think of, finishing the process or finding answers. Only by being fully conscious of this difference, often a very slight one, can the game be opened up—to the other—without succumbing to the invasive, violent determinism intrinsic to a questionnaire. And this while knowing, as the artist himself has acknowledged, that any enquiry is always an act of determining answers. "The interesting thing is to ask questions…(limiting) the interviews to the pure uttering of questions—to simply asking. Taking this as a premise, I find that the answers to the survey would read something like a study of folk customs, whereas the pure questionnaire retains all of its initial purpose. A question answered is no longer a question but an answer; and answers are boring."

The *Cristo de Medinaceli* is one of the most important figures of popular devotion, not only in Madrid and Spain, but in the Church worldwide. Thousands visit the basilica run by the Capuchins, and it also receives a great many significant donations as a consequence of favours granted.

We must point out here that devotion to the *Cristo de Medinaceli* is growing in Madrid. There are currently 8,000 members registered, and other filial associations also exist in many parts of Spain and abroad.

The artist is therefore coherent in refusing to label his work as political art. Regardless of the fact that this is a pleonasm anyway, there is no will on his part to broadcast a message or an ideological discourse, that is, for his work to prove anything; instead he prefers to create a figure using the motifs and matter of public life, and for these motifs to be shown in it. To provide a figure; to measure and portray the reality of the social corpus, to the extent that this can be represented, but without submitting the results to a self-conscious purpose; without being right, and without resorting to fantasy.

The procession, which starts to wind its way through the streets of Madrid at seven in the evening on Easter Friday, carrying the figure of Christ, and organized by the *Archicofradía Primaria Nacional de la Real e Ilustre Esclavitud de Nuestro Padre Jesús Nazareno*, is spectacular. Many people express their devotion, thanks, and sacrifices, in many ways, some of them bordering on the grotesque, some of them resembling cruel sacrifices. Fridays are special days of worship for the figure. The Church remembers the passion and death of Christ on that day, and from the start, people in Madrid chose Fridays to visit the church and reconcile themselves with God, to take part in the Eucharist and kiss the statue's foot. The effigy portrays the moment when Pontius Pilate spoke to the Jewish people and said, "*Ecce Homo* (Behold the Man)." On Easter Friday, our Christ pays his own visit to Madrid, in a dramatic, emotional procession witnessed by a crowd of a million and a half.

I think there is no doubt as to the fact that the *Encuentros de Pamplona* are the largest concentration of artists to have occurred in Spain. We know very well that many artists who were significant at the time, and—interestingly—many that became so afterwards, were there together for a week. The importance of the event for me personally lay in what I saw and also in the reaction of the public to my work. I could say that the screening of the film, which took place for the first time there, went smoothly, and was comfortably scandalous, but less so than in other places it has been screened. As for the other work, the huge montage in the city centre, I will say that I was too ignorant to have foreseen what would happen. What I presented there could be called a 'painterly' work, and when I presented it I realized it was an exclusively social work...I realized that there. It was the repercussion of the event and I learnt from it. As you may imagine, this led to an important new realization.

Survey in the Queue of Worshippers, Church of Jesús de Medinaceli

On 1st September 1973, Pope Paul VI raised the church of Nuestro Padre Jesús to the category of Minor Basilica. A year later, the Pope was presented with a print of the sculpture. He kissed it and said, "May the Pope's kiss on this image of N.P. Jesús carry blessings to all those in Madrid who kiss and worship it." Kissing is a manifestation of love. The kisses of the worshippers of the image of N.P. Jesús are not false worshippers; the kisses are the outer proof of a love they carry deep inside them. The infinitely stretching queues to kiss the Christ remind us of the scenes in the Gospels of the crowds thronging "to see and touch the Lord." Jesus is still there for the sorrowful, the sad, the needy: "Come to me, all you who are weary and burdened, and I will give you rest." (Matthew 11:28.) Naturally, if we want the Lord to hear us, a close relationship with Him is the most essential condition.

But the result of my new awareness was not that I then started giving the audience a role—no, it wasn't that. I realized that it wasn't the viewer, but the human being, who has a basic function in art, and you can't get away from this. In the so-called participatory works that have been done since then, what the public (who are not the public, but the co-makers of the work) do is simply exercise their creative right: they are not allowed or given anything, but challenged with an idea of why they are there. And the public can always decide not to 'participate', but generally, they do participate. In art, I think, you quite frequently don't quite know the meaning of what you're doing. There is possibly something there of a magic, which palpitates, which socially we agree defines art. I have no qualms in saying what I've always denied; in the practice of art you continually experience moments when what happens has nothing logical or solid to back it up. I say this because there are certain works whose meaning you discover after some time has gone by.

You could say there's a telepathic connection between people in Madrid and our *Jesús de Medinaceli*. There's an image of him in every home, a print or a clay figure, and they're there like telephones, everyone can pick them up and call their Lord and ask him for a favour: a wish, a small miracle, for help with something or someone, to do something to comfort a family, or help someone out at work...and then you have to go and thank him. That's why more and more people are coming here. That's why the queues reach right down to the Paseo del Prado.

As you will surely understand, calling up someone you don't know on the phone is not an act of great genius. The reason behind the idea is simply that it's something impeccably coherent, yet nobody ever does it. But if you go and do it, you find that many of the people you call write down your number, though they might not know exactly why. That is the art of participation: that people who become involved will probably go and tell it to their families...and it doesn't matter very much if they aren't aware of having taken part in a work of art. It's enough just for them to know they've 'participated.'

Inventaire des Œuvres d'Art Espagnoles transportées au Palais de la Société des Nations en exécution des dispositions arrêtées à Figueres le 3 Février 1939 entre le Représentant du Gouvernement Républicain et le Délégué du Comité International pour la Sauvegarde des Trésors d'Art Espagnols.

(In Spanish) stamped on the box:

1. Sculpture of N.P. Jesús
2. Belonging
3. Church of Jesús
4. C79
5. P.P. Capuchinos, Madrid
6. Returned for the Second Time
7. Geneva
8. Eighth of May
9. Year of Victory

Hangar of The Palace of Nations, Geneva, documents required for the first repatriation of works of art.

These are the questions I asked (some more frequently than others).

1. Do you ask for material or spiritual benefits?

Survey in the Queue of Worshippers, Church of Jesús de Medinaceli

2. If you are not given what you ask for, even if you think it is something really necessary, do you think it was actually not going to do you any good?
3. Do you think miracles are still possible in this day and age?
4. Are you asking for something miraculous?
5. Do people ask for miracles here?
6. Do people only come here to give thanks?
7. What do you think is more important, what you ask for or what you offer?
8. Is the story of the fire true? And the story of the gold coins?
9. Who stole the image?
10. Does anyone know how much it weighed?
11. Do you make your three wishes in order of preference?

I should mention here that the very different versions of historical events made it impossible to ask certain people certain questions.

Notes on events affecting the contents of the National Art Treasury outside Spain.

1. Religious nature.
2. Owned by the Church. C.C.
3. International agreements. Signed and sealed.
4. No physical or moral damages.
5. To be transported on: first shipment.
6. Exit: 8th May 1939 / Arrival: 14th May 1939.
7. Military and/or civilian escort to be provided.

---

1. Slight predominance of the spiritual.
2. Is generally satisfied and thinks it would not have done any good.
3. A belief subsists in the possibility of the miraculous, although what can be defined as such is unclear.
4. Generally not.
5. Yes.
6. Generally, yes.

7. What they ask for, mostly.
8. Yes, it's true, but many are unaware of it.
9. Almost nobody knows (about the Moors and the Communists).
10. Nobody knows.
11. Many are unaware of the custom, those who are ask in no particular order.

Editor's note:
This text can be found on the webpage *Archivo F.X.*, under the letter 'E' of *Tesauro*. *Archivo F.X.* is an ongoing project, which "works with a vast archive of images from antisacramental political iconoclastics in Spain from 1845 to 1945, photographic, film and documentary images, ordered as an index of terms." *Tesauro* "strictly shows the index of entries which make up the basis of the archive," "hundreds of terms which show the thing (photograph, film, documentary) and the term naming it." In this case, the text comprises a series of fragments from different sources. Following the same principle of montage as *Tesauro*, these are interspersed, with no mention of their source or authorship. They include references to the story of the figure of the Cristo de Medinaceli, and texts by Isidoro Valcárcel Medina and Pedro G. Romero.

Dora García spoke about *Hombres anuncio* (*Human Billboards*) as part of the sixth stage of *18 pictures and 18 stories* on 11 November 2012 at Playground Festival at STUK arts centre/Museum M in Leuven, together with Koen Brams and Myriam Van Imschoot.

García has often acknowledged her indebtedness to the work of Valcárcel Medina for the development of her own artistic practice. We invited García as an artist who could draw on her knowledge of Valcárcel Medina's work on a professional and personal level.

Hombres anuncio. Madrid, 1976

Dora García

The picture cannot be from 1976. In the background we see the Mercado de San Miguel, which opened, renovated, in Madrid in 2009. IVM is carrying a sign that says: "FOR A PORTABLE ART." The misdating of the picture cannot have any other explanation than that it is a re-enactment.

Googling 'Isidoro Valcárcel Medina, Hombres Anuncio,' we find the original image, on the Centro Andaluz de Arte Contemporáneo website. The background of the picture is quite different. We are in a neighborhood of social housing, ugly and working class, the kind of Madrid suburb that exploded in the 1960s with the *lumpen* coming from the misery-stricken countryside. The bourgeoisie does not hang the wash on the façade of their buildings. The outfit of the lady passing by certifies that we are in the 1970s. If this is Madrid in 1976, perhaps we need some more contextualization of what Madrid and Spain were then. Particularly because IVM, seen from the back, lets us read something of the written message on his board. Among the pixels, we can distinguish something about art, and about life.

Franco had died in 1975. I think it is worth quoting the BBC on his death:

> 1975: Spanish dictator Franco dies. General Francisco Franco, who ruled Spain with an authoritarian hand for thirty-nine years, has died at the age of eighty-two. He had been ill for five weeks and died early this morning at La Paz hospital, Madrid. Doctors said the cause of death was heart failure aggravated by peritonitis.
>
> Flags all around the country are at half-mast and the general's body is now lying in state in the El Pardo Palace.
>
> Franco, also known as the Generalísimo, will be buried next week at the Valle de los Caídos (Valley of the Fallen) mausoleum. The Prime Minister, Carlos Arias Navarro, his voice trembling with emotion, announced the death at 10:00 local time on the radio. Franco asked the Spanish people to remain loyal to Prince Juan Carlos, his designated successor, who will be sworn in as king.
>
> General Franco successfully led the Nationalist armies against the Loyalists during the Spanish Civil War in the late 1930s, with support from Hitler's Germany and Italy under Mussolini. Franco allowed Hitler to use Spain's naval bases during World War II, then declared Spain neutral in 1943 when it looked like the Allies would win.
>
> Under Franco, Spain has enjoyed stability and relative prosperity, especially after reforms introduced in 1959, which modernized administration and industry. His regime has also been deeply reactionary, with political parties and non-government trade unions banned, and separatists and communists repressed.

MADRID, 1976

"HOMBRES ANUNCIO"

Studio Levy

Leaders of European countries have been guarded in their reaction to the dictator's death and expressed hope that the new king would introduce modern democracy to Spain. The European Commission expressed "sympathy and friendship for the people of Spain" and condolences to General Franco's widow. No Western European nation will send a head of state to the funeral apart from Monaco, but staunch supporters in South America, such as President Pinochet of Chile and Bolivia's President Banzer will attend.

In Britain, Labour backbenchers are furious that the government is sending a representative—Lord Shepherd, the Lord Privy Seal and Leader of the House of Lords—to the funeral. Stanley Newens, MP for Harlow, said the decision was "an affront to those who fought and died in the Civil War in Spain in the 1930s."

So this was Spain in 1976—a poor, isolated, unloved country, with a tough but also stupid censorship of literature and cinema (you could not read Voltaire, Baudelaire, Sade, Joyce, Marx…thank God Mexico and Argentina existed and books could be bought there and sent!); with an education system that was mostly backwards and catholic; a macho and sexist country, where violence against women was a regular plotline in jokes; with no divorce, no abortion, no access to contraception. A country where intellectuals were invariably seen as suspicious leftists and subversive elements; where gay men and women were chased in the street, brutalized, and often put in jail as socially dangerous; where artists were either subservient to the bigoted authorities or reduced to clandestine activity.

Many of these things still hold true today, and yet, at the end of the 1970s, things were about to change quickly. In 1976, Suárez is sworn in as president; in 1977 all political parties are legalized, including, of course, the Communist party, and communists like Santiago Carrillo, the nationalist leader Josep Tarradellas, the philosopher María Zambrano, and poet Rafael Alberti, all return from exile. The Constitution is elaborated, and finally, in 1978, the Constitution is approved and Spain becomes a democracy.

IVM, who, according to some, occasionally worked as a real billboard man, produces *Hombres Anuncio* in those significant, transitional years.

Of course no change from dictatorship to democracy can be that smooth. Spain today still has lots (lots!) of skeletons in the cupboard, never really spoken about. The body of the murdered García Lorca has yet to be found, and many other ghosts still make our sleep restless and our nights anxious. How do we manage to live like that? We try to relieve the pressure with humour and dreams, of course. Because Spain was and is in many ways a profoundly reactionary country (the attitude towards contemporary art is a clear symptom of that) black humour has always worked as an excellent outlet for many frustrations.

At the time of IVM's *Hombres Anuncio*, one of the best humorous magazines was *La Codorniz* (*The Quail*), 1941–1978. The magazine's humour was pitch-black, profoundly Spanish and very present again today.

The divorce law was only approved in 1981. The debate that preceded it revealed a profound division in the country between die-hard national-Catholicism and normal people who simply wished to breathe. This cartoon was published in 1976 on the cover of *La Codorniz*. It reads: "Look, mama, papa is finally divorced."

Another magnificent humour magazine was *Hermano Lobo* (*Brother Wolf*) 1972–1976, even darker, even more Goyaesque. We read: "Question to the Wolf: When will the postwar finally be over so we can live in peace in this country? The wolf answers: UUUUUUUU."

Below that we see a very dark tunnel with "the future" written above the entrance, and on the sign, "please mind the step."

This was Spain and sadly this is, in many ways, still Spain today. IVM is again walking the streets of Madrid, even if only for a photograph, announcing "for a portable art."

IVM was one of the few artists living in Spain (Esther Ferrer went to Paris for good at the beginning of the 1970s—to breathe, she said) who, with great courage, questioned the status quo of art and artists. To understand the importance of this, we have to keep in mind that Madrid was no Paris and no New York. To be and act 'different,' to question conventions, was dangerous. The cultural avant-garde in Spain voted with their feet; they simply left the country. It is important to understand that repression came not only from the authorities, the government, and the Church, but also from society at large, from neighbours and colleagues, from family. The desperate need to speak was so enormous, the pressure so suffocating, that it seems only logical to produce *Hombres Anuncio*, an action that would empower people to speak.

This action was, in its origin at least, interactive, the audience were encouraged to perform, following very simple instructions that sounded like a job advertisement. Martí Perán writes in *From Travelling Museums to Travelling Art. Notes for a local genealogy of portability*, roulotte 09 (2011):

> Isidoro Valcárcel Medina was then involved in studying movements and spaces in the city; a job that would keep him occupied for the following years and resulted in such emblematic works as the *Billboard Men* (1976). A leaflet used to invite citizens to participate in the project described the job: "We offer you the chance to appear in the Madrid street of your choice carrying upon your shoulders one of our billboards, which you have previously prepared with the message you wish to convey." Indeed, this was a call to participate directly, using a transportable blackboard measuring 40×80cm, with which the bearer walks around urban spaces.

The artist himself was a billboard man, taking advantage of the situation to launch a new denunciation of the need to identify art with life; a simple equation by which any inscription on the board became a sort of mobile poem, which, by extension, turned the board into a portable museum.

After a rocking trip that included a military putsch, in 1982 the Spanish Socialist Party won the elections, the first progressive party to govern Spain since 1936. With democracy, Spain joined NATO and the European Union, and we really thought we belonged to the first world. We thought we were rich, and we thought we were modern.

This mirage has been over since 2008, and we are back not far from where we started. We have a right wing, reactionary government. We have 25% unemployment. Things that seemed unquestionable, like universal health care and public education for all, are being questioned again. Civil rights achievements like freedom of expression and gender equality are now in danger every day. Six million people are unemployed, people kill themselves because they cannot meet their mortgage payments and they lose their homes. There is hunger.

Human Billboards

This means billboard men are back. Again, we have things to say. Black humour is back with a passion. These are the messages on the boards above:

—Don't stay at home: they might take your home away—
—If they do not let us dream, we won't let them sleep—
—I cannot tighten my belt and pull my trousers down at the same time—
—We are not leaving; we are moving into your consciousness—

We are back in a public space not so unlike the Spanish seventies. Public space has turned into a home for the homeless, a space for the picaresque, the roguish hero, the pick-pocket, the swindler; for the hobo, the tramp, the unemployed, the deviant; for a low social class that lives by their wits in a corrupt, unequal society. They all have something to say, and they would have wonderful sentences for the blank billboards of Isidoro Valcárcel Medina: "We offer you the chance to appear in the Madrid street of your choice carrying upon your shoulders one of our billboards, which you have previously prepared with the message you wish to convey."

Messages like above, and more: "Yes, we camp," "No future, no home, no job, no retirement, no fear," "This is not a crisis; this is a fraud," "I can clean your car with my university diploma," "I think therefore I am a nuisance," "Turn off your TV and turn on your mind," "We are not anti-system, the system is anti-us", "System error, please reboot"…and many more.

And the artist is back there, trying to make a living. Artists, wave goodbye to grandma.

Alan Ruppersberg, *Wave Goodbye to Grandma*, poster paints on paper (1970).

The images accompanying this text could be found on the following websites on 25 March 2013:
http://madrilanea.com/2012/02/13/exposicion-revista-la-codorniz/papa/
http://izquierdaunidaadamuz.blogspot.com.es/2012/01/no-te-quedes-en-casa-podrian-quitartela.html
http://www.estrategiadedios.org/multimedia/images/indignados%20levantan.jpg
http://eternauta66.blog.kataweb.it/eternauta66/2011/06/29/indignados/
http://www.caac.es/coleccion/obras06/img/valcgr.htm
http://www.diariodelaire.com/2011/06/15-m-no-nos-vamos-nos-mudamos-tu.html
http://stoppingoffplace.blogspot.com.es/2011/02/wave-goodbye.html

Dora García habló de *Hombres anuncio* dentro de la sexta parada de *18 fotografías y 18 historias* el 11 de noviembre de 2012 en el festival Playground del centro de arte STUK/Museum M de Lovaina junto con Koen Brams y Myriam Van Imschoot. García ha reconocido a menudo su deuda hacia el trabajo de Valcárcel Medina en el desarrollo de su propia práctica artística. Invitamos a García como artista capaz de valerse de su conocimiento de la obra de Valcárcel Medina a un nivel tanto profesional como personal.

Hombres anuncio. Madrid, 1976

Dora García

La imagen no puede ser de 1976. Al fondo vemos el mercado de San Miguel, de Madrid, que se abrió en 2009 después de ser renovado. IVM porta un letrero que dice: "POR UN ARTE AMBULANTE". La única explicación de la falsa datación de la foto es que se trata de una reactuación.

Buscando en Google "Isidoro Valcárcel Medina, Hombres anuncio" encontramos la imagen original en la página web del Centro Andaluz de Arte Contemporáneo. El trasfondo de la foto es completamente distinto. Estamos en un barrio de feas viviendas sociales obreras, el tipo de suburbio que proliferó en Madrid en los años sesenta, cuando fue llegando el lumpen desde el campo pobre y miserable. En las casas burguesas la ropa no se suele colgar en la fachada. El atuendo de la señora que pasa confirma que estamos en los años setenta. Y si eso es Madrid en 1976, seguramente necesitaremos contextualizar un poco más cómo eran entonces Madrid y España. Sobre todo porque IVM, al que vemos de espaldas, nos deja leer un poco del mensaje escrito en su pizarra. Entre pixeles podemos distinguir algo acerca del arte, y de la vida.

Franco había muerto en 1975. Creo que vale la pena citar lo que sobre su muerte decía la BBC:

> 1975: muere el dictador español Franco. El general Francisco Franco, que ha gobernado España con mano autoritaria durante 39 años, ha muerto hoy a los 82 años de edad. Llevaba enfermo desde hacía cinco semanas y ha fallecido a primera hora de esta mañana en el hospital de La Paz, en Madrid. Según el parte médico, la causa de la muerte ha sido un fallo cardiaco complicado con una peritonitis.
>
> Por todo el país las banderas ondean a media asta, y en estos momentos el cuerpo del general yace expuesto en el palacio del Pardo.
>
> Franco, también llamado "el Generalísimo", será enterrado la semana que viene en el mausoleo del Valle de los Caídos. A las 10 de la mañana, hora local, con voz temblorosa por la emoción, el primer ministro Carlos Arias Navarro ha anunciado por radio la muerte. Franco ha pedido al pueblo español que guarde lealtad a su sucesor designado, el príncipe Juan Carlos, quien prestará juramento como rey.
>
> En la Guerra Civil Española, a finales de los años treinta, el general Franco condujo a la victoria al ejército sublevado contra la República contando con el apoyo de la Alemania de Hitler y la Italia de Mussolini. Franco permitió que Hitler utilizase las bases navales españolas durante la Segunda Guerra Mundial y más tarde, en 1943, declaró a España neutral cuando ya se presagiaba el triunfo de los Aliados.
>
> España ha gozado de estabilidad y de una relativa prosperidad bajo el gobierno de Franco, en especial tras las reformas aplicadas en 1959, que modernizaron la administración y la industria. Al mismo tiempo, su régi-

men ha sido profundamente reaccionario y declaró prohibidos los partidos políticos y sindicatos no oficiales y reprimió a separatistas y comunistas.

Los líderes de los países europeos han sido prudentes en sus reacciones ante la muerte del dictador y han expresado su esperanza de que el nuevo rey instaure una democracia moderna en España. La Comisión Europea ha expresado su "simpatía y amistad hacia el pueblo español" y su pésame a la viuda del general Franco. En el funeral ninguna nación occidental europea excepto Mónaco estará representada por un jefe de estado, aunque sí asistirán algunos líderes sudamericanos partidarios declarados del general, como el presidente Pinochet de Chile y el presidente Banzer de Bolivia.

En Gran Bretaña los diputados de la oposición laborista se muestran indignados de que el Gobierno envíe un representante —lord Shepherd, lord del Sello Privado y presidente de la Cámara de los Lores— al funeral. Stanley Newens, parlamentario por Harlow, ha dicho que la decisión es "una afrenta a todos cuantos lucharon y murieron en la Guerra Civil Española en los años treinta".

Ésa era por tanto España en 1976: un país pobre, aislado y poco querido, con una férrea aunque obtusa censura en literatura y cine (no se podía leer a Voltaire, Baudelaire, Sade, Joyce, Marx..., aunque gracias a Dios ahí estaban México y Argentina, de donde podían importarse libros); con un sistema educativo en su mayor parte retrógrado y católico; un país machista y sexista en el que la violencia contra las mujeres era tema corriente de chistes; sin divorcio, sin aborto, sin acceso a los contraceptivos. Un país en el que los intelectuales eran vistos indefectiblemente como unos izquierdistas sospechosos y como elementos subversivos; en el que los y las homosexuales eran acosados por la calle, maltratados y a menudo encarcelados por suponer un peligro social; en el que los artistas o bien se plegaban ante unas autoridades mojigatas o se veían forzados a una actividad clandestina.

Gran parte de todo eso sigue teniendo validez hoy día. Con todo, a finales de los setenta las cosas iban a cambiar con rapidez. En 1976 Suárez jura como jefe de gobierno; en 1977 se legalizan todos los partidos políticos, incluido el partido comunista, y regresan del exilio comunistas como Santiago Carrillo, el dirigente nacionalista Josep Tarradellas, la filósofa María Zambrano o el poeta Rafael Alberti. Se redacta una constitución, que finalmente es aprobada en 1978 y España se convierte en una democracia.

IVM, que al decir de algunos había trabajado ocasionalmente como auténtico hombre anuncio, produce *Hombres anuncios* en aquellos decisivos años de la Transición.

Como es natural, ningún cambio desde una dictadura a una democracia puede ser tan suave. Hoy todavía, España tiene muchos (muchísimos) esqueletos en el armario de los que nunca se habla. Aún está por encontrar el cuerpo de García Lorca asesinado, y son muchos los fantasmas que de noche asaltan nuestros sueños llenándonos de zozobra. ¿Cómo podemos seguir viviendo así? Procuramos, cómo no, aliviar la presión a base de humor y de sueños. Al ser España un país profundamente reaccionario en muchos aspectos (la actitud hacia el arte contemporáneo es un claro síntoma de ello), el humor negro siempre ha funcionado como una excelente vía de escape de muchas frustraciones.

En la época de los *Hombres anuncio* de IVM, uno de los mejores semanarios de humor era *La Codorniz* (1941-1978). El humor de la revista era de una negrura tremenda, profundamente española, y hoy de nuevo muy actual.

La ley del divorcio no fue aprobada hasta 1981. El debate que la precedió puso de manifiesto una honda división del país entre un nacional-catolicismo recalcitrante y unas gentes corrientes que sólo deseaban darse un respiro. La viñeta anterior se publicó en una portada de *La Codorniz* en 1976.

Otra excelente revista de humor fue *Hermano Lobo* (1972-1976), aún más negra, más goyesca. A la pregunta dirigida al Lobo: "¿Cuándo va a terminar la posguerra y podremos vivir en paz?", el animal responde: "Uuuuuuuuuu".

Debajo vemos un túnel tenebroso, y escrito sobre él "Futuro" y a un lado un cartel de aviso: "Cuidado con el escalón".

Así era España, y tristemente así sigue siéndolo hoy en muchos sentidos. IVM vuelve a caminar por las calles de Madrid, aunque sólo sea para tomar una foto anunciando "Por un arte ambulante".

IVM fue uno de los escasos artistas que viviendo en España (Esther Ferrer ya se había ido definitivamente a París a comienzos de los setenta para, como dijo ella, poder respirar) cuestionaron muy valientemente el statu quo del arte y de los artistas. Para entender la importancia de esto, debemos tener presente que Madrid no era París ni tampoco Nueva York. Ser y actuar de manera "diferente", desafiar las convenciones, era peligroso. La vanguardia cultural española votó con los pies y sencillamente se marchó del país. Es importante entender que la represión no venía únicamente de las autoridades, el gobierno y la Iglesia, sino también de la sociedad en general, de los vecinos y colegas, de la familia. La necesidad desesperada de hablar era tan enorme, la presión tan sofocante, que resultaba de lo más lógico la producción de *Hombres anuncio*, una acción que quería otorgar a la gente la facultad de poder hablar.

La acción fue interactiva, al menos en origen, y en ella se animaba al público a intervenir, siguiendo unas instrucciones muy sencillas que parecían sacadas de un anuncio de trabajo. Escribe Martí Perán en "Del *museo circulante* al *arte ambulante*. Notas para una genealogía local de la portabilidad" (*roulotte*, 09, 2011):

> Isidoro Valcárcel Medina (…) se halla[ba] en ese momento en el estudio de los movimientos y espacios de la ciudad; una línea de trabajo en la que va ocuparse los años siguientes, cristalizando en trabajos tan emblemáticos como los *Hombres anuncio* (1976). La octavilla con la que se invitaba a participar del proyecto describe el trabajo a la perfección: "Le ofrecemos la sugerencia de presentarse en la calle de Madrid que Ud. prefiera siendo portador sobre sus hombros de nuestro tablero de anuncios en el que previamente habrá escrito Ud. la comunicación que desee transmitir". En efecto, se trataba de una llamada a la participación directa mediante la utilización de una pizarra transportable de 40×80 cm con la que el portador deambulaba por los espacios urbanos. El propio artista fue un hombre-anuncio, aprovechando la ocasión para lanzar un nuevo alegato sobre la necesidad de identificar el arte con la vida; una simple ecuación por la cual cualquier inscripción sobre la pizarra se convertía en una suerte de poema móvil que, por extensión, convertía la pizarra en un museo portátil.

Tras un agitado trayecto, con golpe militar incluido, el Partido Socialista Obrero Español ganó las elecciones de 1982. Era el primer partido progresista que gobernaba en España desde 1936. Con la democracia, España se integró en la OTAN y en la Unión Europea, y ciertamente pensamos que ya formábamos parte del primer mundo. Nos creímos que éramos ricos y que éramos modernos.

El espejismo se terminó a partir de 2008 y ahora estamos no muy lejos de donde partimos. Tenemos un gobierno reaccionario de derechas. Tenemos más de un 25% de paro. Cosas que parecían indiscutibles como la sanidad universal o la educación pública para todos vuelven a estar en cuestión. Ahora derechos civiles adquiridos como la libertad de expresión o la igualdad de género se ven cada día en peligro. Seis millones de personas están sin empleo; la gente se suicida por no poder pagar la hipoteca o pierden su vivienda. Hay hambre.

Esto ha supuesto el regreso de los hombres anuncio. De nuevo tenemos cosas que decir. Vuelve el humor negro, con toda crudeza, como puede verse por lo que dicen los carteles de las fotos anteriores.

En España hemos regresado a un espacio público que no difiere tanto del de los setenta. El espacio público se ha convertido en un hogar para los sin techo, un espacio para el pícaro, el carterista, el timador; para el indigente, el vagabundo, el parado, el excluido; para las clases sociales bajas que viven de su ingenio en una sociedad corrupta y desigual. Todos tienen algo que decir y tendrían estupendas frases para las pizarras en blanco de Isidoro Valcárcel Medina: "Le ofrecemos la sugerencia de presentarse en la calle de Madrid que Ud. prefiera siendo portador sobre sus hombros de nuestro tablero de anuncios en el que previamente habrá escrito Ud. la comunicación que desee transmitir". Mensajes como los de arriba y otros: "Yes, we camp", "Sin futuro, sin casa, sin curro, sin pensión, sin miedo", "Esto no es una crisis, es una estafa", "Te limpio el coche con mi título universitario", "Pienso, luego estorbo", "Apaga la tele y enciende tu mente", "No somos antisistema, el sistema es antinosotros", "Error de sistema, por favor reinicie"…, y muchos más.

Y el artista vuelve a estar ahí, intentando ganarse la vida. Artistas, decidle adiós con la mano a la abuela.

Alan Ruppersberg, *Decidle adiós con la mano a la abuela*, pintura de cartel sobre papel (1970).

A fecha del 25 de marzo de 2013, las imágenes que acompañan este texto podían encontrarse en las siguientes páginas web:
http://madrilanea.com/2012/02/13/exposicion-revista-la-codorniz/papa/
http://izquierdaunidaadamuz.blogspot.com.es/2012/01/no-te-quedes-en-casa-podrian-quitartela.html
http://www.estrategiadedios.org/multimedia/images/indignados%20levantan.jpg
http://eternauta66.blog.kataweb.it/eternauta66/2011/06/29/indignados/
http://www.caac.es/coleccion/obras06/img/valcgr.htm
http://www.diariodelaire.com/2011/06/15-m-no-nos-vamos-nos-mudamos-tu.html
http://stoppingoffplace.blogspot.com.es/2011/02/wave-goodbye.html

Myriam Van Imschoot took part in the sixth stage of *18 pictures and 18 stories*. She presented her story on 11 November 2012, at Playground Festival at STUK arts centre/Museum M in Leuven, following the stories of Koen Brams and Dora García. We invited Van Imschoot because of her research into the afterlife of performance and ephemeral practices, and her original approaches to the production of documentation and archival material. She chose to respond to the picture *Untitled* (also known as *Pedestrian Crossing*) with a contribution that pointed to a communication with the artist that bypassed the telephone line.

S/T (also known as *Paso de peatones*). Different cities, 1971

Myriam Van Imschoot

The Waving

We all know what it is to wave. We have waved to welcome somebody approaching, or to accompany somebody moving away from us, or perhaps *we* were the person arriving or leaving and this can equally spur us into some waving. In its minimum form, it takes two people. It is a gestural dialogue in the folds of changing distance and proximity, full of expectation and anticipation, whether of imminent reunion or separation.

Many variants are possible within the relational contract. How the wave is reciprocated, whether people wave simultaneously, alternately, or not at all, how long or how invested—all of this makes up a complex algebra of possibilities and dramas.

You wave. Say I am the one you are waving to. For this gesture to have relevance I cannot be too close to you. If I am too close, your wave must equally miniaturize, and scale itself to other proportions. At a close distance, your wave is just a hand lifting in the air, a 'hi, there'. 'Hello' in pedestrian form. When I am close, your face will need to adjust and become social, moulding the adequate facial expression; it cannot be too big, or your 'hello' seems grotesque or pathetic.

The wave that is not a moderate hello, not just a hand, but an arm in the air (at minimum up to the elbow, if not an entire arm) is by its nature bigger than average. It may start small or end small, but at some point it will need to grow into a fully embodied shape if it wants to communicate long distance. It is not an easy task to accomplish, to defy the distance as it is shrinking or stretching between you and me. Without a bit of effort, your waving can lack conviction and fall short, just in front of your feet.

Although a wave needs a bit of pathos, it has its own economy too. One must find the right proportion. One needs to be in sync, or things can get out of hand. It's mostly a matter of the hand, anyway, and the arm. Your forearm sways, left to right, right to left. You repeat this a couple of times—how many times depends on the zeal, the occasion, the emotions invested, the reaction it evokes. Without repetition a wave is not finding its momentum. The arm needs to move, it cannot be just immobile in the air, or you turn into a statue, and the arm becomes prosthetic, a weird appendix.

Also the space between the person waving and the other person needs to be in motion. Waving with two static positions at equal distance, without any change, makes the wave lose its point. A wave can only live on the brink of imminent departure or arrival within a sphere of attention that keeps shifting its spatial coordinates. Without the eventfulness of such transitioning, the wave is merely a shell, a replica of its true function.

Sometimes the movement of the wave spreads into the body, infecting it. Then the wave ripples. It may start with the head that tilts in the opposite direction of the arm, and back, and then back again. It may also take over the entire body and make it sway, distributing the weight from one leg to another. This little dance with its repetitive structure can curve into a crescendo and peak, to decrease again in intensity, until a new surge occurs. Perhaps that's why a wave is called a wave, because it's a tide, an alternation of intensities, a sequence that spreads, and ultimately it will reach your shore too.

A wave is a semaphore, meant to communicate visually over longer distances. Eye contact is crucial. The blind do not wave. But, notwithstanding the visual confines (you wave when I come into sight, or until I am out of sight), it has affinities with telepathy too. It harbours the belief that we can energetically touch somebody at a distance, without immediate phys-

VARIAS CIUDADES, 1971

"S/T"   (conocida como "Paso de peatones")

ical touch. It's the launching of affective energy, a stirring of the molecules within the lane of attention between you and me.

Your waving can make me wave. When I wave with even more passionate investment, it may refuel your response, make it bigger, or not. A call and response game, where energy is the invisible ball we toss between us. In some pantomime games one pretends to give a blow to somebody, and the other person, if he/she plays the game, reacts by performing a bodily reaction. Likewise, in the wave, one needs to be able to send and receive, to play and perform the impact as if in response to a physical touch.

Waving is a real art. Two traps lie at either end of its performance. If your wave is too rigid it can risk petrification (the shell), if you get too enthralled by the movement or indulge too much in its seductive performativity, it can come to stand by itself, unhinged from the interplay. Then you are a soloist, when waving is plural, never single. Trance is not the goal, nor is pastiche. You can enjoy the pantomime features of your wave, even underscore it with a touch of irony, yet, just as you can't become too absorbed in it, you can't stand above it either. You need to surf the wave and dip in and out of its charm.

Perhaps the wave is the Ur-form of drama. It has a beginning, middle and end. It comes in a sequence. Its unfolding has various stages and types of waving, sometimes with a moment of rest, before the arm lifts again, and resumes waving. These moments of rest are crucial. They can be intervals during which the reaction and impact of the waving are calibrated or energy is restored. But they can also be…the end, if no wave action follows anymore. Waving is timely, and the timing of its resolution gives the drama its true colour. All is in the specifics of the finale, just before the 'climax' of reunion or when departure becomes separation.

Say, I wave back to you and I stop my gesturing very quickly…I may be perceived as impatient, casual or indifferent. But when we wave too long after the person has disappeared from sight, we may be considered overconcerned parents (practicing a panoptic gaze), romantic fools (who cannot let go) or mystics (who practice the art of affective telepathy, way beyond the horizon).

In the case of the welcome ritual, the waving is never the last gesture. When the person is close enough, we shift to other greeting gestures—the embrace, the slap on the shoulder, the kiss. In the case of departure, we shift, not to other gestures, but to other states—such as resignation, relief, grieving, or waiting. In the latter case, we need not integrate a physical presence into our lives, (like in the welcome), but an absence. How interesting that one and the same gesture can serve such opposite events!

Note: This text was written by Myriam Van Imschoot in line with a series of works (photo, video, performance) that she has been devising since 2011 and in which she addresses gestures that emerge in long distance communication. For the occasion of *18 pictures and 18 stories* at Playground Festival at STUK arts centre/Museum M in Leuven, she performed the text on stage as a slide projection, in response to Isidoro Valcárcel Medina's waving performances *Pedestrian Crossing*, which he performed in several cities during the 1970s. Van Imschoot divided her text into ten subsequent parts, each constituting one slide. The audience was requested to read in silence the projected slide and, when finished reading, to signal this by waving. Only when all audience members waved, did the next slide appear. The performance concluded with the projection of Van Imschoot's waving video *Efemeriden* (2012).

Myriam Van Imschoot participó en la sexta parada de *18 fotografías y 18 historias* presentando su historia el 11 de noviembre de 2012 en el festival Playground del centro de arte STUK/Museum M de Lovaina, tras las historias de Koen Brams y Dora García. Invitamos a Van Imschoot por sus investigaciones sobre la pervivencia de la performance y otras prácticas efímeras, así como por sus originales enfoques de la producción de material documental y de archivo. Eligió dar respuesta a la fotografía *S/T* (conocida como *Paso de peatones*) con una contribución que remitía a una comunicación con el artista al margen de la línea telefónica.

S/T (conocida como *Paso de peatones*). Varias ciudades, 1971

Myriam Van Imschoot

El saludo con la mano

Todos sabemos qué es saludar con la mano. Hemos saludado con la mano para dar la bienvenida a alguien o para acompañar a alguien que se aleja de nosotros, o quizá fuimos *nosotros* quienes llegábamos o partíamos, y por ello nos sentimos asimismo espoleados a saludar. En su forma mínima hacen falta dos personas. Es un diálogo gestual, en los pliegues de una lejanía o proximidad cambiante, lleno de expectativas y de anhelos, tanto si es por un encuentro inminente como por una separación.

Las variantes posibles dentro del contrato relacional son múltiples. De qué manera se contesta al saludo; si las personas se saludan con la mano simultáneamente, alternativamente o no lo hacen; durante cuánto tiempo o con qué interés... Todo ello compone una compleja álgebra de posibilidades y escenificaciones.

Así pues, tú saludas con la mano. Pongamos que es a mí a quien saludas. Para que el gesto sea relevante yo no puedo estar demasiado cerca de ti. Si estoy muy cerca, tu gesto debe miniaturizarse en proporción y ajustarse a otra escala. A poca distancia tu saludo queda reducido a levantar una mano; es un "qué tal", un "hola" en tono menor. Cuando estoy cerca, tu cara tiene que adaptarse al trato social y componer la expresión facial adecuada; no podrá ser demasiado grande, o tu "hola" parecerá grotesco o patético.

El saludo con la mano que no es un hola moderado (no simplemente de la mano, sino de todo un brazo al aire, como mínimo desde el codo, o mejor de todo el brazo) es de por sí mayor que el saludo promedio. Podrá empezar o terminar siendo pequeño, pero en algún punto necesitará crecer hasta tener una forma plenamente desarrollada si es que pretende comunicar a larga distancia. No es que resulte fácil lo de desafiar la distancia cuando ésta mengua o se incrementa entre tú y yo. Sin un pequeño esfuerzo, a tu gesticulación puede faltarle convicción y quedarse corta ante tus propios ojos.

Aunque el saludo con la mano precisa de cierto apasionamiento, también tiene su propia economía. Hay que encontrarle la proporción justa. Hace falta estar en la onda o las cosas pueden descontrolarse. Fundamentalmente, en todo caso, es una cuestión de mano y de brazo. Balanceas el antebrazo de izquierda a derecha, de derecha a izquierda, y lo repites varias veces. Cuántas sean depende del ardor, la ocasión, las emociones en juego o la reacción que suscitan. Sin la repetición, un saludo con la mano no termina de cobrar impulso. El brazo debe moverse, no puede quedarse ahí, parado en el aire, o te conviertes en una estatua y el brazo acaba siendo una prótesis, un apéndice extraño.

También el espacio entre la persona que saluda con la mano y la otra persona ha de estar en movimiento. Saludar desde dos posiciones estáticas a la misma distancia, sin que se desplacen, hace que el gesto pierda sentido. Un saludo con la mano sólo está vivo en la inminencia de una partida o una llegada, dentro de la esfera de atención que mantiene cambiantes sus coordenadas espaciales. Sin la variabilidad de esa transición el saludo es meramente un gesto hueco, una réplica de su verdadera función.

A veces el movimiento del saludo con la mano se extiende al cuerpo, infectándolo. Entonces se produce una ondulación. Puede empezar en la cabeza, que se inclina en la dirección contraria al brazo, y luego al revés, y otra vez más. Puede también adueñarse de todo el cuerpo y hacer que se balancee, distribuyendo el peso de una pierna a otra. Este pequeño baile, con su estructura repetitiva, puede elevarse en un crescendo hasta alcanzar un punto máximo y luego decaer en intensidad hasta que se produce otra oleada. Tal vez por eso en inglés se le llama *wave* (ola), porque es una marea, una alternancia de intensidades, una secuencia que se expande y en algún momento llega también a tu orilla.

El saludo con la mano es un semáforo cuya finalidad es la comunicación a considerable distancia. El contacto visual es primordial. Los ciegos no saludan con la mano. Pero a pesar de la restricción visual (tú saludas cuando empiezas a avistarme o hasta que me pierdes de vista), también presenta afinidades con la telepatía. Encierra la creencia de que podemos tocar enérgicamente a alguien a distancia, sin roce físico inmediato. Es un lanzamiento de energía afectiva, una agitación de moléculas dentro del corredor de atención entre tú y yo.

Tu gesto de saludo puede hacer que yo salude con la mano. Y cuando agito la mano con más pasión todavía, eso puede reavivar tu respuesta, hacerla mayor, o no. Es un juego de llamadas y respuestas en el que la energía es la pelota invisible que nos lanzamos mutuamente. En algunos juegos de pantomima uno finge darle un puñetazo a alguien y si la otra persona sigue el juego reacciona ejecutando un movimiento corporal. Del mismo modo, en el saludo con la mano hace falta que seamos capaces de enviar y de recibir, de actuar y de representar el impacto como si respondiésemos a un contacto físico.

Saludar con la mano es un verdadero arte. En su ejecución dos trampas acechan por ambos extremos. Si tu saludo es demasiado rígido corre riesgo de petrificación (el caparazón); si el movimiento te enardece en exceso o te recreas demasiado en su seductora performatividad, puede acabar solo, desentendido del mutuo intercambio. Te conviertes en un solista, mientras que saludar con la mano es plural, nunca singular. El objetivo no es el trance ni tampoco el pastiche. Puede gustarte la mímica de tu saludo, y hasta ponerla de relieve con un toque de ironía, pero así como no puedes dejarte absorber por ella, tampoco puedes sentirte superior. Has de cabalgar la ola y moverte dentro y fuera de su encanto.

Puede que saludar con la mano sea la forma primigenia de teatro. Tiene un comienzo, un medio y un final. Sigue un desarrollo secuencial. Pasa por diversas fases y tipos de saludo, algunas veces con un momento de descanso, antes de que el brazo se alce de nuevo y reinicie el saludo. Estos momentos de descanso son cruciales. Pueden ser intervalos en los que se calibren la reacción y el impacto del saludo manual o se recuperen energías. Pero también pueden ser... el final, si es que después ya no hay otra acción de saludo. Hay un momento oportuno para saludar con la mano, y es el punto de consumación el que da al espectáculo su auténtico color. Todo está en los pormenores del desenlace, justo antes del "clímax" del encuentro o cuando la despedida se convierte en separación.

Pongamos que yo te saludo con la mano y que interrumpo la gesticulación precipitadamente… Puede que se me vea como impaciente, descuidada o indiferente. Si en cambio aún saludamos bastante tiempo después de que la persona se haya perdido de vista puede que nos tomen por padres extrapreocupados (que aplican una vigilancia panóptica), por memos románticos (incapaces de separarse) o por místicos (que practican el arte de la telepatía afectiva por encima del horizonte).

En el caso del ritual de recibimiento el saludo con la mano nunca es el último gesto. Cuando la persona se halla suficientemente cerca pasamos a otros gestos de saludo: el abrazo, la palmada en el hombro, el beso. En el caso de la despedida cambiamos, no a otros gestos, sino a otros estados: resignación, alivio, pena o espera. En este segundo caso no nos hace falta incorporar una presencia física a nuestras vidas (como ocurre con el recibimiento), sino una ausencia. ¡Qué interesante resulta que un mismo gesto sirva para lances tan opuestos!

Nota: Myriam Van Imschoot escribió este texto en conexión con una serie de trabajos (foto, vídeo, performance) que ha venido ideando desde 2011 en los cuales se ocupa de los gestos que afloran en la comunicación a larga distancia. Con ocasión de *18 fotografías y 18 historias* en en el festival Playground del centro de arte STUK/Museum M, puso el texto en escena en forma de proyección de diapositivas, a modo de respuesta a las acciones de saludo de *Paso de peatones*, de Isidoro Valcárcel Medina, llevadas a cabo en distintas ciudades en los años setenta. Van Imschoot dividió su texto en diez partes, cada una de las cuales constituía una diapositiva. A las personas del público se les solicitó que leyesen en silencio la diapositiva proyectada y que al terminar de leerla lo comunicasen saludando con la mano. Sólo cuando todos los presentes habían agitado la mano se pasaba a la diapositiva siguiente. La performance concluyó con la proyección del vídeo de Van Imschoot sobre saludos con la mano *Efemeriden* (2012).

Juan Domínguez realizó en castellano su relato performativo sobre *S/T* (conocida como *Paso de peatones*) el 29 de noviembre de 2012 en el Gabinete de Papel del Museu de Arte Contemporânea da Universidade de São Paulo, MAC USP. Como indica en su texto, lo hizo por persona interpuesta mientras él estaba en otro lugar.

S/T (conocida como *Paso de peatones*). Varias ciudades, 1971

Juan Domínguez

El 13 de febrero de 2012 recibí un email invitándome a participar en el proyecto *18 fotografías y 18 historias* organizado por Bulegoa z/b. La participación consistía en que dieciocho personas construyéramos un relato en relación a una de las dieciocho fotos documento-ficticias de acciones de Isidoro Valcárcel Medina. Acepté la propuesta. En 2011 invité a Isidoro a dar una conferencia en In-Presentable, festival interdisciplinar que dirigí hasta su conclusión en 2012, y me parecía una buena oportunidad para conocer y profundizar más en su trabajo.

Contradiciendo esta primera razón, tomé la decisión intuitiva de ser el último en escoger una de las fotos. O mejor, en no escoger. Lo cual quería decir encontrarme con el documento fotográfico de la acción y reaccionar a él sin buscar una relación de identificación o emocional, sin ninguna pretensión política ni de ningún tipo, sin proyección, sin contexto. Si es que eso es posible.

Cuando me llegó esa última foto me encontré con una imagen muy simple que correspondía a la acción *Paso de peatones*, que el artista realizó por primera vez en Buenos Aires en 1971. Consistía en un Isidoro saludando mientras cruzaba un paso de peatones. Un hombre saludando a no se sabe quién, un hombre cruzando un paso de peatones haciendo el gesto de saludar a nadie en concreto. Al menos en la foto no se reconoce a quién saluda. Luego me enteré de que Isidoro veía a los transeúntes en cada lado del paso de peatones como dos batallones, uno frente a otro, a punto de entrar en combate.

Lo que me atrajo de la acción de forma más inmediata fue el pequeño y espontáneo efecto que me imaginé tendría. El efecto espontáneo sobre alguno o alguna de los que estaban cruzando. La facilidad de ejecución de dicha acción, la idea de prueba, de experimento simple. A ver qué pasa si hago esto.

Esta idea me llevó a pensar en la cantidad de pequeñas acciones que se estarían dando a la vez en todo el mundo, con sus pequeños efectos. En cómo todos queremos algo en un momento dado por pequeño que sea, y en que, a la vez que Isidoro estaba haciendo eso, otros hacían el mismo gesto u otros gestos con diferentes intenciones. Millones de intenciones a la vez. Un momento común de intención. Un mundo en intención. No pude, posiblemente por la simpleza de la acción, dejar de pensar en millones de pequeños gestos simultáneos relacionados con el deseo y la intencionalidad.

Otro aspecto interesante es que, estando yo tan obsesionado con lo que produce mi trabajo escénico, vi la oportunidad de relajarme y de tener un cierto desapego en relación a lo que producía esta acción. Como que esta vez no estaba en mi mano lo que alguien se cuestionase, lo que alguien hiciese o dejase de hacer con este acto que empezó hace cuarenta y un años. Y eso, para variar, me gustaba.

El relato que construí constó de un texto titulado *Pausa*, inspirado por el gesto de Isidoro y completado con la acción de entregar ese mismo texto a quienes cruzaban un paso de peatones en Berlín, repitiendo parte de la acción original. De la misma manera que Isidoro saludó en su momento, yo entregué mi texto a los peatones.

Me interesó el hecho de que Isidoro hubiese repetido la acción en diferentes ocasiones y ciudades. Algo que yo también he hecho cuando las condiciones han sido favorables. Aunque después de la primera vez en Berlín no he vuelto a repetir la acción en pasos de peatones. No he sido totalmente riguroso con la idea. Pero sí he repartido o incluido el mismo texto en diferentes ocasiones y situaciones.

La presentación de mi relato junto con otros dos tuvo lugar a las 5 de la tarde en el MAC USP de São Paulo, una de las estaciones del proyecto.

Paso de peatones

Como yo no pude estar allí in situ, hicimos que la acción que yo desarrollaba en Berlín (9 de la noche hora local) coincidiese con la presentación. Allí se repartió entre los asistentes el texto, escrito en portugués y castellano, que era parte del relato que había creado inspirado en la acción. Antes de proceder a leer el texto en alto se explicó a los asistentes lo que estaba sucediendo simultáneamente en Berlín.

Siendo honrado tengo que decir que intenté en Berlín repartir mis octavillas (escritas en alemán y castellano), mis *flyers*, mi texto, mi gesto, y que nadie se dignó a cogérmelo. Nadie quería ni siquiera curiosear y preguntar qué era, qué contenía aquel A4 plastificado. Me indigné tanto que me puse agresivo. Hacía frío y llovía. Igual las condiciones no eran favorables, pero ni una persona, ni un joven, ni una madre con su hijo... No me lo podía creer. Luego pensé que para el tipo de acción que proponía tenía que haber contado con factores sociales y culturales, tenía que haber pensado en que la mayoría de los alemanes cuando te acercas a ellos siempre piensan que quieres algo de ellos. Estuve unos veinticinco minutos intentándolo. Finalmente me fui a casa frustrado. Además, sabía que en São Paulo había asistentes a la presentación de un relato que no estaba sucediendo del todo. Al final, mi realidad en Berlín superó la ficción de São Paulo, aunque en São Paulo nunca lo supieron. Igual podemos decir que mi ausencia en São Paulo fue más generadora que mi presencia en Berlín.

Este fracaso parcial fue otra razón que me empujó a repartir o incluir el relato en otros contextos y situaciones. Cualquier oportunidad en la que la gente estuviera en disposición de coger el texto, de aceptar el gesto. A Isidoro nadie le puede negar el derecho a saludar. Hay aspectos de la realidad que no puedes decidir. Eso es muy interesante porque te pone en la frontera entre lo que puedes y no puedes decidir. No puedes no percibir a Isidoro saludándote. No está en tu mano la causa, pero sí el efecto o el no efecto.

Volviendo a la relación con el proyecto, he de decir que después de haber pasado por todo este recorrido todavía no me he documentado sobre la acción de Isidoro. Que este relato no tiene más referencia que la foto. Me tocó esta foto de esta acción un tanto marciana y me relacioné con ella de forma directa y espontánea sin pretender gran cosa, sin tener mucho tiempo para plantearme nada; estuve casi a punto de cancelar mi colaboración con el proyecto posiblemente por esa relación tan desapegada que me forcé a tener con el él. Condiciones a priori no muy interesantes, personales, circunstanciales, vitales, emocionales, físicas… Creo que estaba algo deprimido por esa época.

Pero ahora estoy contento de la foto que me tocó. No sé si otra me hubiese planteado otro tipo de conflicto y fracaso, pero me gusta repartir ese texto, me gusta pensar en un relato que contiene un texto y en la acción de entregarlo, me gusta no querer saber nada de lo que piensa la gente del relato, me gusta el desapego. Al menos por esta vez.

———————

Pausa

Me lanzo, cruzo, me arriesgo, me enternezco, me despliego, me pliego, me despliego, miro, escucho, me duele, lo pienso, te quiero, te miro, a ti, no a ti, en blanco y negro, lo decido, canto, hago cada día una cosa, me muevo, cada día añado algo nuevo, me meto, ¿estás dentro o fuera?, te hablo, eres diferente, ya no tiene sentido, insiste, pequeños movimientos rápidos de rodilla, no le conozco, se abre la puerta del fondo, parece muy grande desde aquí, me estoy resbalando, voy muy rápido pero no avanzo, he perdido el control otra vez, son todos iguales, ¡ya!, ahora decido yo, me siento hiperestimulado, retrocedo, avanzo, me da igual lo que piensen, no quiero escucharle más, todos, tantos a la vez, todos intentándolo, está muy bien, muy diferente una al lado del otro, antiguo, sí sí sí sí sí sí sí sí sí sí sí sí sí sí, vámonos, es de madera suave, nunca te olvidaré sabor, es tan peligroso, vamos, arriba, y ahora tranquilízate, trabaja un rato, come algo y cámbialo, da palmas, y ahora propón tú, me gustaría conocer un poco más a tu mujer, ¿me vas a hacer un regalo este año?, has dejado mucho sonido detrás, la gente cambia, ¿sabes?, no me da tiempo a mirarlo todo, ya quisiera yo, qué oportunidad, cómo la dejaste escapar, jajajajajajajajajajajajajajajajajajaja, pero qué gracioso eres, siempre has sido tan incómodo, todos corriendo sin avanzar, merece la pena la paradoja, paradoja, paradoja, paradoja, paradoja, sí, tú paradoja, tú que me miras con cara de paradoja, cambio formal, sonido formal, manera formal, lectura formal, amorfo formal, simpleza formal, está todo formal, gracias, menos mal, mal, mal, mal, mal, malo, lo ves, siempre te emocionas, aaaaaaaaarrrrrrrrrggggggggggggggg, ¿te gusta cómo muevo los hombros?, estoy siendo sincero del todo, radicalmente sincero, si cambias va a pasar algo, el día que dejes de desear avísame, no me toques, no es necesario, queda poco tiempo, por eso, queda poco tiempo, por eso, queda poco tiempo, por eso, espera, ay, pero si no quería hacer eso, no quería que sucediera eso, eres tan abierta, mejor se lo dices, por cierto, qué mano tan suave, así de repente, uno caminando con las manos detrás de la cabeza y los codos a los lados, serio, otra con los brazos en cruz escuchando música de su mp3 con una cara de felicidad absoluta, tiene cara de francesa, ¿puedes poner música?, ufff, no puedo con esa canción, siempre se me ponen los pelos de punta, ya no sé dónde estoy cuando me despierto, tocándose entre ellos, ¿a quién sonríes?, qué pequeño, no cabe en sí mismo, aprieta la pelotita con más fuerza, ahora sí te he perdido de vista, espero que estés bien, un beso, joder, tengo el dedo lleno de sangre, cómo te gusta que te miren, todavía se me ponen los pelos de punta del día que me hiciste pasar, ¿qué es lo que quieres?, menudo caradura, no es guapo pero es resultón, esto ya lo he vivido antes, siempre demasiado, qué bien baila el vals, mejor dicho, siempre se te olvida, nunca repite nada, menudo regalazo, menos mal que tú ves esas cosas, ¿se puede estar desnudo aquí?, me gusta cómo fuma, unos instantes mirando hacia la izquierda, ésa es la mejor posición, ¿hasta cuándo se recuerda algo?, perdone, ¿se puede uno exceder aquí?

Juan Domínguez delivered his performative narrative *Untitled* (also known as *Pedestrian Crossing*) on 29 November 2012, at the Archive of Works on Paper,

Museu de Arte Contemporânea da Universidade de São Paulo, MAC USP. As his text indicates, somebody else took his place and read out his text.

S/T (also known as *Paso de peatones*). Different cities, 1971

Juan Domínguez

On 13 February 2012, I received an e-mail inviting me to join the *18 pictures and 18 stories* project, organized by Bulegoa z/b. The project involved eighteen people each creating a story based on one of the eighteen fictitious documentary photos of Isidoro Valcárcel Medina's actions. I accepted the proposal. In 2011, I had invited Isidoro to deliver a lecture at *In-Presentable* (an interdisciplinary festival directed by me until its conclusion in 2012). *18 pictures and 18 stories* seemed like a good opportunity for me to further my knowledge of his work.

Contradicting this first reason, I intuitively decided to be the last person to choose one of the photos. Or, better yet, not to choose. This meant facing the photographic document of the action and reacting to it without seeking any identification or emotional relationship, with no political or other kind of pretension whatsoever, no projection, and no context—if that is at all possible.

When I received the last photo, I found it to be a very simple image that corresponded to the *Pedestrian Crossing* action, carried out by the artist for the first time in Buenos Aires in 1971. The photo showed Isidoro greeting people while he walked over a pedestrian crossing. A man walking at a pedestrian crossing waving at no one in particular. At least, the photo does not indicate whom he is greeting. I quickly realized afterwards that

Isidoro saw the people on each side of the pedestrian crossing as two troops, about to engage in combat.

What immediately caught my attention in the action was the small and spontaneous effect I imagined it might produce in some of the other people who were also on the pedestrian crossing; the easy implementation of such an action; the testing idea; the simplicity of the experiment. What would happen if I did that?

That thought led me to thinking about the number of small actions carried out simultaneously around the world, with their small effects; about how we all want something at any given time, regardless of how small it is, and that while Isidoro was doing his action, others were doing the same or other gestures with different intentions; millions of intentions all at the same time, a common moment of intention. A world of intention. I couldn't help thinking—possibly because of the simplicity of the action—about millions of simultaneous small gestures associated with desire and intention.

Another interesting aspect is that, as I was so obsessed with what would be produced by my scenic work, I saw the opportunity to relax and to have a certain detachment regarding what this action was producing. As if, this time, it was not up to me if anyone questioned what anyone did or did not do regarding an action that had begun forty-one years ago. And I liked that, for a change.

The story I created consisted of a text, titled *Pause*, inspired by Isidoro's gesture, along with the action of delivering this text to people walking on a pedestrian crossing in Berlin, replicating part of the original action. Just as Isidoro did, I handed my text to the pedestrians.

I was interested in the fact that Isidoro repeated the action on different occasions and in different cities, something I have also done, conditions permitting. However, after the first time in Berlin, I never repeated the pedestrian crossing action. I have not been totally rigorous with the idea. I have distributed or included the text however, on different occasions.

The presentation of my story, along with two others, took place at 5:00 p.m., at the Museum of Contemporary Art of the University of São Paulo in São Paulo, one of the project's stations. As I could not be there personally, we arranged it so that the action I was developing in Berlin (9:00 p.m. local time) would coincide with the presentation. In São Paulo, the attendees received a text (written in Portuguese and Spanish) that was part of the story I had created, inspired by the action. Before reading the text out loud, the attendees were told about what was happening simultaneously in Berlin.

To be honest, I have to say that in Berlin I tried to hand out my flyer (written in German and Spanish), my text, my gesture, and no one deigned to receive it. Nobody wanted to even look around and ask what it was, what was written on that laminated sheet of A4 paper. I was so outraged that I became aggressive. It was cold and rainy. The conditions were not favourable, but not one person, old or young…I could not believe it. Then I thought that for the type of action I was proposing, I should have taken social and cultural factors into consideration. I should have thought that most Germans, when approached, tend to think you want something from them. I spent twenty-five minutes trying to hand them out. Finally, I went home, frustrated. I knew that in São Paulo there were people attending the presentation of a report about something that was not happening at all. My reality in Berlin overcame the fiction presented in São Paulo, although in São Paulo no one ever knew that. We could say that my absence in São Paulo was more productive than my presence in Berlin.

This partial failure was one of the reasons that led me to hand out or include the story in other contexts and situations—any opportunity in which people were willing to pick the text up, to accept the gesture. No one can deny Isidoro the right to greet someone. Some real-life aspects are not up to you. That's interesting because it places you on the edge of what you can and cannot decide. You cannot help noticing Isidoro greeting you. The cause is not in your hands, but the effect, or lack thereof, is.

Back to the project, and I have to say that, having gone through all this process, I have not yet documented Isidoro's action. This story has no greater reference than the photo. There was something a little strange about the picture showing this action, and I interacted with it directly and spontaneously, without expecting much, but also without much time to ask myself anything, almost to the point of cancelling my collaboration with the project, possibly due to this detached relationship that I forced myself to have with it. The conditions were initially not very interesting, personal, circumstantial, vital, emotional, physical…I think I was a little depressed at the time.

But now I am pleased with the photo I ended up with. I do not know whether another photo would have caused another type of conflict and failure, but I like sharing this text, I like to think of a report that contains a text, and I like the action of delivering it. I like not wanting to know what people think of the story, and I like the detachment. At least, this time I do.

Pause
I rush, I cross, I risk, I soften up, I unwind, I close off, I unwind, I look, I hear, it hurts, I think, I love you, I look at you, not at you, I see you, in black and white, I decide it, I sing, I do something every day, I move, every day I add something new, I enter, are you inside or outside? I talk to you, you are different, it no longer makes sense, I insist, small rapid knee movements, I do not know him, the back door opens, it looks too big from here, I'm sliding, I go very fast but I do not advance, I've lost control again, they are all the same. Now! Now it's my turn to decide, I feel very stimulated, I turn back, I advance, it does not matter what they think, I don't want to hear you anymore, everyone, so many at the same time, everyone trying, it is very good, very different, one beside the other, old, yes yes yes yes yes yes yes yes yes yes yes yes yes, let's go, it's made of soft wood, I will never forget the taste, it is so dangerous, let's go, ahead, and now calm down, work for a while, eat something and change it, clap, now it's your turn to suggest, I'd like to know your wife a little better, are you going to give me a gift this year? You left too much noise back then, people change, you know? I do not have time to see everything, I have wished to do it, what opportunity, how did you let it escape? Hehehehehehehehehehehehehehehehhehhe, but how funny you are, you've always been so annoying, everyone running without moving forward, the paradox, paradox, paradox, paradox is worthwhile, yes, you, paradox, you watching me with this paradox face, formal change, formal sound, formal manner, formal reading, formal amorphousness, formal simplicity, it is all formal, thank you, not so bad, bad, bad, bad, bad, too bad, you see, you always get emotional, aaaaaaaaarrrrrrrrrgggggggg

gggggghhhhhhhhhhhhhhh, do you like the way I move my shoulders? I am being completely honest, extremely honest, if you change something is going to happen, when you stop wanting let me know, don't touch me, it is not necessary, there is little time, so, there is little time, so, there is little time, so, wait, oh, but if I didn't want to do that, I did not want for that to happen, you are so open, you'd better say so, incidentally, what soft hands, suddenly, a guy walking with his hands behind his head and elbows to the sides, seriously, a girl with her arms crossed listening to music from her mp3 player displaying sheer happiness, she looks French, may you play a song? Phew I cannot handle this song, it always gives me goose bumps, I no longer know where I am when I wake up, touching each other, who are you smiling at? How small, it cannot fit inside itself, hold the ball tighter, now I have lost sight of you, I hope you are well, here is a kiss, fuck, my finger is covered with blood, how you enjoy people looking at you, I get the goose bumps since the day you made me come in, what do you want? You little jerk, you are not handsome but you are attractive, I have experienced that before, always too much, how well you dance the waltz, I mean, you always forget, you never repeat anything, a great gift, it is a good thing that you see these things, can we get naked here? I like the way you smoke, sometimes looking to the left, that is the best position, how long can we remember something? Excuse me, can someone go over the limits here?

BUENOS AIRES, 1976

"ETIQUETAS ADHESIVAS"

Centro de Arte y Comunicación (CAYC)

El Grupo de Estudos em Arte Conceitual e Conceitualismos (GEACC), MAC USP leyó su texto sobre *Etiquetas adhesivas* el 29 de noviembre de 2012 en el Gabinete de Papel del Museu de Arte Contemporânea da Universidade de São Paulo, MAC USP. Compuesto por Adriana Palma, Heloísa Louzada, Douglas Romão, Emanuelle Schneider Atania, Carolina Castanheda Moura y Eduardo Akio Shoji y Jonas Pimentel, el GEACC está integrado por los alumnos de grado y postgrado orientados por Cristina Freire, profesora y comisaria del museo. Los miembros del GEACC participaron en el trabajo de investigación de *A cidade e o estrangeiro – Isidoro Valcárcel Medina*, muestra que recogió los registros documentales de la exposición del mismo título que Valcárcel Medina realizó en el MAC USP en 1976. Comisariada por Freire, la exposición estuvo acompañada entre noviembre de 2012 y julio de 2013 por *Performance in Resistance*.

Etiquetas adhesivas. Buenos Aires, 1976

GEACC

Palabra/Acción/Comunicación

El proceso de escritura del relato de ficción de una obra de Isidoro Valcárcel Medina fue recibido como un desafío por el Grupo de Estudios de Arte Conceptual y Conceptualismos en el Museo, desafío que se potenció tras un intenso período de investigación y elaboración de textos críticos sobre la producción del artista en el MAC USP. Nuestro proceso de escritura va vinculado siempre a informaciones más concretas sobre su trabajo, pero la verdad es que la obra de Valcárcel Medina permite una investigación que irónicamente se desprende a través del rigor científico, presente también en su proceso artístico, que se apropia de distintos discursos y lenguajes generadores de un poderoso caudal de palabras —las narrativas— que intensifican su carácter imaginativo. Reunir muchas imaginaciones, repertorios e intenciones diferentes en la escritura de un solo texto constituye un reto importante.

Esta investigación con la palabra se encuentra en *Etiquetas adhesivas*, una acción realizada en 1976 por Valcárcel Medina durante su viaje a Sudamérica. En el CAYC (Centro de Arte y Comunicación) de Buenos Aires el artista invitó al espectador a una experiencia de participación activa poniendo a su disposición diversas etiquetas en blanco sobre las que debía escribir un par de palabras elegidas entre las que podían leerse en una pizarra. Individualmente el público seleccionaba y escribía en las etiquetas las dos palabras —TENER VALOR, ARTE PERSONAL, ARTE COMO, PERO QUE, UNA ACCIÓN, TENER UNA, VALOR PERSONAL, ARTE EJEMPLAR, EL ARTE, EJEMPLO EJEMPLAR, COMO QUE, ACCIÓN PERSONAL, ES ARTE, ACCIÓN COMO, PUEDE PERO, ARTE NUNCA— estimulando así el potencial de significación y resignificación de dichas palabras, que cobran sentidos distintos según los contextos de enunciación.

El CAYC era ya conocido entonces por su trayectoria como centro de arte experimental donde se realizaban performances y acciones que desafiaban el estatuto tradicional de la obra de arte. El problema estuvo en la parte siguiente, que requería que los participantes salieran a la calle y se pasearan con las etiquetas colocadas sobre la ropa, parte que nunca llegó a realizarse. La dictadura argentina era conocida por ser una de las más sangrientas de Latinoamérica, junto a la de Pinochet en el vecino Chile. La palabra, por tanto, hubo de anular su naturaleza sonora y visual a causa de la censura. Cualquier manifestación en la calle o cualquier sospecha de "subversión" —no sólo política, sino también moral— hubiera podido ser motivo de cárcel, tortura y, en último extremo, de desaparición. Artistas y poetas fueron los responsables de mantener las palabras, no en el cajón, sino en sus obras/acciones: en ellas las palabras podían gritar y mostrarse EN RESISTENCIA.

Al rehacer sutilmente aquellas *Etiquetas adhesivas* ahora, en las primeras décadas de los años 2000, el artista propone una reflexión distinta de la realizada en los años setenta. Desde luego, ya no es la misma acción de los años de plomo. Es curioso cómo la vida da estos rodeos, y siempre pensamos en desacuerdos, en escrituras sesgadas, en esos acontecimientos que sin saber por qué se cruzan en nuestro camino y sin embargo tienen todo el sentido del mundo.

En la fotografía, el artista viste un traje claro sobre el cual se pegan las etiquetas. Las palabras son las mismas: EJEMPLAR, ACCIÓN, NUNCA, EJEMPLO, PERO, ES, QUE, PUEDE, VALOR, ARTE, TENER, COMO, UNA, PERSONAL. Con todo, las palabras están sueltas y libres, sin orden ni coherencia aparentes. La propuesta también es distinta: no hay un público que participe, ni se pide que se formen frases.

Etiquetas adhesivas

En tiempos de democracia liberal, Valcárcel Medina no ha querido hacer posible lo que el régimen dictatorial impidió en 1976. Según él, "éramos mejores contra Franco", refiriéndose al arte durante la dictadura franquista. El significado ya no sería el mismo hoy en día, y tampoco tendría sentido rehacer la acción tal como se planeó inicialmente. En 2011 es como si el artista se fuera directamente a la última parte de la acción prevista pero nunca realizada: tras volver las personas de su "paseo" por las calles de Buenos Aires con las etiquetas, Valcárcel Medina se proponía caminar por las calles con todas las frases formadas pegadas a su ropa.

En la imagen él no aparece en la calle, sino sobre un fondo neutro, de color oscuro, aunque da la sensación de estar al aire libre, con el sol dándole en la cara. Está parado, un tanto apático, con todas las etiquetas pegadas a la ropa, pero sin que formen frases. La imagen nos da la posibilidad de organizar las etiquetas por nuestra cuenta para formar nuestras propias frases.

¡Ah, todo es tan problemático para la razón! Pero esta vida singular siempre señala su brevedad y llama a un estado de arte. Si la vida no es poética, ¿para qué sirve la razón? Nacemos en esa cosa rara, en medio de la Historia (o de las HISTORIAS), y algunas personas se acostumbran, y naturalizan y cubren de yeso todas las cosas y a toda la gente prefiriendo contemplar un montón de esculturas como si de esa manera encontrasen la finalidad de la realidad. No puede dejarse de lado la poesía, no es posible evitar extrañarse; por eso la razón tiene un papel, pero sólo para desempaquetar las estatuas, para que la gente garabatee encima, hacer del yeso polvo, para extrañarse y arrancar de las entrañas del mundo la poesía-vida; mo-vi-mien-to de humanidad. De qué modo tan raro la vida sopla nuestra mirada hacia el otro.

La sonoridad de la vida muestra algunas de las razones, o tan sólo unas pocas palabras, para partir, escapar, trazar un hilo de significado: dejando algunas marcas, algunos garabatos, algunas palabras, algunos objetos, algunas fotografías, algunas canciones, algunas experiencias, algunos recuerdos, algunas utopías.

En esta obra específicamente el artista se sirve de una deliberada pasividad para sacar al espectador de su esfera de comodidad y lanzarlo a la acción concreta de "construcción de la obra" en sí, ya que ésta sólo puede tener lugar cuando el relato es creado por el observador.

Es como si el artista no estuviera allí; él (su cuerpo) no es más que un soporte para los signos (palabras). Inerte e inaccesible, el soporte "humano" no se sitúa entre los signos y el observador. Lo que sucede entonces es que, necesariamente, se dará una inversión de los papeles convencionales de artista y espectador, pues este último se convierte en el agente activador de la obra, en su efectivo polo activo; es él o ella quien al final decidirá/construirá lo que finalmente exprese la obra. Al proponer esta experiencia, Valcárcel Medina, de hecho, nos alerta. Todos nosotros, nuestros cuerpos y mentes, somos receptáculos de palabras y signos (que en la obra, no sin fundamento, se colocan aleatoriamente en el cuerpo del artista) que caminan con nosotros allá donde vamos, siempre listos para ser utilizados en nuestras narrativas reflexivas.

Es siempre interesante observar cómo un relato hecho por tantos —por quienes forman parte de este Grupo de Estudios— sigue caminos tan inesperados y tan complementarios… A partir de una contextualización seguida de una descripción… Y, de pronto, aparece una intensa creación reflexiva para después empezar una nueva descripción, esta vez más poetizada… En cualquier caso todas estas tentativas de categorización de la percepción pueden volverse vacías cuando se piensan a partir de las incontables sensaciones y reflexiones que un objeto, como esa fotografía, puede sugerir o generar.

En la imagen, el hombre con los ojos cubiertos por gafas nos ve, pero no nos deja ver lo que antaño se llamaban las ventanas del alma. Aparentemente el artista oculta las ventanas pero se muestra con las palabras que surgen a medida que examinamos el resto de su cuerpo. Son palabras que brotan sutilmente de la imagen, como si fueran meros detalles. Sin embargo, evocan muchos universos de significados y sensaciones que, combinados con la figura con chaqueta que sale de la oscuridad, se vuelven infinitos.

The GEACC (Group for Research on Conceptual Art and Conceptualisms) read their text on *Etiquetas adhesivas* (*Stickers*) on 29 November 2012, at the Archive of Works on Paper, Museu de Arte Contemporânea da Universidade de São Paulo. Members of the group are Adriana Palma, Heloísa Louzada, Douglas Romão, Emanuelle Schneider Atania, Carolina Castanheda Moura, Eduardo Akio Shoji and Jonas Pimentel, all graduate and postgraduate students directed by Cristina Freire, professor and curator at MAC USP. GEACC took part in the research project *A Cidade e o Estrangeiro—Isidoro Valcárcel Medina*, which brings together documentary registers of the exhibition of the same name by Valcárcel Medina at the museum in 1976. This exhibition, curated by Freire, included *Performance in Resistance* and ran from November 2012 to July 2013.

Etiquetas adhesivas. Buenos Aires, 1976

GEACC

Word/Action/Communication

To write a fictional narrative on a work by Isidoro Valcárcel Medina was viewed as a challenge by the Group for Research on Conceptual Art and Conceptualisms. The challenge only escalated after an intense period of research and the production of critical texts on the artist's output, at the Museum of Contemporary Art of the University of São Paulo (MAC USP). Our writing process tends to be tied to more concrete information around the artist's oeuvre. The work of Valcárcel Medina allows for an investigation that is ironically liberated through scientific rigour, something that is also present in his artistic process, and encompasses several different forms of language and speech. Allowing such streams to flow into a mighty river of words—the narratives—intensifies this imaginative aspect. Combining these different writing imaginaries, repertoires, intentions, into a single text is a challenge.

Investigation is what lies behind *Etiquetas adhesivas*, an initiative carried out by Valcárcel Medina during his trip to South America in 1976. At the CAYC (Buenos Aires Centre for the Arts and Communication), the artist invited audiences to a hands-on experience by providing blank labels on which they could each write two words, to be chosen from a selection available on a blackboard: TENER VALOR (HAVING VALUE), ARTE PERSONAL (personal art), ARTE COMO (art as), PERO QUE (but that), UNA ACCIÓN (an action), TENER UNA (having a), VALOR PERSONAL (personal value), ARTE EJEMPLAR (exemplary art), EL ARTE (the art), EJEMPLO EJEMPLAR (exemplary example), COMO QUE (as that), ACCIÓN PERSONAL (personal action), ES ARTE (is art), ACCIÓN COMO (action as), PUEDE PERO (can but), ARTE NUNCA (art never). This activity suggested the potential of attributing signification and resignification to words, which gain new meanings in different contexts.

The CAYC was already known, at this point, for its role as a site for experimental art, and held performances and initiatives that challenged the traditional status quo of artworks. The problem arose in the next part of the performance, which never came to be. The plan was that the participants should go out into the streets wearing their stickers on their lapels. The Argentinean dictatorship, however, was one of the most ruthless in Latin America (along with Pinochet's, in neighboring Chile). The aural and visual nature of words was nullified by state censorship. Any street manifestation or even suspicion of 'subversion', political or moral, was reason enough for imprisonment, torture, and, in the worst-case scenario, enforced disappearance. Artists and poets were responsible for keeping words, not in drawers, but in their works and actions: in them, words could shout and scream IN RESISTANCE!

In the subtle remake of *Etiquetas adhesivas* in the first decades of the 2000s, the artist proposes a different reflection to that of the 1970s. In fact, it is not really the same action as the one conducted during the 'years of lead.' It is funny how life leads us down different paths; we constantly think about mishaps, writing, and events that we have no idea why we come across, and yet they make all the sense in the world.

In the image, the artist is wearing a pale suit with labels attached. The words are the same as before: EJEMPLAR (exemplary), ACCIÓN (action), NUNCA (never), EJEMPLO (example), PERO (but), ES (is), QUE (that), PUEDE (can), VALOR (value), ARTE (art), TENER (having), COMO (as), UNA (a), PERSONAL (personal). However, the words are scattered around with no apparent order or pattern. The proposal is also a different one: the hands-on audience is not seen; they are not asked to form phrases.

In a time of liberal democracy, Valcárcel Medina did not wish to implement what the 1976 dictatorship prevented. According to the artist, "we were better off against Franco," referring to art during Franco's dictatorship. The meaning of the action would no longer be the same today; neither would it be effective to revisit such an action, as was originally planned. In 2011, it's as if the artist skipped straight to the last part, the part which never came to be. The plan was that after people returned from their 'stroll' around the streets of Buenos Aires with their labels on, Valcárcel Medina would then take another walk with all the formed phrases attached to his clothes.

In the picture, he does not appear on the street, but on a neutral and dark-coloured background, giving the impression that he is outdoors, with the sun on his face. He is standing, with a somewhat stoic look, and with the labels scattered on his clothes, forming no phrases. The image allows us to organize the labels on our own, forming our own phrases.

Oh, the problems reason poses! This singular life, always pointing towards its briefness, claiming for a state of art! Oh, if life is not poetic, what is the purpose of reason? We are born into this strange thing, in the middle of History (or STORIES), and there are those who get used to it, naturalize it, covering everything and everyone in plaster, choosing to gaze at a myriad of sculptures in an attempt to find the purpose of reality. You cannot leave poetry aside, you cannot help but wonder; thus, reason has its role, but it only serves to unwrap the statues so that we can scribble on them; to reduce the plaster to dust, so that we can marvel at it and rip the poetry-life from the entrails of the world; humanity move-ment. It's funny how life turns our gaze towards the other.

The sound of life shows some reasons or merely a few words, to leave, evade, sketch a thread of meaning: leaving marks, scribbles, words, objects, photos, songs, experiences, memories, utopias.

In this work particularly, the artist employs an intentional passiveness in order to take audiences out of their comfort zone and cast them into the concrete action of 'work construction', since the work only comes into being through the creation of a narrative by the viewer.

It is as if the artist were not there; he (his body) is nothing more than a medium for the signs (words). Inert and inaccessible, the human medium does not create interference between the signs and the viewers. What happens then is that there will be, necessarily, a reversal of the artist's and the spectator's roles. Since the spectator becomes the artwork-activating agent, the work's effective active element, he or she will eventually decide/build the final expression of such work. By proposing this experience, Valcárcel Medina is in fact warning us. All of us, our bodies and minds, are vessels of words and signs (which, in the work, are intentionally randomly placed across the artist's body), which follow us wherever we are, always ready to be used in our reflective narratives.

It is always interesting to observe how a narrative created by so many hands (the hands within this Study Group) travels through such unexpected and complementary paths…beginning with contextualization and followed by description…and, suddenly, an intense reflective creation appears, creating a new description, this time a more poetic one. Alas, all these attempts to categorize perception may become void when based on the countless sensations and reflections that an object, such as this picture, may suggest or generate.

In the image, the man whose eyes are covered by glasses sees us, but he does not let us see what were once called 'the windows to the soul.' The artist seems to hide his windows, but shows himself through the words that emerge as we observe the rest of his body. Words that subtly appear through the image, as if they were mere details. However, they suggest different realms of meaning and feeling, which, combined with the figure in the suit emerging from the darkness, become endless.

Carla Zaccagnini leyó su texto escrito en portugués y castellano sobre *El diccionario de la gente* en la séptima parada de *18 fotografías y 18 historias* el 29 de noviembre de 2012 en el Gabinete de Papel del Museu de Arte Contemporânea da Universidade de São Paulo, MAC USP, después del texto de GEACC y del de Juan Domínguez. Zaccagnini fue la persona que puso en contacto a Bulegoa z/b con Cristina Freire, subdirectora y comisaria del MAC USP de São Paulo, museo en el que Valcárcel Medina realizó en 1976 la exposición *A cidade e o estrangeiro* (*La ciudad y el extranjero*) de la que formó parte *El diccionario de la gente*.

Diccionario de la gente. São Paulo, 1976

Carla Zaccagnini

Desde el principio, la construcción deste relato pressupõe uma série de problemas. O primeiro é este: el del lenguaje. Porque el punto de partida está en un idioma e o ponto de chegada em outro. La invitación me llegó en esta lengua, toda mi comunicación con Bulegoa z/b y mi mediada relación con el trabajo de Isidoro Valcárcel Medina está en español, mientras que o MAC, São Paulo, este lugar da recepção do relato e também o lugar de realização da obra que venho relatar, está em português. Esto constituye un problema de salida: ¿en qué idioma se teje e se oferece o relato? Especialmente este relato, que quer falar de un diccionario de la gente que se establece entre estos dos idiomas. Se ha decidido, por lo tanto, que esta será uma fala entre línguas, assim mesmo, parte en un idioma e parte em outro. Não sei se é a decisão mais sábia o más prudente, ya que de esta forma tal vez nadie entienda, o nadie entienda todo, mas todos os presentes poderão entender uma parte, u otra.

O segundo problema no está ni antes nem depois, está en el relato mismo, como forma, como gênero. Porque ao contrario da narração, o relato prevê, o pretende, algo de documento, algo en primera mano, uma fala de testemunha. ¿Y cómo relatar algo que no presencié, que só conheço pouco e à distância? ¿Cómo construir un relato de algo a partir de una foto que ni siquiera lo registra de manera planar y parcial (como pueden hacer las fotos) e de documentos que, sea por la mano que los crea, seja pelo lugar onde circulam e se guardam já não podem ser senão ficcionais? También para este dilema inventé una solución poco prudente, ou pouco sábia.

Decidí relatar no aquello que no vi, mas a distância e as aproximações que con aquello puede tener uma repetição atual e parcial da experiência. Verdaderamente parcial, coletei apenas 70 respostas, contra las 174 listadas en el informe de Isidoro, embora em alguns cartões haja mais do que uma palavra (AMIZADE/ALEGRIA em um e a menos evidente combinação de CARRO/PAZ/MOTO/AMIGOS em outro). Reproducir las tarjetas fue fácil, o mais difícil foi abordar a la gente, que no me gusta (el abordaje, no la gente), me ayudó Runo Lagomarsino, a quien no le importa (el abordaje, no la gente). Talvez o ajude não estar mentindo, ser ele de fato um artista estrangeiro (como dizem os cartões), más extranjero que yo, aunque ya no se pueda decir que esté acá de visita.

Alguém num carro saindo de uma garagem le robó a Runo uno de los papelitos (por isso minha pilha tem somente 69 cartões). Una pareja de viejos antipáticos tomando picolés cremosos na padaria mais cara do bairro se negou a participar. Um homem que esperava o ônibus sentado no beiral de uma árvore me disse que não sabia escrever, uma senhora com sacola de compras disse que não tinha estudo, minha filha, e outra que não sabia disso nada. Me pregunto cuántos le habrán dicho que no a Isidoro, especialmente cuántos le dijeron que no por razones semejantes. Claro que igual serían datos insuficientes para un análisis de la reducción del analfabetismo en São Paulo en las últimas tres décadas y media.

O interessante, em todo caso, é o resultado, mejor dicho, la comparación de resultados. Por um lado delineia-se como na penumbra aquel momento histórico, y a partir de ahí, como por un reflejo, algo deste. Não tanto, como eu imaginava, pelo surgimento de palavras que no hubieran sido dichas antes, mas principalmente, ao contrario, por um desaparecimento. Y asombra también la repetición de los términos.

A
AGRADECIMENTO
ALEGRIA
ALEGRIA
AMIGOS
AMIZADE
AMOR
AMOR
AMOR
AMOR
AMOR
APRENDIZAGEM
AVENTUREIRO

B
BATATA DOCE
BOA SORTE
BOA SORTE

C
CACHORRO
CAFÉ COM LEITE
CARINHO
CARRO
CARRO
CASAMENTO
CATIVANTE
COMPANHEIRISMO
CURSO DE IDIOMAS

D
DANILO
DESODORANTE
DISTÂNCIA

E
EMBORA
ESPERANÇA
EXTRAORDINÁRIO

F
FELICIDADE
FELICIDADE
FELICIDADE
FELIZ NATAL

G
GAROTA
GAVIÃO
GRATO
GUERREIRO

I
INSUBSTITUÍVEL

J
JUSTIÇA
JUVENTUDE

L
LIBERDADE

M
MENINO
MOTO

O
OBRIGADA
OBRIGADO
ORNITORRINCO

P
PALMEIRAS
PAZ
PAZ
PAZ
PAZ!
PERFEITO
PERFUMARIA
PROSPERIDADE

R
REFRIGERANTE

S
SAUDADE
SAUDADE
SAUDADE
SAUDADE
SAUDADE.
SAUDADES
SAUDADES
SORTE
SORTE
SUCESSO

T
TAPERAPUÃ
TELEFONE

V
VIDA

Tem o dobro de ALEGRIA agora que en el 1976 e tem também AMIGOS, além de AMIZADE. Hoy nada de ACATAREMOS ni de ACUERDO, ni de ANTICONSTITUCIONALÍSIMAMENTE; nada de AGRESIÓN ni de ANGUSTIA. Aparecem, em compensação APRENDIZAGEM e AVENTUREIRO.

AMOR perdeu uma ocorrência, cinco atuais contra seis en la acción original. Claro que não podemos esquecer a diferença na amostragem (70 para 174). Pero recuerdo que un AMOR fue la primera palabra que recibimos, la consiguió Runo, en una mesa bajo un árbol, con botellas de cerveza en el mismo restaurant donde almorzábamos. Ela escreveu AMOR grande, grifado, rapidíssima e decidida. Eu olhava desde outra mesa e ouvi quando, talvez constrangida pela demora do outro à sua frente, se ofereceu para escrever uma nova palavra dizendo que essa era "muito fácil". Ele escreveu EMBORA. Y tal vez sea justo ése el AMOR que nos quedó faltando.

Tres BIENVENIDAS y un BUENOS DÍAS foram substituídos pela BOA SORTE, duas vezes, el BOSQUE y la BUNDA pela BATATA DOCE. La CACHAÇA pelo CAFÉ COM LEITE. No hay más CRIANÇA, mas aparecem depois GAROTA e MENINO, os gêneros separados escritos por um pai e um filho. En vez de CORAZÓN, de COMPRENDER Y COMPRENSIÓN, aparece CASAMENTO, CATIVANTE, CARINHO e COMPANHEIRISMO e duas vezes CARRO en vez de CAMINHO. Y donde había CREAR y dos veces CREATIVIDAD, agora CURSO DE IDIOMAS.

Antes DEBAJO, DEMAGOGIA, DESTRUCCIÓN, DIMENSIÓN, DISPUTA, DURAR y DUDAS; agora DISTÂNCIA, DESODORANTE e a assinatura de um DANILO sem sobrenome. Ni DURAR, aliás, ni ETERNIDAD, que en el 76 aparecía dos veces. A ESPERANÇA continua, igualmente cotada. Y en vez de ESPLÉNDIDO (que faz ressoar o hino) agora é EXTRAORDINÁRIO. Además, había y no hay EGOÍSMO, EMOCIÓN, ENMUGRECER, ENCUENTRO, *ENQUANTO* y ENSEÑAR.

Antes había *FAZER*, FIN y FRATERNIDAD, agora FELIZ NATAL, e a FELICIDADE, assim, generalizada, que antes era una sola e agora três. GENIAL fue cambiado por GRATO e GUERREIRO, além de GAVIÃO.

Houve, aliás, um acréscimo considerável de animais, que antes sólo estaban representados por el PEZ. Com ressalvas. CACHORRO foi escrito num pet shop e talvez devesse por isso ser agrupado com PERFUMARIA e DESODORANTE, também inspiradas pelo contexto direto. E esse GAVIÃO é indubitavelmente o da fiel, pelo que deveria estar agrupado com as PALMEIRAS, que também não se referem à vegetação tropical. Mas ORNITORRINCO, por si só, deveria valer muitos pontos.

IMPORTANTE y dos veces el INFINITO deram lugar a um INSUBISTITUÍVEL, corregido perdendo um dos Is, mais acima e em letra de mão, talvez por outra pessoa. De JUGADA y JOYA a JUSTIÇA e JUVENTUDE. Antes había dos veces LIBERTAD y una LIMITACIÓN, agora uma LIBERDADE só, o que talvez seja uma sorte de equilíbrio.

Com M MENINO e MOTO, antes MACUNAÍMA, MANIOBRA, MOMENTO, MUERTE, MOSTRAR, MUDO y MUNDO. Com N nada, antes NADA, NEUROSIS, NOMBRE, NUESTRA y NUESTRO. Com O OBRIGADA E OBRIGADO, antes sólo el masculino, además de ODIO y OPRESIÓN. Agora tem PAZ quatro vezes, a última com exclamação; antes sólo dos. Agora PERFEITO, antes PERFECTAMENTE. Antes PAÍS, PALABRA, PARANOIA, PIEDRA, PERSONALIDAD, PINTURA, PLENO, POLUCIÓN, PÚBLICO; agora PERFUMARIA e PROSPERIDADE.

Donde había QUÉ, QUIÉN y QUERIDO, agora nada. Donde RAÍZ y RELAJAMIENTO: REFRIGERANTE. Antes SENTIR, SAMBA, SENSUALIDAD, SOBREVIVIR y SUMA; agora SUCESSO e duas vezes SORTE. *SAUDADE* había tres, agora há cinco, a última com ponto final. E mais duas SAUDADES no plural, uma grifada. Mais saudades con el pasar del tiempo, parece.

Antes dos veces TIEMPO y TRISTEZA y tres veces TRABAJO, además de TRAGICÓMICO, TRASCENDENTAL, TROPICAL y TODO. Agora TELEFONE e TAPERAPUÃ, uma praia em Porto Seguro.

Antes UNIVERSO, agora nada. Antes VÉRTEBRA, VISIÓN, VOS y VIDA, VIDA, VIDA, VIDA, VIDA, VIDA, VIDA. Agora só VIDA e uma VIDA só.

Nota editorial:
Este texto está escrito en una mezcla de portugués y castellano. Las partes que se refieren al pasado y a la acción original de Isidoro Valcárcel Medina están escritas en castellano, las que se refieren al presente y a la reconstrucción de la acción por parte de Zaccagnini, en portugués. La autora ha señalado visualmente la diglosia del texto utilizando un color diferente para cada idioma.

Carla Zaccagnini read out a text written in Portuguese and Spanish on *El diccionario de la gente* (*The Dictionary of the People*) on 29 November 2012, at the seventh stage of *18 pictures and 18 stories*, at the Archive of Works on Paper, Museu de Arte Contemporânea da Universidade de São Paulo, MAC USP, after GEACC and the text of Juan Domínguez. Zaccagnini put Bulegoa z/b in touch with Cristina Freire, Assistant Director and Curator at the MAC USP, São Paulo, where Valcárcel Medina exhibited in 1976 *A cidade e o estrangeiro* (*The City and the Foreigner*), which included *El diccionario de la gente*.

Diccionario de la gente. São Paulo, 1976

Carla Zaccagnini

From the very beginning, the construction **of this report entails a number of issues. The first of these** is language. This is because the starting point is one language **and arrival is another.** The invitation reached me in Spanish, all my communication with Bulegoa z/b and my mediated relation with the work of Isidoro Valcárcel Medina is in Spanish, **but the MAC São Paulo, the place where the report was received and also the place where the work of art that I'm about to describe is, functions in Portuguese.** This creates a problem to start with: in which language **is this report to be made and offered? Especially in the case of this report, which aims to discuss** a dictionary of the people that is established between the two languages. It was therefore decided **that this will be a speech in-between languages, exactly like that,** part of it will be in one language, **and part of it in another. I don't know if this is the wisest** or the most prudent decision, as the end result may be that nobody will understand it, or nobody will understand all of it, **but those who participated will be able to understand some of it.**

The second problem lies neither before **nor after:** it is the report itself as a form, **as a genre. Different from a narrative, a report provides for,** or intends to be, **some kind of document,** something first-hand, **a testimonial** speech. And how can I report about something that I have not experienced? That I only know a little about, and from a distance? How can I build a report about something from a photo that does not even record it in a plain manner (as pictures can) and from documents that—be it due to the hands that created them or due to the site where they circulate and where they are kept—cannot be but fiction? For this dilemma, also, I invented a solution that is scarcely prudent, or wise.

I decided to report not what I saw, but the distances and approximations that may occur from a current and partial repetition of the experience. Genuinely partial, I collected only 70 answers from the 174 listed in Isidoro's report, even though some of the cards have more than one word on them: AMIZADE/ALEGRIA (Friendship/Joy), or a less evident combination of CARRO/PAZ/MOTO/AMIGOS (Car/Peace/Motorbike/Friends). To reproduce the cards was the easy part. The more difficult task was to approach people, something I don't like (approaching, I mean, not people). I was helped by Runo Lagomarsino, who doesn't mind (approaching, that is, not people). Maybe he was helped by the fact that he is not lying: he is actually a foreign artist (as the cards say), more of a foreigner than myself, even though one cannot say that he is only visiting here.

Someone in a car leaving a garage took one of Runo's cards (that's why my stack has only 69 cards). An elderly couple having a popsicle in the most expensive bakery in the neighborhood refused to participate. A man who was waiting for a bus, sitting on the side of a tree said he did not know how to write. A lady with a shopping bag said that she had not studied, 'my child', and another one said she knew nothing about this. I wonder how many said no to Isidoro, especially for similar reasons. Of course this data would still be insufficient for a survey on the decline in illiteracy in São Paulo in the last three and a half decades.

The interesting part, anyway, is the result, or rather, the comparison of results. On the one hand, in the semi-darkness, we outline that historic moment; and from that vantage point, as if by reflex, we see something from this one. Not due, as I had imagined, to the emergence of words which were not said before, but rather the opposite, due to the disappearance of words. Another surprise lies in the repetition of terms.

Carla Zaccagnini

A
AGRADECIMENTO
THANKFULNESS
ALEGRIA
JOY
ALEGRIA
JOY
AMIGOS
FRIENDS
AMIZADE
FRIENDSHIP
AMOR
LOVE
AMOR
LOVE
AMOR
LOVE
<u>**AMOR**</u>
<u>LOVE</u>
AMOR
LOVE
APRENDIZAGEM
LEARNING
AVENTUREIRO
ADVENTURER

B
BATATA DOCE
SWEET POTATO
BOA SORTE
GOOD LUCK
BOA SORTE
GOOD LUCK

C
CACHORRO
DOG
CAFÉ COM LEITE
COFFEE WITH MILK
CARRINHO
PRAM
CARRO
CAR
CARRO
CAR
CASAMENTO
MARRIAGE
CATIVANTE
CAPTIVATING
COMPANHEIRISMO
COMPANIONSHIP
CURSO DE IDIOMAS
LANGUAGE COURSE

D
DANILO
DANILO
DESODORANTE
DEODORANT
DISTÂNCIA
DISTANCE

E
EMBORA
ALTHOUGH
ESPERANÇA
HOPE
EXTRAORDINÁRIO
EXTRAORDINARY

F
FELICIDADE
HAPPINESS
FELICIDADE
HAPPINESS
FELICIDADE
HAPPINESS
FELIZ NATAL
MERRY CHRISTMAS

G
GAROTA
GIRL
GAVIÃO
HAWK (a group of supporters of Corinthians, a soccer team)
GRATO
GRATEFUL
GUERREIRO
WARRIOR

I
INSUBSTITUÍVEL
IRREPLACEABLE

J
JUVENTUDE
YOUTH
JUSTIÇA
JUSTICE

L
LIBERDADE
FREEDOM

M
MENINO
BOY
MOTO
MOTORCYCLE

O
OBRIGADA
THANK YOU
(as said by a woman)
OBRIGADO
THANK YOU
(as said by a man)
ORNITORRINCO
PLATYPUS

SAO PAULO, 1976

"EL DICCIONARIO DE LA GENTE"

"A cidade e o estrangeiro". Museu de Arte Contemporânea da
                                Universidade (MAC)

Dictionary of the People

P	S	T
PALMEIRAS	**SAUDADE**	**TAPERAPUÃ**
PALMEIRAS (soccer team)	NOSTALGIA	TAPERAPUÃ
PAZ	**SAUDADE**	(a beach in Bahia)
PEACE	NOSTALGIA	**TELEFONE**
PAZ	**SAUDADE**	TELEPHONE
PEACE	NOSTALGIA	
PAZ	**SAUDADE**	**V**
PEACE	NOSTALGIA	**VIDA**
PAZ!	**SAUDADE.**	LIFE
PEACE!	NOSTALGIA.	
PERFEITO	**SAUDADES**	
PERFECT	NOSTALGIAS	
PERFUMARIA	<u>**SAUDADES**</u>	
TOILETRY	<u>NOSTALGIAS</u>	
PROSPERIDADE	**SORTE**	
PROSPERITY	LUCK	
	SORTE	
R	LUCK	
REFRIGERANTE	**SUCESSO**	
SODA	SUCCESS	

Now we have twice as much JOY (alegria) as in 1976, and we also have FRIENDS (amigos) in addition to FRIENDSHIP (amizade). Today we have no COMPLY (acataremos) nor AGREEMENT, no ANTICONSTITUTIONALLY, no AGGRESSION, no ANGUISH. However ADVENTURER and LEARNING (aprendizagem) are included.

LOVE (amor) has lost one occurrence. This time there were five, against six in the original action. Of course one must not forget the different samplings (70 versus 174). But let me remind you that <u>LOVE</u> (amor) was the first word we received. Runo obtained it, at a table under a tree, around beer bottles, in the same restaurant where we had eaten lunch. She wrote <u>LOVE</u> (amor), in large, underlined letters, very swiftly and determinedly. I was looking from the other table when I heard her offer to write a new one, perhaps out of embarrassment due to the delay of the person in front of her, and she was saying that this was 'too easy.' He wrote ALTHOUGH (embora), and maybe this is exactly the LOVE (amor) that we're now missing.

Three WELCOME's (bienvenidas) and one GOOD MORNING (buenos días) were replaced by two occurrences of GOOD LUCK (boa sorte); WOODS (bosque) and BUTTOCKS were replaced by SWEET POTATO (batata doce). SUGAR CANE LIQUOR (cachaça) was replaced by COFFEE WITH MILK. There is no more CHILD, but GIRL (garota) and BOY (menino); separate genders written by a father and a son. Instead of HEART (corazón), UNDERSTAND (comprender) and UNDERSTANDING (comprensión) we now have MARRIAGE (casamento), CAPTIVATING, FONDLING (carinho), and COMPANIONSHIP. Additionally, CAR comes up twice instead of PATH (caminho); and where we had CREATE and two occurrences of CREATIVITY we now have LANGUAGE COURSE (curso de idiomas).

Before, UNDERNEATH (debajo), DEMAGOGY, DESTRUCTION, DIMENSION, DISPUTE, LAST (durar) and DOUBTS, now DISTANCE, DEODORANT and a signature by DANILO, without a family name. Neither LAST (durar), nor, by the way, ETERNITY, which came up twice in 1976. HOPE (esperança) remains equally mentioned. Instead of SPLENDID (espléndido), which reminds us of the (Brazilian national) anthem, we have EXTRAORDINARY. Additionally there was, but now there is not: SELFISHNESS (egoísmo), EMOTION, MAKE DIRTY (enmugrecer), MEETING (encuentro), WHILE (enquanto), and TEACH (enseñar).

Before there was MAKE (fazer), END (fin) and FRATERNITY; now we have MERRY CHRISTMAS (feliz natal) and HAPPINESS (felicidade), just like that, generic, before only once and now coming up three times. BRILLIANT (genial) was replaced by THANKFUL (grato) and WARRIOR (guerreiro), in addition to HAWK (gavião).

There was, actually, a considerable increase in the number of animals, before there was only FISH (pez). DOG (cachorro), however, was written in a pet shop and perhaps for this reason it should be grouped together with TOILETRY (perfumaria) and DEODORANT, also directly inspired by context. And this HAWK is definitely the one by Fiel (the name given to a group of Corinthians supporters, a soccer team in São Paulo); there-

Dictionary of the People

fore it should be together with PALMEIRAS (a soccer team), which has nothing to do with tropical vegetation (palmeiras—palm trees). PLATYPUS (ornitorrinco), on the other hand, should be worth many points just by itself.

IMPORTANT and two instances of INFINITE gave way to IRREPLACEABLE, initially misspelled then corrected, perhaps by someone else. From PLAY (jugada) and JEWELLERY to JUSTICE and YOUTH (juventude). Before, there were two occurrences of FREEDOM (libertad), and one LIMITATION. Now there is only one FREEDOM (liberdade), which may be a sort of balance.

Under M, BOY (menino) and MOTORCYCLE, where there used to be MACUNAÍMA (character in a novel), MANOEUVRE, MOMENT, DEATH (muerte), SHOW (mostrar), MUTE and WORLD (mundo). Under N, nothing, whereas before there were NOTHING, NEUROSIS, NAME, OUR feminine (nuestra) and OUR masculine (nuestro). Under O, now we have THANK YOU said by a woman (obrigada) and said by a man (obrigado), before, only the male version, together with HATE (odio) and OPPRESSION. Now the word PEACE comes up four times, and the last occurrence comes with an exclamation mark (before there were only two occurrences). Now we have PERFECT whereas before we had PERFECTLY. Before, COUNTRY (país), WORD (palabra), PARANOIA, STONE (piedra), PERSONALITY, PAINTING, FULL (pleno), POLLUTION, PUBLIC; now, TOILETRIES (perfumaria) and PROSPERITY.

Where we had WHAT (qué), WHO (quién), and DEAR (querido), now we have nothing. Where we had ROOT and RELAXATION, now we have SODA (refrigerante). Replacing FEEL (sentir), SAMBA, SENSUALITY, SURVIVE, and SUM; we have SUCCESS and twice LUCK (sorte). NOSTALGIA (saudade) came up three times before, now it appears five times, the last occurrence being followed by a period. And two NOSTALGIAS (saudades), plural, one of these underlined. Apparently nostalgia becomes more prevalent with the passing of time.

Before there were two occurrences of TIME and SADNESS (tristeza), and three of WORK (trabajo), in addition to TRAGICOMIC, TRANSCENDENTAL, TROPICAL, and ALL (todo). Now there is TELEPHONE and TAPERAPUÃ (the name of a beach in Porto Seguro, in the state of Bahia).

323

Carla Zaccagnini

Before, UNIVERSE, now nothing. Before VERTEBRA, VISION, YOU (vos), and LIFE (vida), LIFE, LIFE, LIFE, LIFE, LIFE. Now only LIFE, and a single one at that.

Editor's note:
This text was originally written in a mixture of Portuguese and Spanish. The original version contains paragraphs and sentences where the two languages combine. Parts of the text referring to the past and IVM's original action are written in Spanish, while the present, and Zaccagnini's reconstruction of the action, are in Portuguese. The author has highlighted the diglossia of the text using different colours.

Isidoro Valcárcel Medina escribió el texto sobre *No escribiré arte con mayúscula*, una acción que no cuenta con su correspondiente fotografía. Si bien formaba parte del listado original de acciones a fotografiar en *Performance in Resistance*, la que sería la fotografía número 19 no pudo tomarse debido a cuestiones de logística. Por esa razón solicitamos al artista que escribiera un texto sobre la fotografía inexistente.

No escribiré arte con mayúscula. Salamanca, 1994

Isidoro Valcárcel Medina

¿Cómo se escribe: arte, Arte, ARTE? Seguramente es la digestión del concepto lo que determina la forma de hacerlo, de escribirlo.

¿Cómo han de concebir los alumnos de una escuela de bellas artes lo que se les imparte? Tal vez hubiera que empezar por cuestionarse cómo se expresa por signos ese concreto lugar. ¿Ponemos Escuela o escuela, dejando aparte la normativa académica (de la Academia)?

Y si dudamos, al empezar, sobre el modo de escribir arte, ¿cómo no vamos a sentir agobio ante la denominación bellas artes, genérico de intocable alcurnia y significación?; aunque de sobra sabemos los expertos que incluso también las bellas artes pueden ser arte.

Una mañana lectiva, el autor, hace dieciocho años, entra, con los correspondientes permisos, en un aula de la Facultad de Bellas Artes de Salamanca (aquí sí sabemos, al menos, que Salamanca ha de llevar mayúscula…; y en cuanto a "facultad", le pasa lo mismo que a "escuela" y "academia")

La cosa ocurría dentro del festival Abierto 94, uno más de los encuentros que se celebraban —aunque no tantos como ahora— para la práctica de la acción, la cual no era todavía abiertamente performance.

Disponía dicha aula de una amplísima pizarra de varios metros de largo y de casi un par de ellos de altura. Era ése el motivo de haberla elegido. Se encontraba el aula vacía porque, a la tarde, se iba a celebrar en ella un examen de la insidiosa materia Historia del Arte. Había el autor conseguido autorización para escribir en esa pizarra, tantas veces como en ella cupiera, la siguiente frase o propósito:

"No escribiré arte con mayúscula"

Así, al estilo colegial de la primera enseñanza, se vertía el mensaje antiescolástico en la enseñanza superior. ¡Qué duda cabe de lo cuestionable de semejante propósito en semejante lugar! Pero de eso se trataba.

Sin saber muy bien por qué, hubo incluso ensayos previos de escritura de este texto tan simple, ya que, en el fondo, la pretensión era que el resultado tuviera una apariencia plástica, no en vano iba a ser telón de fondo de un trance de la cultura. Si no recuerdo mal, en una sala adjunta se hicieron pruebas de encuadre con el fin de que la frase encajara siempre entera y no se viera cortada al final de aquellos enormes renglones. Y tal cosa, en nuestra versión de ahora, en 2011 —siempre teniendo que agradecer algún favor—, hubiera resultado más enojosa, ya que quedan pocas pizarras de parecida grandeza, tal vez porque van quedando escasas razones para los castigos ejemplarizantes. Hoy el castigo es quizás más impalpable.

El mensaje de lo mayúsculo se ha expandido tanto (sin confesarlo) que un arte de lo mayúsculo ya no es rentable. Sin embargo, nada en lo profundo del arte ha cambiado; y en ningún lugar queda esto tan patente como en los centros en los que se enseña el arte…, por supuesto, con A.

Así que la dificultad de localizar un encerado del mismo rango fue la razón de que se renunciara a recomponer "ahora" aquella escena un tanto sobrecogedora del mensaje ejemplarizante, aunque antiacadémico; o mejor: ejemplarizante por antiacadémico. Siendo así que el colofón a estas *18 fotografías y 18 historias* se remite a un sencillo relato.

El propósito de no ser respetuoso con la alcurnia del arte no ha calado, por supuesto, a pesar de aquellos cientos de apostillas, y seguimos en la reverencia… A pesar de haber asentado tan reiteradamente lo de que el arte no lleve capitular alguna, hoy se podría castigar de nuevo a cualquier universitario de la disciplina al tedioso y machacón esfuerzo de repetirlo ante la vista de sus compañeros, los cuales, a lo que parece, tampoco se sentirían llamados a hacer el menor caso de la advertencia.

El mundo y el ejercicio del arte siguen estáticos y sin pudor se puede presentar hoy lo que se hizo ayer, y hacerlo con la garantía de su inoperancia. Si acaso, ¡y ahí está el detalle!, con el pudor de ser repetitivo; tan repetitivo o más que la frase de la pizarra. Y a lo mejor resulta que es este elemento de la repetición el que más se incardina en el espíritu todo de *Performance in Resistance*.

Frente al prurito de no repetirse que tanto debería implicar a los autores y degustadores del arte, muchas veces se alza la cansina realidad de la reiteración, tal como ocurría en la nada creativa pizarra que nos ha faltado en esta serie... Y hasta es posible que nos hayamos quedado sin la imagen más testimonial (la última en el orden cronológico; es decir, la más cercana) de un trabajo que pretendía ser descarado en su denuncia.

El autor ha podido hacerse la ilusión de fabricar algo nuevo, de no ser tal vez tan retrógrado como el planteamiento de la obra sugiere: otra época; otros emplazamientos; otros protagonistas; incluso colaboradores inusuales (una fotógrafa, algunos extras...). Y, contra el sentido y la creatividad, los mismos temas, las mismas ideas. Cambian los encuadres, pero se repiten las escenas... muchos años después.

Existe otro detalle nada despreciable y que hace, en cierto modo, original este trabajo. En su momento no se tomaban casi nunca documentos de las acciones, eran ellas solas a dar testimonio de sí. Ahora se han hecho esas acciones sólo para sacar imágenes de su acaecer; la verdad es que en nuestra actualidad, lo que marca el hecho artístico es el acto documental. Sin duda que en esto hay una lectura intencionada que constituye la esencia misma de la obra *Performance in Resistance*. ¿Es acaso que ni los tiempos ni el arte progresan?

Sigue habiendo aún alguna consideración que tal vez desilusione a los amantes estrictos de la performancia (me gusta esta castellanización). Por ejemplo, que aquel acto no resultó público; ni aunque lo hubiera sido habría asistido a él más que un público que ni siquiera lo era ni estaba avisado. Esa atención hacia unos inocentes —que además se hallarían en una situación comprometida— hizo que la escueta acción se adelantara y fueran solamente sus efectos lo que los presentes pudieran ver.

Además, para enriquecer fortuitamente el acontecimiento, supe después, por uno de los examinandos, que el profesor que planteó la prueba hubo de recurrir, para exponer datos necesarios, a borrar un pequeño trozo de pizarra, a la vez que acompañaba sus gestos con lógicas imprecaciones contra el arte irrespetuoso e invasivo. Es posible que este actuar del maestro sustituyera con mérito la carencia del "artista". La destrucción en vivo como comportamiento edificante frente a la fabricación traicionera de la presunta obra de arte.

Se ve, tras este relato, que tampoco su recomposición en 2011 hubiera podido dar fiel reflejo de aquel suceso enrevesado. ¡Qué bien, entonces, que no nos fuera dado tomar esa fotografía número 19! (Ya se sabe que 19 es primo.)

Finalmente, por el pertinaz empeño de Bulegoa z/b, aquellas intentonas más o menos inocentes han desencadenado una reacción (entiéndase la palabra en el más fértil sentido) absolutamente inimaginable. Y ha habido un grupo de dieciocho personas que, como actores, se han embarcado en una remembranza tal vez añorante y arcaica, pero que, en todo caso, se han instaurado como dieciocho nuevos autores de hecho, lo cual viene a salvar la cara del autor antiguo de la única manera en que se puede hacer: acordándose del pasado para no repetirlo. Esas personas son las partes de una resistencia que, para quien esto escribe, aparecen como admirables.

Pero no cabe dudar, asimismo, de que en el título *Performance in Resistance* esta última palabra sí que conlleva un sentido más bien peyorativo, como alusión a un arte recalcitrante que no se deja afectar por el devenir de las épocas. La performance persiste en su mismo esquema y, con toda impunidad, puede repetir hoy acciones de antaño. Tal vez en ello se respire una posible teatralización de su lenguaje…, mientras que la característica de la acción es que se la supone no memorística, sino imperativa. Algo así como decir: con las nobles excepciones de rigor, que bien conocemos cuando se presentan, la performance permanece en la *resistance*, inmutable.

Isidoro Valcárcel Medina wrote about *No escribiré arte con mayúscula* (*I will not write art with a capital letter*), an unphotographed action. Although this action was included in the original list of pieces to be photographed in *Performance in Resistance*, what would have been the nineteenth work in the series was never made owing to logistical reasons. We asked the artist to write a text on the absent photograph.

No escribiré arte con mayúscula. Salamanca, 1994

Isidoro Valcárcel Medina

How should we spell it: art, Art, ART? What probably determines the way it is to be made, or spelled, is the way we digest the concept.

How should students at a school of fine art understand what is being taught to them? Perhaps they ought to start by questioning the way the place expresses itself in signs. Is it School or school, academic (Academic?) norms aside?

And if we hesitate in writing art, how could we not feel a sense of oppression when confronted with the fine arts, a term of unassailable lineage and signification? Even though, as we experts well know, even fine art can be art.

One day eighteen years ago, the author, having obtained the necessary permission, went into a lecture hall at the Fine Arts faculty in Salamanca (and here, at least, we do know that Salamanca begins with a capital letter; with 'faculty' the same applies as with 'school' and 'academy').

What happened was part of the *Abierto 94* festival, yet another of the encounters that were being held—though never as many as now—for the practicing of action, which was not yet openly performance.

Said lecture hall held a vast blackboard, several metres long and almost two metres high. The board had been chosen for this very reason. The hall was empty: in the afternoon it was to be the site of an exam on the insidious subject of History of Art. Onto this blackboard the artist had obtained permission to write, as many times as would fit, the following sentence/statement of intent:

'I will not write art with a capital letter.'

So, in true primary school style, the unscholarly message was inscribed into university education. Doubtlessly a questionable proposition in such a place, but this, after all, was the aim of the exercise.

The writing of this simple text had even been previously rehearsed, because the intent was to give it a painterly appearance. If I remember correctly, a preliminary composition was carried out in an adjacent hall to ensure that the phrase would fit entirely into one prodigiously long line without being awkwardly severed. Such a thing today, in the 2011 version—and here I will offer my thanks for favours received—would have been troublesome to achieve owing to the fact that few blackboards of similar dimensions remain; perhaps because there is less reason today to make an example out of misbehavers. Punishment nowadays is possibly more impalpable.

The Message in upper case is now so (unadmittedly) widely spread that Art in upper case is no longer profitable, yet nothing in the depths of art has changed, and nowhere is this so evident as in the places that teach art; with an A, naturally.

Anyway, as such a massive expanse of slate seemed impossible to procure, it was decided not to attempt an 'updated' recomposition of the rather astonishing scene—the exemplifying, though anti-academic, or shall we say, the exemplifyingly anti-academic—scene. The culmination of these *18 pictures and 18 stories* was thus left as a simple story.

The intention of not respecting the lineage of art did not, of course, take hold, in spite of having annotated it hundreds of times over. We continue in our reverent attitude in spite of this reiterated assertion that art has no capital letter. Any university student today could still be assigned the dreary, tedious task of repeating the assertion before his or her fellow students, who, in all probability, would feel no need to take the slightest notice of the warning.

The world of art and the exercise of art are static still, and what was done yesterday can shamelessly be re-presented today, its ineffectiveness guaranteed. Though maybe—and this is the catch—in a meek attitude of repetition, as repetitious as the phrase on the blackboard, or even more so. It might even be the element of repetition that is most strongly incarnated in the whole spirit of *Performance in Resistance*.

Against the pruritus of non-repetition that should so strongly preoccupy the makers and partakers of art, the tiresome reality of reiteration often rears its head, as it did on the uncreative expanse of board we cannot see in this series. We may even have lost the strongest testimony (the last image in the series, chronologically speaking—so the closest to us) of a work which intended to unashamedly denounce.

The maker of this piece has managed to work under the illusion that he is fabricating something new, that he is possibly not being as retrograde as the proposal might suggest: a different epoch, other locations, other people; even some non-habitual collaborators (a photographer, a couple of extras...). And, in defiance of meaning and creativity, the same themes, same ideas. The framing changes, but the scenes are repeated...years later.

There is one other fairly significant catch in this work that gives it a certain originality. At the time, actions were hardly ever documented, they stood alone and gave testimony to themselves. Now these actions are done merely to capture an image of their happening; today what marks the occurrence of art is the act of documenting it.

There is doubtlessly a reading intended in this in which we may even find the essence of *Performance in Resistance*. Could it be that neither art nor the times are progressing?

There are still a number of considerations that might disappoint strict lovers of performancia (I like this hispanicism). For instance, the act was not in the end a public one—even if it had been, it would not have been attended by a genuine, previously notified public. Out of consideration for the innocent—who would also have been placed in an awkward position—the action was brought forward, leaving only the results of it visible to those later present.

Afterwards, I found out from one of the examinees that the occurrence was fortuitously enriched: in order to display vital information, the professor setting the test had been forced to erase a small area of the blackboard, accompanying his gestures with logical expletives towards the invasive and disrespectful art. This behaviour by the professor was possibly a worthy substitute for the insufficiencies of the artist. Live destruction as an edifying form of behaviour as opposed to the treacherous fabrications of the supposed artwork.

This story attests to the fact that not even recomposing the piece in 2011 could have provided a faithful reflection of the troublesome event. How lucky then that we were unable to take photograph no. 19! (19 is a prime number, remember.)

Finally, the persistent efforts of Bulegoa z/b have meant that those more or less innocent, fumbling attempts have set off an absolutely unimaginable reaction (in the most fertile sense of the word). A group of eighteen people who have embarked, as actors, on a remembrance, possibly nostalgic, possibly archaic. Whatever the case, they have become eighteen new *de facto* makers, which ends up saving face for the maker of yesteryear in the only way this can be done: by remembering the past in order not to repeat it. These people are part of a resistance and, to the writer of these lines, they are worthy of admiration.

However there is also no doubt that the last word in the title *Performance in Resistance* holds a negative connotation, alluding to recalcitrant forms of art which are not permeable to the evolution of the times. Performance persists within the same schema and may repeat yesterday's actions with utter impunity. Perhaps there is a hint of theatricalization in its language...meanwhile, the characteristic of action is that we think of it not as memorization, but as an imperative. This is something like saying that with noteworthy outstanding exceptions, and we know very well when they occur, performance is fixed in resistance, immutable.

Inventario

Miren Jaio (Bulegoa z/b)

Contar o contar. Es preciso decidir cuál de las dos, si el contar que enumera o el contar que relata, ayuda a explicar mejor un libro donde las dos acciones aparecen en diferentes formas. La etimología viene en nuestro auxilio: "cuento" procede del latín *computus*. La enumeración precede al relato.

Haremos entonces inventario. Anotaremos aquí aquellos datos que mejor expliquen un libro que trata de dar cuenta de lo sucedido alrededor de *18 fotografías y 18 historias*, el proyecto que acompañó *Performance in Resistance* de Isidoro Valcárcel Medina (Murcia, 1937), a partir de ahora IVM[1], a lo largo de 2012 en un viaje por varias ciudades y varias narraciones.

Ya antes de comenzar, se nos abren dos nuevas incertidumbres: Perec nos advierte de que, de entre las "inefables alegrías de la enumeración"[2], se ha de optar entre el "afán de incluirlo TODO" y "el de olvidar algo". Alegremente también, decidimos no elegir. Decidimos mezclar las metodologías y las querencias del archivo obsesivo y de la memoria caprichosa. Tomar las octavillas que IVM nos entrega por la calle, leer sus mensajes —"Tire este papel en la papelera más próxima", "No olvide olvidarlo una vez leído"[3]— y, después de guardarlas en el bolsillo, seguir sus indicaciones y, también, hacer caso omiso de ellas.

---

[1] El uso de estas siglas por parte del artista proviene de los años en los que desarrolló una relación laboral intermitente con la empresa IBM. Iniciada en 1971, y siempre por mediación de Mario F. Barberá, esta relación incluyó trabajos artísticos y, en su mayoría, no artísticos. Será con la *Oficina de Gestión IVM* en 1994 cuando IVM acuñe las siglas como marca.

[2] Georges Perec, *Pensar/Clasificar*. Trad. de Carlos Gardini. Barcelona, Gedisa, 1986, p. 116.

[3] Véase la fotografía *Campaña 1969*.

Este libro es el resultado de tres títulos encadenados

Los títulos van en orden causal y cronológico. El segundo responde al primero y así sucesivamente. Todos ellos se caracterizan por cierto abigarramiento barroco que se incrementa en la concatenación: *Performance in Residence, Performance in Resistance, 18 fotografías y 18 historias.*

Performance in Residence. El título de If I Can't Dance, I Don't Want To Be Part Of Your Revolution está en el inicio de todo. A la performance se le invita a pararse y ocupar un lugar, contraviniendo así su naturaleza. A esta unión paradójica de sustantivos, IVM responde con un nuevo par, *Performance in Resistance*, que reitera tercamente la negativa de la performance a ocupar un lugar.

Performance + Residence + Resistance. Podría argumentarse que el resultado de la operación es una performance estática y estable, inmune al conjunto de fuerzas que sobre ella se han ejercido. O que, por el contrario, algo le ha sucedido a la performance. En respuesta a los títulos anteriores, llega *18 fotografías y 18 historias* (a partir de ahora, ahora sí, *18/18*), el título de Bulegoa z/b. Formalmente, provoca un efecto de simetría especular y muestra un ánimo que es tanto contable como narrativo.

Este libro es el resultado de una cadena de invitaciones e intercambios

En otoño de 2010 recibimos la invitación de If I Can't Dance a participar en el programa *Performance in Residence*. Se nos propone investigar las performances del pasado de un artista que, con más de cinco décadas de práctica coherente y fecunda, es poco conocido fuera del contexto del Estado español. La propuesta nos llega justo en el momento en que Bulegoa z/b inicia su andadura pública en Bilbao. De eso hace casi tres años. Puede decirse que el espíritu del quehacer de IVM, cuestionador

Inventario

constante de las formas recibidas, nos ha acompañado en el proceso de construcción de nuestra oficina de arte y conocimiento.

Pero volvamos al inicio. En septiembre de 2010, el artista nos recibe amablemente en su casa de Madrid. A partir de ahí, iniciamos un intercambio de cartas, visitas y llamadas telefónicas. Poco después, a principios de 2011, responde con una propuesta, *Performance in Resistance*. No es raro que nuestro "objeto de estudio", maestro en el arte de la fuga, se nos haya adelantado y sea él quien haya dado el primer paso.

Nuestra respuesta a ese primer movimiento de IVM vendrá a finales de 2011. *18/18* tendrá como objetivo presentar y contextualizar *Performance in Resistance* a través de una serie de paradas desarrolladas a lo largo de 2012 en distintas ciudades. Para su funcionamiento el dispositivo propuesto precisa de la participación de más agentes de los hasta ahora implicados: en una parada se necesitan tres personas, cada una de ellas invitada a realizar un relato oral sobre una de las dieciocho fotografías de *Performance in Resistance*, y una institución dispuesta a actuar de anfitriona.

La conversación se amplía así a ocho instituciones anfitrionas de otras tantas ciudades[4]: If I Can't Dance de Ámsterdam y Bulegoa z/b de Bilbao, las dos estructuras en el origen del proyecto; Fundació Antoni Tàpies de Barcelona y BNV Producciones de Sevilla, implicadas en *Ir y venir de Valcárcel Medina*, la retrospectiva del artista organizada en 2002; el Museu de Arte Contemporânea da Universidade de São Paulo

[4] La incorporación de distintas estructuras al proyecto fue paralela a la ideación de éste. Así, cuando ya barajábamos distintas formas de trabajar con *Performance in Resistance* que incluían la idea de relatos múltiples y polifonías de voces, Frédérique Bergholtz y Tanja Baudoin de If I Can't Dance nos informaron de que estaban a punto de constituir una red de colaboración con otras instituciones europeas y de que algunas de ellas estaban interesadas en participar. La incorporación progresiva de distintas organizaciones hizo que los relatos pasaran de los dieciocho planificados a veintiuno, fracturando así la simetría especular del título. (En cuanto al número inicial de relatos, véase también la nota 6.)

(MAC USP), que en 1976 alojó *A cidade e o estrangeiro* (*La ciudad y el extranjero*), exposición del artista comisariada por Walter Zanini, y en noviembre de 2012, una muestra de igual título comisariada por Cristina Freire; CAC Brétigny de Brétigny; festival Playground del centro de arte STUK/Museum M de Lovaina y Tate Modern de Londres, integrantes de Corpus, la red de colaboración para la producción de performance que produce esta publicación. Todas ellas compartirán un mismo interés por la obra de IVM y por el marco del proyecto.

  A esa cadena de intercambios se incorporarán también las veintiuna personas que producirán un texto en las distintas paradas de *18/18*. El criterio general aplicado a la selección de los narradores será el de la cercanía. Siguiendo a la intuición y en diálogo con las estructuras anfitrionas, invitaremos a gente que creemos cercana a la práctica de IVM. Hay que entender aquí el término "cercanía" en un sentido amplio, que incluye elementos afectivos, ideológicos, metodológicos y hasta azarosos. Esto explica que entre las veintiuna personas invitadas haya gente que conoce bien la obra de IVM y gente que apenas conocía el nombre del artista hasta el día de la invitación. Siguiendo el orden cronológico y el de la definición de cada cual, participaron como narradores en *18/18* gente de la escritura, la academia, la poesía, la práctica artística, el comisariado, la edición, la pedagogía, la abogacía, la interpretación musical, la crítica y la coreografía.

  Este libro recoge lo sucedido

Un libro es un objeto, y existe en un régimen espacio-temporal distinto de las cosas que suceden. La manera en la que un libro recoge algo que ha sucedido es siempre en la forma diferida y estabilizada del documento. Este libro presenta los textos de los veintiún narradores de las siete primeras paradas de *18/18*. También el texto del narrador número veintidós.

Antes de relatar eso que sucedió y que este libro no acaba de recoger más que vicariamente, hay que decir que a los veintiún autores se les pidió en *18/18* un doble trabajo. Hacer un relato en forma oral en el aquí y ahora de las cosas que suceden y otro en forma de texto escrito para el aquí y ahora invariable de un libro. Es decir, idear dos artefactos estéticos: una performance para ser vista y escuchada y un texto para ser leído sobre el papel. Las maneras en las que los invitados acometieron el doble trabajo son diversas. Van desde la opción de tratar de hacer dos cosas distintas haciendo la misma cosa hasta la de tratar de hacer una misma cosa haciendo dos cosas distintas. Sea cual fuera la opción elegida, entre los dos artefactos media un ejercicio de traducción.

Pero pasemos a dar cuenta de lo sucedido en siete días de 2012 en siete ciudades. Para la realización de una parada se precisa de una serie de elementos cuya concurrencia permite generar la situación de encuentro con *Performance in Resistance* propuesta en *18/18*: la obra mencionada; una superficie sobre la que mostrarla (pared, mesas, vitrinas); tres personas que hablan una detrás de la otra; un teléfono con amplificación; IVM al otro lado de la línea; un público asistente; un espacio que acoja todos estos elementos y que, durante un tiempo mínimo de hora y media, permita al público ver *Performance in Resistance* y a los invitados decir lo que tienen que decir.

El formato se prestará a variaciones. El espacio elegido, por ejemplo. En las paradas hubo dos espacios de trabajo (la oficina de BNV Producciones en Sevilla, la de Bulegoa z/b en Bilbao), dos teatrales (Het Veem Theater en Ámsterdam, STUK en Lovaina), dos educativos (las salas de educación de la Fundació Antoni Tàpies de Barcelona, el gabinete de papel del Museu de Arte Contemporânea da Universidade de São Paulo, MAC USP). En un caso, el de CAC Brétigny en Brétigny, la parada se extendió en el espacio y el tiempo. Se inició por la mañana en un puente de París, para continuar en el trayecto en autobús a Brétigny y terminar por la tarde en el Edutainer del CAC.

Los relatos también estuvieron abiertos a variaciones. Partiendo de la invitación a hablar ante un público, diecinueve lo hicieron ellos mismos y dos lo hicieron por persona interpuesta. En cuanto a los idiomas, se habló en castellano en diez ocasiones, en inglés en seis, en francés en dos, en una mezcla de francés y castellano en una, en portugués en una y en una mezcla de portugués y castellano en una. Los relatos también pueden clasificarse entre aquéllos que fueron leídos y aquéllos que fueron dichos. Si la memoria no nos falla (algo que, como hemos anunciado en la introducción, nos vamos a permitir), diremos que once fueron leídos, ocho fueron dichos sin mirar a papel alguno (difícil asegurar si los textos se dijeron de memoria o fueron improvisados) y dos fueron producidos en conversación telefónica con IVM.

En cuanto a la puesta en escena: ocho narradores acompañaron su disertación de imágenes proyectadas, dos colgaron la fotografía elegida en la pared, tres utilizaron objetos que manipularon con las manos, uno se disfrazó, tres emplearon aparatos de transmisión, grabación y reproducción de audio, uno dejó la sala a oscuras y puso música, uno repartió un texto.

En cuanto a la forma en la que fueron dichos, los relatos admitieron las variantes genéricas del narrador sentado (catorce ocasiones) y el narrador de pie (siete ocasiones). En uno de los primeros casos, la persona que habló lo hizo sentada en un autobús en marcha dando la espalda al público, también sentado. La opción de narración realizada de pie permitió una diversidad mayor de posturas: una narradora habló mientras caminaba y seguía el curso de una pelota por el Sena, un narrador sostuvo durante todo su relato la (incómoda) postura de IVM lanzando una peonza sobre un tablero de ajedrez, uno pidió al público que le rodeara en círculo mientras se dedicaba a hablar y mover objetos en el suelo, una dio instrucciones y se despidió del público dando un saludo, uno le dio a oír una composición musical en el móvil, uno le cantó ópera. En otra ciudad, un narrador parafraseó la acción original de IVM en un paso de cebra.

A estas variaciones habría que añadir otros elementos, como las diferencias en temperatura o en las reacciones del público (risa, sorpresa, incomodidad), peculiaridades de las que algunas fotografías en este libro dan cuenta parcial. Más allá de diferencias y variaciones, las siete participaron de un rasgo común: en todas ellas se generó una misma sensación de compartir juntos algo parecido a una celebración alrededor de dieciocho fotos, tres personas, un teléfono y una voz que sale del aparato.

Hay que reconocer que la contribución de la voz que sale del teléfono fue fundamental para propiciar la sensación de complicidad dominante en cada una de las paradas. Nos hemos reunido alrededor de la obra de un artista cuya ausencia se hace aún más notoria por la presencia reiterada de su imagen en dieciocho fotos[5]. Después de que los tres narradores hayan hablado, la telefonía permite durante unos breves minutos que la voz del artista se cuele fugazmente desde una ciudad lejana. El momento recuerda a aquél de los programas televisivos en el que los concursantes llaman a un familiar. Escuchamos la voz espectral e incorpórea que, a pesar de todo, resulta cercana y familiar. No en vano hemos pasado hora y media en compañía de dieciocho fotos en las que aparece repetidamente la imagen del cuerpo del que aquélla sale y de tres relatos que tienen como punto de partida ese mismo cuerpo retratado. Fugazmente de nuevo, la voz desaparece, dando por finalizado el breve encuentro.

Este libro recoge la serie *Performance in Resistance*

La obra de la que se ocupa *18/18* es *Performance in Resistance*. Este libro acoge una reproducción a escala de las fotografías de la serie. En ellas el artista aparece retratado en diferentes situaciones. Las instantáneas

---

[5] Hay que aclarar que, una vez realizada la obra, IVM expresó su intención de no viajar a los lugares en los que sucediera aquello que ideáramos.

fueron tomadas por Rocío Areán Gutiérrez en Madrid durante las fiestas de Semana Santa de 2011, entre el miércoles 20 de abril y el lunes 25 de abril[6]. En el *passe-partout* que enmarca cada una de ellas aparecen escritos a máquina un título, una fecha, una ciudad y, en algún caso, información complementaria. A quien las mira se le hace evidente a un golpe de vista que las fotografías se refieren a dieciocho acciones que IVM realizó en diferentes ciudades entre 1965 y 1993, y que se está ante un ejercicio de auto-historización con una notable carga de sorna.

Hay que decir que el ejercicio de auto-historización no es algo nuevo en la obra de IVM, y que es coherente con la premisa que rige su práctica de que el artista ha de "responder al momento histórico"[7]. En cualquier caso, ese tipo de ejercicio no es fruto de una necesidad propia, sino de una demanda externa que se ha incrementado en los últimos diez años. Una de las razones de la demanda tiene fácil explicación: es difícil acceder a la obra del artista. Por un lado está su producción, que se caracteriza por dejar pocos rastros más allá de unos escuetos y sucintos informes; por otro está el hecho de que, debido a su negativa a producir obra para la venta, resulta prácticamente imposible encontrar trabajos de IVM en colecciones, sean éstas públicas o privadas[8].

[6] *Performance in Resistance* estaba proyectada como una serie de diecinueve fotografías. Debido a una serie de problemas de logística durante el lunes de Pascua, una de las fotografías no pudo realizarse, quedando dieciocho fotografías en lugar de diecinueve. *Performance in Resistance* pasará así del aislamiento terco e irreductible de los números primos (muy del gusto de la poética a contracorriente de IVM) a la regularidad divisible y previsible de los números pares, también conocidos como "números perfectos".

[7] Las palabras citadas sin indicación de fuente proceden de conversaciones mantenidas con el artista.

[8] Paradójicamente, el proceso de *18/18* nos llevó a dar a través de Cristina Freire con la que seguramente es la única institución que cuenta en su colección con trabajos del artista, el Museu de Arte Contemporânea da Universidade de São Paulo, MAC USP. Las circunstancias por las que estos registros documentales de obra realizada por IVM en los setenta terminaron formando parte de la colección del museo resultan reveladoras. Los

Inventario

La mejor manera de conocer una obra que se resiste sistemáticamente a someterse a las convenciones e inercias institucionales y disciplinares pasa por tanto por invitar al artista a volver sobre ella. Cada vez que recibe una invitación de este tipo, IVM (único gestor y administrador de una producción inmaterial que se extiende a lo largo de cinco décadas) asume su compromiso con el problema de la historicidad con el siguiente planteamiento: "¿cómo se puede, tocando las obras viejas, no sobarlas y, como consecuencia inevitable, hacer una obra nueva?"[9].

La obra nueva que es *Performance in Resistance*, y aquí surge un atisbo de duda, recuerda a obra vieja. Estas láminas anticuadas que recogen al artista en diferentes lugares, posturas, situaciones y atavíos (figura con barba que lee unos papeles a una pareja sentada en un banco mientras ésta le escucha con atención; figura con barba que reparte octavillas en la calle; figura con barba que lanza una pelotita desde un puente; etc.), guardan un parecido sospechoso con un género menor del arte religioso: las series de estampas que presentan episodios registros, entre los que se cuentan los de siete de las dieciocho acciones recogidas en *Performance in Resistance*, formaron parte de *A cidade e o estrangeiro*, la exposición individual que en 1976 comisarió Walter Zanini. El intercambio de cartas entre artista y comisario atestigua que los materiales documentales se quedaron en el museo ya que ni IVM ni el museo contaban con recursos suficientes para costear su envío postal una vez finalizada la exposición. Esta anécdota da cuenta de la importancia que el artista da a los registros de la acción una vez que ésta ha pasado y del código ético que rige su práctica. También del código ético que regía las prácticas conceptuales en el contexto de unos países que en los sesenta y los setenta se encontraban bajo regímenes dictatoriales y en la periferia del sistema del arte y de su lógica de mercado. Los registros documentales de *A cidade e o estrangeiro* se mostraron en el MAC USP en noviembre de 2012 en la exposición del mismo título comisariada por Cristina Freire. En la misma sala se exhibió *Performance in Resistance*.

9 "Valcárcel Medina al habla. Valcárcel Medina en conversación con José Díaz Cuyás y Nuria Enguita Mayo" en *Ir y venir de Valcárcel Medina*. Barcelona / Murcia / Granada: Fundació Antoni Tàpies / Comunidad Autónoma de la Región de Murcia / Centro José Guerrero, 2002.

significativos de la vida de un santo[10]. En el caso de las estampas de San IVM, no hay martirologio ni pasión, sino dieciocho acciones que se concretan en un solo milagro sobre el que volveremos más adelante.

Como el resto de representaciones religiosas, la función de las vidas de santos era doctrinaria y ejemplarizante. Su finalidad era transmitir el mensaje cristiano a través de la vida de figuras ejemplares a aquellos fieles que no sabían leer. "El arte es una acción personal, que puede valer como ejemplo, pero nunca tener un valor ejemplar." IVM lleva al menos cuatro décadas repitiendo de forma insistente una frase que la serie hagiográfica de *Performance in Resistance* parece contradecir.

Acometer un ejercicio de historización a través de la auto-hagiografía requiere sin duda grandes dosis de flema, descaro y desapego con respecto del asunto tratado. Antes de que lo hagan por él, IVM decide hacer su propia hagiografía y mostrarse, no ya como ejemplo, sino como figura ejemplar. De paso lanza un guiño a un empeño típico de la historia del arte (y, para el caso, del sistema del arte), el de fetichizar la vida y la figura del artista, empeño aún mayor en el caso de aquellas prácticas en las que arte y vida resultan inseparables. *Performance in Resistance* es así el gesto malicioso de alguien que asiste divertido a la llegada de los reconocimientos públicos y los premios[11] tras décadas de práctica escondida y silenciosa.

Volvamos al milagro que se opera en *Performance in Resistance*. Aunque el fenómeno al que se asiste pertenece ciertamente al terreno de lo maravilloso, en él no parece haber intervención sobrenatural alguna. En las fotografías de la serie, obtenidas todas ellas en lugares situados a pocos minutos caminando de su piso, el artista aparece reite-

---

[10] Agradecemos a Pedro G. Romero este apunte, que realizó durante su presentación en la quinta parada de *18/18* en BNV Producciones en Sevilla en noviembre de 2012.

[11] Entre los premios que IVM ha recibido en tiempo reciente se encuentran el Premio Nacional de Artes Plásticas de España en 2007 y el Premio de Escultura Mariano Benlliure de la Villa de Madrid en 2010.

radamente. Si se mira bien, pronto se caerá en la cuenta de que, en este autorretrato insistente y paródico, IVM —y aquí viene el milagro— ya no está. No es posible encontrarlo en esas fotos. Como la propia performance, el artista, militante activo del mandato de "no quedarse en su sitio y en su momento", se ha escapado. Al igual que la performance, ofrece resistencia, "al invasor, e incluso al benefactor". Es la suya una resistencia "a ceder, de modo insensato", "a cambiar, sin más"[12].

Para terminar, una digresión: "Pero, ¿por qué?", pregunta en la grabación de *Conversaciones telefónicas* (1973) una desconocida al otro lado de la línea después de que el artista le haya explicado que llama para dar su número de teléfono y lo pueda apuntar. IVM responde: "No hay nada que comprender".

Este libro recoge unas fotografías y unos textos

A quien hojee este libro pronto se le hace evidente que está compuesto por imágenes y textos, y que éstos mantienen entre sí una relación de correspondencia: a cada fotografía le corresponde un texto, y en tres ocasiones dos textos.

Primero vinieron las fotografías y luego lo hicieron los textos. Tanto las primeras como los segundos mantienen cierto grado de autonomía entre sí (en un efecto reflejo de la situación de las paradas performativas de *18/18*). Pero, ¿cuál es la relación que mantienen las dos partes? Explicar el proceso ayuda a entenderla.

Como se indicaba más arriba, a cada participante se le invitó a escribir un relato que partiera de una de las imágenes. Las reacciones a la invitación fueron diversas. La reacción dominante fue la sorpresa y la

[12] Estas citas proceden de la definición del término "Resistencia" que IVM escribió por invitación de Bulegoa z/b para su Glosario a principios de 2012.

extrañeza ante lo inhabitual del encargo. La palabra "relato" era la responsable.

Aquí volvemos a la polisemia del verbo "contar" con la que hemos comenzado y a los dos campos semánticos en los que se enmarca, el del cálculo y el de la narración. "Contar" se refiere también a un campo de sentido intermedio, el de "dar cuenta de algo". Así, por ejemplo, un informe —tan del gusto de IVM— es un texto que da cuenta de algo sucedido. Para mejor dar cuenta de lo que ha sucedido, un informe puede emplear recursos asociados a todos los sentidos posibles del "contar" (enumerar, referir, narrar) o, para el caso, del "relato" (referir, narrar).

El marco polisémico y ambiguo de la invitación es en parte responsable de la diversidad de relatos producidos. Éstos pueden catalogarse siguiendo la variedad de relaciones entre texto y fotografía que propician la lista de preposiciones castellanas, lista que los alumnos del sistema escolar español de un pasado no tan lejano recitaban de carrerilla y en orden alfabético. Así, es posible categorizar cada uno de los veintiún relatos dentro de cualquiera de las siguientes opciones: "Relato escrito a/allende/ante/bajo/con/contra/de/desde/en/entre/hacia/hasta/para/por/según/sin/sobre/tras *Performance in Resistance*".

A ésta hay que añadir otra modalidad de clasificación, aquélla que recoge las distintas formas y géneros textuales que acogen los veintiún relatos. Así, en ellos puede encontrarse:

    comentario,
    écfrasis (representación verbal y vívida de una imagen),
    traducción,
    transcripción,
    enumeración,
    conversación,
    relato de ficción,
    relato a partir de elementos reales,

Inventario

    fabulación a partir de elementos reales,
    relato de un informe,
    informe de un relato,
    montaje de textos de distintas fuentes,
    narración confesional,
    relato de lo sucedido.

Vayamos terminando ya, y hagámoslo con una última y breve lista y con un reconocimiento a *Performance in Resistance*. Admitámoslo: su forma y su espíritu han servido de inspiración a este proyecto. Por ello, vamos a permitirnos seguir citando a IVM:

- *18/18* trata de "exprimir y agotar las posibilidades del asunto tratado hasta sus últimas consecuencias". En este caso, el asunto tratado es la obra conocida como *Performance in Resistance*.
- *18/18* pretende generar las condiciones para que se propicie un encuentro significativo con una obra, *Performance in Resistance*.
- *18/18* quiere hacer hablar a *Performance in Resistance* y que otras voces hablen a partir de ella.
- *18/18* trata de contribuir a que *Performance in Resistance*, obra de arte ejemplo de un "arte móvil, evolutivo, disconforme e indócil", sea "generadora de otras obras de arte" y capaz de convertir a sus espectadores en "creadores revolucionados por lo que ven"[13].

---

[13] De la conferencia "El espectador suspenso", impartida por IVM en el ciclo *Distància: art espectador*, Castelló de la Ribera, Alicante, el 27 de septiembre de 1997. Publicada en *Ànimes de Cànter*, n.º 1, septiembre de 1997.

Inventory

Miren Jaio (Bulegoa z/b)

Contar. In Spanish, to narrate, but also to count. How to proceed: should we number or narrate; which way to best explain a book where both operations occur in different forms? Etymology comes to our aid: *cuento*, a story, traces back to the Latin *computus*. Numbering preceeded storytelling.

So we will make an inventory. We will write down the details that best explain a book whose purpose is to provide an account of what developed out of *18 pictures and 18 stories*, a project that accompanied *Performance in Resistance*, by Isidoro Valcárcel Medina (Murcia, 1937), IVM as he will be known here,[1] on a journey through different cities and different narratives.

Two other uncertainties must be confronted before we begin: Perec reminds us that among the "ineffable joys of narration,"[2] one must favour either the "ambition to include EVERYTHING," or the need "to forget something." We decide not to make the choice. We have decided on a mixture between methodologies, between the predilection for obsessively archiving and the whimsical selections of memory. To take the leaflets IVM hands out to passers-by on the streets and read the messages on them—"Throw this piece of paper into the nearest bin," "Don't forget to forget this after you read it"[3]—and then to put them

---

[1] Valcárcel Medina first started using the initials IVM while working sporadically for IBM. His working relationship began in 1971 and was mediated by Mario F. Barberá. Some of the jobs undertaken for the company were art related, but most were not. IVM adopted the initials as his brand name in 1994, with the *Oficina de Gestión IVM* (*IVM Management Office*).

[2] Perec, G., *Pensar/Clasificar*, Gedisa, Barcelona, 1986.

[3] See photograph *Campaña 1969*.

Inventory

in our pockets, follow the orders on them, and take no notice of what they say.

This book is the result of three consecutive titles

The titles run in causal, chronological order. The second title is a response to the first one, and so on. They have a sort of baroque cumbersomeness which increases when they are lined up in succession: *Performance in Residence, Performance in Resistance, 18 pictures and 18 stories.*

Performance in Residence. This title, the first step in the entire project, was proposed by If I Can't Dance, I Don't Want To Be Part Of Your Revolution. Performance is invited to stop and occupy a place, and in doing so, to contravene its very nature. IVM responded to this paradoxical coupling of nouns with a different pair: *Performance in Resistance*—stubbornly refusing to have performance occupy a place.

Performance + Residence + Resistance. It could be argued that the result of the operation is a static, stable performance, immune to the set of forces acting on it. But, also, that the performance has undergone some sort of transformation. In response to the two previous titles came *18 pictures and 18 stories (18/18,* as it will be known here), a title proposed by Bulegoa z/b. Formally, this title exhibits a mirror symmetry, and reveals an equal will to count and narrate.

This book is the result of a chain of invitations and exchanges

In Autumn 2010 we were invited by If I Can't Dance to take part in the Performance in Residence programme. We were asked to research past performance work by an artist whose coherent, fertile practice, spanning five decades, is little known outside Spain. The proposal came when Bulegoa z/b was just opening up in Bilbao, nearly three years ago. We could say that the spirit behind IVM's practice, its continual questioning of given structures, has accompanied us in the process of shaping the nature of our office for art and knowledge.

Let us now go back to the beginning. In September 2010, the artist kindly received us at his home in Madrid. This led to a series of letters, visits and telephone calls. Shortly afterwards, at the beginning of 2011, he responded with a proposal, *Performance in Resistance*. It came as no surprise that our 'object of study,' a master in the art of escapology, had slipped ahead of us.

Our response to his first move came at the end of 2011. *18/18* aimed to present and contextualize *Performance in Resistance* with a series of stages or stops in different cities in 2012. In order to work correctly, the mechanism we devised required the inclusion of more participants than before: at each stage, we needed three people, each of them invited to enact an oral narrative on one of the eighteen photographs that make up *Performance in Resistance*, and also an institution to host it.

The conversation then extended to eight host institutions in several other cities:[4] If I Can't Dance, Amsterdam and Bulegoa z/b, Bilbao, the two institutions that gave birth to the project; Fundació Antoni Tàpies, Barcelona and BNV Producciones, Seville, which were involved in *Ir y venir de Valcárcel Medina*, a 2002 retrospective of the artist's work; the Museu de Arte Contemporânea da Universidade de São Paulo (MAC USP), which held the 1976 exhibition of the artist's work *A Cidade e o Estrangeiro* (*The City and The Foreigner*) curated by Walter Zanini,

---

[4] Other entities were gradually incorporated into the project while it was taking shape. When we were considering different ways of working on *Performance in Resistance*, including polyphony and multiple narratives, Frédérique Bergholtz and Tanja Baudoin of If I Can't Dance informed us that they were setting up a collaborative network with other European institutions, some of which were interested in joining the project. As other organizations were incorporated, the planned eighteen narratives (See Note 6 for the initial amount) gradually became twenty-one, breaking the mirror symmetry of the title.

Inventory

and the November, 2012 show of the same title curated by Cristina Freire; CAC Brétigny in Brétigny, Playground Festival at STUK arts centre/Museum M in Leuven, and the Tate Modern, London, members of Corpus, a collaborative network for commissioning performance-related work and the producers of this book. Each of the institutions share an interest in the work of IVM and the framework of the project.

Twenty-one people were incorporated into the series of exchanges, each of whom would produce a text for one of the stages of *18/18*. A criteria of proximity was generally used in selecting the narrators. Following our intuition, and in a process of dialogue with the host institutions, we invited people we felt had a proximity to IVM's practice. The criteria should be broadly understood here to include affective, ideological, methodological, and even random forms of proximity. This means that out of the twenty-one people invited, there are those who know IVM's work well, but also others who had hardly even heard of him before they were invited. In chronological order, the narrators in *18/18* included writers, academics, poets, artists, curators, editors, researchers, teachers, lawyers, performers, critics and choreographers (following each one's definition of him- or herself).

This book brings together what happened

This book is an object. It exists in a different spatial and temporal space to the things that took place. A book inevitably preserves what has happened as a document—a deferred, stabilized form. This book presents texts by the twenty-one narrators of the seven stages of *18/18*, as well as a text by narrator no. 22.

Before we recount what happened, which this book can do nothing more than vicariously account for, we must point out that two different things were requested of the twenty-one collaborators. They were asked to produce an oral narrative in the here and now, the course of things happening; and also a written narrative for the unchanging here and now of a book. This meant that two aesthetic artefacts must be conceived by each narrator: one performance to be listened to and watched, and one text to be read on paper. Different approaches were used, ranging from trying to do two things by doing one, to trying to do one thing by doing two. Whatever the chosen approach, an exercise of translation runs between the two artefacts.

But let us now try to give an account of what happened over the seven days in seven cities in 2012. For each stop, a series of concurring elements were needed to generate the encounter with *Performance in Resistance* we had proposed with *18/18*: the work in question; one surface on which to exhibit it (wall, tables, display cases); three consecutive speakers; one telephone connected to loudspeakers; IVM on the end of the line; one public; one space to hold all the elements, in which the public could watch *Performance in Resistance* and the narrators relate what they wished.

The format was also open to variation. The spaces, for example. The staging varied from two work spaces (the BNV offices in Seville, and Bulegoa z/b's in Bilbao), two theatres (Het Veem Theater, Amsterdam, STUK, Leuven); two educational spaces (art education space at the Fundació Antoni Tàpies, Barcelona, Archive of Works on Paper, MAC USP, São Paulo). In one instance, at the CAC Brétigny, the stage extended in space and time. It began in the morning on a bridge in Paris, travelled by bus to Brétigny and ended in the afternoon at the Edutainer, part of the CAC.

There were also variations in the form of the narratives. Asked to deliver a public speech, nineteen narrators delivered their own discourse, while two did so via an intermediary. Languages spoken were Spanish, ten times; English, six times; French, twice; a mixture of French and Spanish, once; Portuguese, once, and a mixture of Spanish and Portuguese, once. The narratives could also be grouped into those that were read and those that were spoken. If our memories don't fail us—something which, as we explained in the introduction, is to be permitted—we would say that eleven were read, eight were spoken without any kind of written script (hard to say if these were memorized or improvised), and two were produced during telephone conversations with IVM.

The staging was as follows: eight narrators accompanied their speeches with screened images, two hung their chosen photograph on the wall, three used objects they manipulated with their hands, one wore a costume, three used technical devices for broadcasting, recording and playing sound, one darkened the room and played music, one handed out a text.

The delivery of the narratives allowed for generic variations of seated (fourteen) and standing (seven) speakers. In one of the former, the speaker was inside a moving bus with her back to the public, who were also seated. The standing option allowed for a wider range of postures: one narrator spoke as she walked, following a ball as it floated down the Seine; one narrator held the same uncomfortable position as IVM throwing a spinning top on a chessboard; one asked the public to surround him in a circle while he spoke, and moved objects around on the floor; one gave instructions and waved goodbye to the audience; one played a musical composition; one sang opera. In another city, one narrator paraphrased IVM's original action at a pedestrian crossing.

To these variations could be added others such as differences in temperature or in the reactions of the public (laughter, surprise, discomfort). Some of these peculiarities are partially registered in the photographs in the book. Regardless of the differences and variations, however, there was a common characteristic in each of the seven stages: a similar sensation of sharing something akin to a celebration around eighteen photos, three people, one telephone and one voice coming from it.

It has to be said that the contribution of the voice on the end of the phone line played a fundamental role in generating the sense of conspiratorial delight which predominated at each of the stops. We were gathered around the work of an artist, the sense of whose absence was heightened through the multiplication of his presence in eighteen different photographs.[5] Following the three narrators the brief sound of the artist's voice came in from a distant city. As in television programmes in which competitors call up a member of their families, we heard a spectral bodiless voice, which in spite of the circumstances had something close and familiar about it. Spending an hour and a half in the company of eighteen photos that echo the image of the body they came out of, and three narratives, which start with the same body, must have had some effect. After the call the voice disappeared, and the glimpse of an encounter was over.

This book contains the series *Performance in Resistance*

18/18 was developed around the photographic series *Performance in Resistance*. This book contains a scaled reproduction of each of the images in the series, all of which portray the artist in different situations. The images were taken by Rocío Areán Gutiérrez in Madrid over Easter 2011, between Wednesday 20 April and Monday 25 April.[6] The passe-partout frame around them shows a typewritten title, date, a city, and occasionally other information. A quick look at the photographs

---

[5] Once *Performance in Resistance* was made, IVM expressed his intention not to travel to any of the places where our project would be staged.

[6] *Performance in Resistance* was initially planned as a series of nineteen photographs. Owing to problems of a logistical nature on Easter Monday, one of the photographs could not be taken, resulting in a series of eighteen instead of nineteen. *Performance in Resistance* thus turned from the stubborn, irreducible isolation of the prime number (in keeping with IVM's poetics of going against the tide), to the predictable, dividable regularity of even, also known as 'perfect' numbers.

Inventory

is enough to realize that they refer back to eighteen actions carried out by IVM in different cities between 1965 and 1993, and that they comprise a self-historicizing exercise whose tone is markedly sarcastic.

It should also be said that exercises of self-historicization are nothing new to IVM. They follow a premise in his work of "responding to your moment in history."[7] This exercise, however, is not born of an internal need; it is a response to growing external interest in his practice. Demand for his work has risen over the last ten years, and can partly be explained by the fact that his production is extremely difficult to access. On the one hand, it leaves very few traces aside from a few brief, succinct written reports; on the other, because he refuses to produce saleable works, it is practically impossible to find anything of his in public or private collections.[8]

The best way to approach work that systematically refuses to submit to conventions and forms of institutional and disciplinary inertia is thus to invite IVM to revisit it. Whenever the artist (who is the sole adminis-

---

[7] Unsourced quotes are taken from conversations with the artist.

[8] Paradoxically, working on *18/18*, Cristina Freire led us to what is probably the only institution with works by the artist in its collection, the Museu de Arte Contemporânea, Universidade de São Paulo, MAC USP. The circumstances by which these documentary registers of work from the seventies by IVM ended up becoming part of its collection are revealing. The documents, which include seven out of the eighteen actions in *Performance in Resistance*, were exhibited in *A cidade e o estrangeiro*, a solo exhibition curated by Walter Zanini in 1976. Letters between the artist and the curator show that the material remained in the museum owing to the fact that neither IVM nor the institution were able to pay for it to be sent back to the artist once the exhibition was over. The story gives some idea of the artist's lack of interest in registering his actions, and of the ethics governing his practice; also of the ethics governing conceptual forms of praxis in the context of countries ruled by dictatorial regimes on the periphery of the art system, and the logic of its market in the 1970s. The documentary registers of *A cidade e o estrangeiro* were exhibited at the MAC USP in November 2012 in the exhibition of the same title, curated by Freire. *Performance in Resistance* was exhibited in the same room.

trator and manager of his five decades of immaterial production), is given an invitation of this sort, he acknowledges his commitment to the problem of historical actuality by posing the question, "How can you go back and touch an old work without manhandling it, and in the process, create a new work?"[9]

Performance in Resistance is a new work, but—and here enters the shadow of doubt—it looks suspiciously like an old work. These antiquated images of the artist in different places, stances, situations and attire (a figure with a beard reading to a couple on a bench, listening hard; a figure with a beard handing out leaflets in the street; a figure with a beard throwing a ball off a bridge; etc.), are suspiciously similar to a minor genre of religious art: religious prints showing significant episodes in the lives of the Saints.[10] The martyrdom of the passion, however, plays no part in the images of Saint IVM. In them, eighteen actions converge into a single miracle which we will return to further on in this text.

Like other religious images, those of the lives of the saints had a doctrinal, exemplary function. The aim of them was to communicate the message of Christianity to illiterate worshippers through the lives of the virtuous. "Art is a personal act. It can serve as an example, but it should never be considered exemplary." IVM has repeatedly insisted for four decades on a position the hagiographical series *Performance in Resistance* appears to contradict.

To undertake your own exercise of historicization through a self-hagiography undoubtedly requires considerable detachment, impudence

[9] 'Valcárcel Medina al habla. Valcárcel Medina en conversación con José Díaz Cuyás y Nuria Enguita Mayo' in *Ir y venir de Valcárcel Medina*, Barcelona / Murcia / Granada: Fundació Antoni Tàpies / Comunidad Autónoma de la Región de Murcia / Centro José Guerrero, 2002.

[10] We would like to thank Pedro G. Romero for pointing this out during his intervention at the fifth stage of *18/18* at BNV Producciones, Seville, in November 2012.

and disregard for the matter in hand. Before anyone else does it for him, IVM decides to make up his own hagiography, and portray himself not as an example, but as an exemplary figure. And as he does so, he mocks the history of art's (and while he is at it, at the art system's) typical insistence on fetishizing the life and figure of the artist—which becomes even stronger whenever art and life are inseparable. *Performance in Resistance* is a mischievous gesture by someone watching in amusement as public recognition and awards come flooding in after years of hidden, silent work.[11]

Let us go back to the miracle that transpires in *Performance in Resistance*. However much of the marvellous there may be in the phenomenon, there seems to be no supernatural intervention whatsoever. The artist appears repeatedly, in each of the photographs, which were all taken in places a few minutes' walk away from where he lives. A close look at them will reveal that—and here comes the miracle—IVM is not actually anywhere to be found in this obstinate, parodic self-portrait. He is nowhere to be seen in the photographs. As in a performance, the artist, an activist following the command "not to stay in one place and one time," has escaped. As in a performance, he resists against "the invader, even the benefactor." His is a "senseless" resistance "against giving in," "simply, against changing."[12]

And to finish, a digression. "But why?" asks a complete stranger on the end of the phone line during a recording of *Conversaciones telefónicas* (1973). The artist has told her he is calling to give her his phone number, and invites her to write it down. "There's nothing to understand," replies IVM.

---

[11] Recent awards received by IVM include the Premio Nacional de Artes Plásticas, Spain, 2007 and the Premio de Escultura-Mariano Benlliure, Madrid, 2010.

[12] From IVM's definition of the term 'Resistance', written on the invitation of Bulegoa z/b for the Glossary in early 2012.

This book contains photographs and texts

Anyone paging through this book will see it is made up of both images and texts, and that these correspond to each other: each photograph has one corresponding text, and three of them have two.

First came the photographs, then the texts. Both images and texts can to some extent be considered separately from each other (mirroring the situation of the performance stages in *18/18.*) But what is the relationship between the two? Explaining the process behind them may help to elucidate.

As we have explained, each participant was invited to write a narrative based on one of the images. There were different reactions to this. The most common one was surprise and perplexity at the unusual nature of the commission. The reason for this was the word *relato,* (narrative).

This brings us back to the polysemic *contar* that began this text, to its two semantic fields, numbering and narration. *Contar* also refers to an area of intermediate meaning: 'to provide a reckoning of something'. A report—often used by IVM—is, for instance, a text that provides a reckoning of something that happened. To provide a better reckoning, a report may make use of any of the possible tools for any of the meanings of *contar* (counting, referring, narrating), or for *relatar* (to refer, to narrate).

The polysemic, ambiguous framework of the invitation is partly responsible for the diversity in the forms of narrative it gave rise to. These can be catalogued by a variety of relationships between text and photograph, which would be accounted for in the list of prepositions recited parrot-fashion by all school pupils in Spain until not so long ago. The twenty-one narratives could be categorized into the following possibilities: narrative written according to/after/against/before/for/from/of/over/through/to/towards/under/without *Performance in Resistance.* Another mode of classification could also be added, one which would

Inventory

divide the twenty-one narratives according to the different forms and genres of text they fall into. We find:

> commentary
> ekphrasis (graphic, often dramatic, description of an image)
> translation
> transcription
> numbering
> conversation
> fiction
> real life fiction
> real life fable
> story based on a report
> report based on a story
> montage of texts from different sources
> confessional narrative
> recounting what happened.

We will bring this text to an end now, and do so with a final brief list, and our acknowledgements to *Performance in Resistance*. We admit that its form and spirit inspired this project. So let us continue to quote IVM:

> —*18/18* attempts to "squeeze the possibilities of a particular matter dry and exhaust them to the ultimate consequence." The matter here was the work known as *Performance in Resistance*.
> —*18/18* intends to generate the conditions for a significant encounter to take place with a work, *Performance in Resistance*.
> —*18/18* wishes to make *Performance in Resistance* speak, and other voices speak around it.
> —*18/18* attempts to further the possibilities of *Performance in Resistance*, an example of "mobile, evolving, dissatisfied,

unyielding art," being able to "generate other works of art" and turning its viewers into "creators in revolution through what they have seen."[13]

---

[13] From the talk 'El espectador suspenso', by IVM during the series *Distància: art espectador,* Castelló de la Ribera, Alicante, 27 September 1997. Published in *Ànimes de Cànter,* Number 1, Sept. 1997.

LIST OF ACTIONS PHOTOGRAPHED FOR *PERFORMANCE IN RESISTANCE**

1
Peón de rey / King's Pawn
Murcia, 1965
Performed at the Casa de Cultura, Murcia. In the action, the artist aimed to move a spinning top down the king's row on a chessboard on the ground. The letters P, Ó, N, R, E, Y are written in six of the eight squares of the row. The action had to be performed several times to be successfully completed.

2
El hombre de la capa / The Man in the Cape
New York, 1967
Spontaneous action carried out while walking down Park Avenue, Manhattan. Hearing a voice behind his back saying, "If he's wearing a cape, it can only be Valcárcel," he stopped in the middle of the street, then raised his arms horizontally, holding his cape, and held the position for a long time.

3
Campaña 1969 / 1969 Campaign
Madrid, Murcia, 1969
Urban action in which eleven coloured leaflets were handed out, printed with instructions such as "Don't forget to forget this after you read it," "Keep until end of journey," "Throw this piece of paper into the nearest bin," etc. At the bottom of each leaflet were the words, "Advice from Valcárcel Medina. In collaboration with the 1969 DGS Campaign." The title of the action refers to an official vaccination campaign by the Dirección General de Sanidad (Department of Public Health), the acronym for which coincides with that of the infamous Dirección General de Seguridad (Department of Public Safety). During the photo session for the corresponding image in *Performance in Resistance*, the artist commented that "With a bit of ingenuity you can easily torpedo the dictatorship and its censorship. I was handing this out at the Puerta del Sol, right in front of the DGS (Department of Public Safety). I had no problems at all."

4
El cuadro / The Painting
Madrid, 1969
Action by the artist consisting in the door to door selling of an academically painted landscape made by the artist as a young man. He attempted to convince whoever opened the door, which was normally a woman, of the advantages of buying the painting as a decoration for their home. The action took the form of a type of sales technique often used at the time, during the years of what was known as the *desarrollismo* (economic development) of the dictatorship, characterized by improved economic and material conditions among the urban population in Spain. Together with *Campaña 1969*, the work initiates a series of actions carried out over the following decade, in which the artist would walk up and speak to total strangers.

5
S/T (conocida como Paso de peatones) / Untitled (also known as Pedestrian Crossing)
Different cities, 1971
Spontaneous action. "I've done it so often I never thought of it as something concrete. It's like a recipe you can carry around with you. You get to a place and say, 'I'll do it here'. At a pedestrian crossing, when you're waiting for the light to turn green, it's as if there were two battalions facing each other. That's exactly when you can do this silly action; you raise your hand and wave it conspicuously at no one in particular on the other side of the street. That kind of attitude always makes people curious. But then all you do is cross the road and carry on walking. In the seventies I did it in several different places: Madrid, Barcelona, Seville, Murcia, Buenos Aires and Stockholm. I remember Stockholm really vividly; the action was really effective there. Everyone stared in amazement."

6
12 ejercicios de medición sobre la ciudad de Córdoba (J) / 12 Measuring Exercises on the City of Córdoba (J)
Córdoba, 1974
Twelve exercises or tests in measuring the environment and the traffic, both physical and symbolic, in Córdoba. Made between 27 and 30 November 1974. A first conscious example of what the artist was to call sociological art, used tools and techniques drawn from social science, (maps, floor-plans, surveys, etc.), but not its aims. The results of the exercises were gathered in an eight-page typed report with four maps. Exercise J consisted of finding out "how far I need to walk in order to completely use up four pieces of chalk of the regular commercial length."

7
La visita / The Visit
Different cities, 1974
Referred to by the artist as a "home action," this action was a response to an invitation by art publisher Mario F. Barberá, who once a year offered his subscribers a possible purchase of works from limited editions by different artists. Barberá organized an exhibition at the Goethe Institute, Madrid, in which a copy of each available work was shown for subscribers to make their selection. To present his work, the artist exhibited himself wearing a shirt and striped trousers, sitting in the corner of the room. Whoever bought the piece acquired the right to a visit from the artist in their home.

8
El Sena por París / The Seine through Paris
Paris, 1975
An act of measurement carried out as a city walk on 20 February 1975. The object of measurement was the time taken by a ball in floating down the Seine between the first and last of the twenty-six bridges that spanned the river at that time in its course through Paris. To carry this out, twenty-six differently coloured plastic balls were used, one for each bridge. The time the

action took was recorded on tape, along with the sounds of the city and the conversation between the artist and Esther Ferrer, who accompanied him on the walk.

9
Retratos callejeros / Street Portraits
Barcelona, Madrid, 1975
Urban action, example of sociological art, consisting of "deliberately standing in front of a passer-by and taking a photo of him or her." The artist then handed the passers-by a piece of paper informing them they would be taking part in a "portrait exhibition" and inviting them to pass by and give their approval "of both the result of the image and the exhibition." The photographs were presented in groups of six and eight, mounted on cardboard. Some of the portraits were taken off the wall when the approval of the subject was not obtained, and this was indicated under the gap left by the absent image. Other photographs were accompanied by the statement, "Came to see the portrait and gave his/her approval." Those that remained were of people who did not pass by the exhibition. The images were exhibited at the Sala Vinçon, Barcelona, and Studio Levi, Madrid (1976) as part of the exhibition *3 ejercicios.*

10
Hombres anuncio / Human Billboards
Madrid, 1976
Participatory action. Part of *3 ejercicios,* solo exhibiton at Studio Levi, Madrid. Visitors to the gallery were invited to write a message on a portable blackboard and carry it through Madrid. An explanatory note indicated, "We will graphically document the event; and we would also ask you to communicate to us what you experience as you do it, in order to exhibit all of this later at the gallery." Messages written by participants included "Amnesty," "What do you think of human billboards? Nothing?! You think nothing? Think, please." The artist's part in the action was to walk through the streets bearing the message, "In favour of travelling art." His *Manifiesto del arte ambulante* (Manifesto of Travelling Art), which he brought out the same year, stated, "Travelling art when you walk. Motionless art when you are still. But the art of artists, while it lasts or is necessary, must be active."

11
136 manzanas de Asunción / 136 Blocks of Asunción
Asunción, 1976
Urban action, example of sociological art. The artist chose a block in the centre of the capital city of Paraguay and then approached people in the street and asked them to come with him on a walk around the block, saying that he was mainly seeking to inform himself. On each one of the 136 blocks he chose, he repeated the attempt a set number of times. If he was refused, he went on to the next block. Valcárcel Medina's notes on the resulting conversations are reproduced in the typed *Informe y resumen general de actividades en Sudamérica* (*Summary and Report on Activities in South America*),

from which this is an extract: Block no. 8. Young man: "It sometimes snows here." Pointing to a lawn, says: "There is snow on the fields." Tells me the story of a Spaniard, the founder of the city, who is commemorated in a nearby monument, and "who brought culture to these lands which had always been so neglected."

12
Etiquetas adhesivas / Stickers
Buenos Aires, 1976
Urban action carried out in July 1976. At the opening of a solo exhibition at the Centro de Arte y Comunicación, Buenos Aires, the artist asked the public to choose two out of a number of stickers laid out on a table, attach them to their lapels and walk outside through the city. The coup d'état that installed the Military Junta in Argentina had been staged four months previously. Nobody dared go out onto the streets, and the action finally took place inside the space. Each sticker carried one word of the sentence, "Art is a personal act. It can serve as an example, but it should never be considered exemplary."

13
**El diccionario de la gente /
The Dictionary of the People**
São Paulo, 1976
Participatory urban action consisting of the compilation of a catalogue of Portuguese words. The artist handed out cards in São Paulo and inside the Museu de Arte Contemporânea, Universidade de São Paulo, MAC USP, with the following written on them: "I am a foreign artist travelling in Brazil. I can't speak any Portuguese and would be very grateful if you could write down a word in your language on this card."

The answers on the 174 cards were exhibited later the same day at the museum and later compiled in the *Informe y resumen general de actividades en Sudamérica* as a list in alphabetic order, including repeated terms, with their meaning in Spanish. The action was done for *A cidade e o estrangeiro*, curated by Walter Zanini for the MAC USP.

14
**El pintor en la calle /
The Painter on the Street**
Madrid, 1978
Exercise in painting from nature in which the artist used the necessary equipment, but without touching the canvas with his brush. Done in Madrid on two separate occasions: once outside the Escuela de Bellas Artes and once in the Plaza Cibeles, Madrid. In the first action he was thrown out of the art school by the caretakers; first from the entrance and then from the stairway into the building. Before they managed to do so, a professor passing by with her students stopped and said, "A good action."

15
**Encuesta en la cola del besamanos del Jesús de Medinaceli /
Survey in the Queue of Worshippers, Church of Jesús de Medinaceli**
Madrid, 1978

An example of sociological art, which included the participation of around forty people, who were interviewed by the artist in a series of conversations rather than with a fixed set of questions. In them, Valcárcel Medina asked worshippers waiting at the doors of a church to take part in a periodically held devotional rite about the reasons why they were waiting. The artist made no notes on the conversations, but wrote a two-page report on the action. Conversations were led in such a way as to "clarify what each person thought, and how much information they had on the history and current situation of the sculpture, while at the same time I could hint at my objection to action as a pure ritual." Some of the most frequent questions were, "Do you ask for material or spiritual benefits?" "Do you think miracles are still possible in this day and age?" "What do you think is more important, what you ask for or what you offer?" "Is the story of the fire true? And the story of the gold coins?"

16
Maratón / Marathon
Madrid, 1981
Urban action in which the artist joined in a popular marathon in Madrid. He ran the established distance of 42 km, 195 m in five hours, and was one of the last runners past the finishing line. Not being a sports enthusiast, he was unfit before the event and had to train for several months. Before the race, he sent a letter inviting recipients to meet him at different points on the run at a scheduled time.

17
S/T (conocida como Herramientas de precisión) / Untitled (also known as Precision Tools)
Milan, 1987
Performed at *Milanopoesía: VII Festival Internazionale di poesia, musica, video, performance, danze e teatro*. The action consisted of the building of a single family home, with walls, doors, windows and ceiling, without any building materials. Using the necessary precision tools—plumb, level, etc.—the artist mimed out the borders of the building's structure, marking them in space. The action was considered finished once the house, drawn in its entirety without being built, could stand in the air with propriety.

18
El discurso sigue… su curso / The Discourse Follows…its Course
Granada, 1993
Urban action, discontinuous travelling talk made at the *2º Encuentro de performances y nuevas formas de creación*, on the streets of Granada. The artist read fragments of a talk to passers-by who were willing to listen for a minute. He stopped after the agreed time and continued searching for a new audience. This and *No escribiré arte con mayúscula* (Salamanca, 1994) were two of the last actions Valcárcel Medina was to do within a programmed context.

* Synopses based on information provided by Isidoro Valcárcel Medina, documentary material on his work, and the publication *Ir y venir de Valcárcel Medina* (ex. cat.), Barcelona / Murcia / Granada: Fundació Antoni Tàpies / Comunidad Autónoma de la Región de Murcia / Centro José Guerrero, 2002.

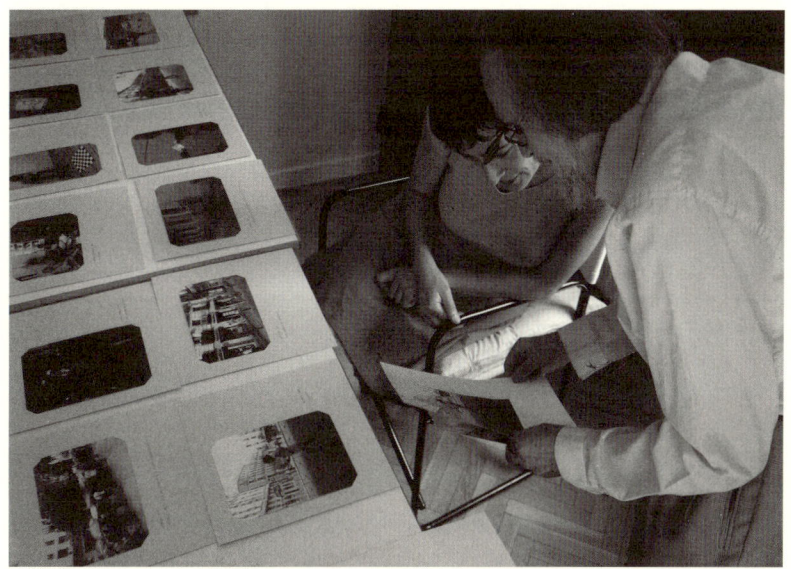

LISTA DE ACCIONES FOTOGRAFIADAS EN *PERFORMANCE IN RESISTANCE**

1
Peón de rey
Murcia, 1965
Acción realizada en la casa de cultura de Murcia. Su objeto era hacer bailar una peonza sobre la columna de Peón de rey de un tablero de ajedrez colocado en el suelo. En seis de los ochos cuadrados de la columna aparecían escritas en mayúscula las letras "P", "Ó", "N", "R", "E", "Y". Para su completa y exitosa realización la acción requirió de varios intentos.

2
El hombre de la capa
Nueva York, 1967
Acción espontánea realizada por el artista mientras caminaba por Park Avenue en Manhattan. Al escuchar a su espalda una voz que decía "Si lleva capa, sólo puede ser Valcárcel", se detuvo en medio de la avenida y, levantando los brazos perpendiculares al tronco mientras sujetaba la capa con las manos, mantuvo el gesto durante un tiempo prolongado.

3
Campaña 1969
Madrid y Murcia, 1969
Acción urbana consistente en el reparto de once octavillas de colores con indicaciones impresas como "No olvide olvidarlo una vez leído", "Consérvelo sólo hasta el final del viaje", "Tire este papel en la papelera más próxima", etc. Al pie de cada octavilla se leía "Es un consejo de Valcárcel Medina. En colaboración con Campaña 1969 de la DGS". El título de la acción hacía referencia a una campaña oficial de vacunación realizada aquel año por la Dirección General de Sanidad, cuyas siglas, DGS, coincidían con las de la más conocida e impopular Dirección General de Seguridad. Durante los preparativos de la toma de la fotografía correspondiente para *Performance in Resistance*, el artista comentaba: "Es fácil torpedear a la censura y a la dictadura con un poquito de ingenio. Estuve repartiéndola en la puerta del Sol, delante de la DGS [Dirección General de Seguridad]. No tuve problema de ningún tipo."

4
El cuadro
Madrid, 1969
Acción de venta a domicilio de un paisaje académico realizado por el artista en su juventud. A la persona que abría la puerta, en su mayoría mujeres, se le trataba de convencer de las ventajas de adquirir el cuadro para utilizarlo como decoración de su vivienda. La acción tomaba la forma de un tipo de venta típico en esos años, los del conocido como el "desarrollismo" franquista, caracterizados por la mejora de las condiciones económicas y materiales de la población urbana española. Inaugura junto a *Campaña 1969* una serie de acciones que el artista desarrollará a lo largo de la década siguiente en las que de manera aleatoria se acerca a gente desconocida.

5
S/T (conocida como Paso de peatones)
Varias ciudades, 1971
Acción espontánea. "La he hecho tantas veces que nunca lo he considerado que fuera una cosa concreta. Es como una receta que llevas en el bolsillo. Llegas a un sitio y dices: 'Lo voy a hacer aquí'. Cuando estás en un paso de peatones esperando a que la luz se ponga en verde es como si tuvieras dos batallones uno frente a otro. Ése es el momento apropiado para hacer una acción tonta, levantar el brazo y agitarlo de forma ostentosa a nadie en particular al otro lado de la calzada. Ese tipo de actitud siempre provoca curiosidad. Pero vas, cruzas, y prosigues tu camino. Durante los años setenta la hice en varios lugares: Madrid, Barcelona, Sevilla, Murcia, Buenos Aires y Estocolmo. Recuerdo de manera vívida este último lugar, porque la acción fue efectiva de verdad. Todos me miraban con cara de asombro."

6
12 ejercicios de medición sobre la ciudad de Córdoba (J)
Córdoba, 1974
Doce ejercicios o pruebas de medición del ambiente y del tráfico, tanto físico como simbólico, de la ciudad de Córdoba. Realizados entre el 27 y el 30 de noviembre de 1974. Primer ejemplo consciente de lo que el artista dará en llamar arte sociológico, toma de la ciencia social sus técnicas y herramientas (mapas, planos, encuestas, etc.) pero no sus objetivos. Los resultados de las mediciones se recogieron en un informe mecanografiado de ocho páginas y cuatro planos. El ejercicio J consistió en comprobar "el recorrido que era necesario abarcar para el consumo de cuatro barras de tiza, tamaño comercial."

7
La visita
Varias ciudades, 1974
Denominada por el artista como "acción domiciliaria", la acción fue realizada en respuesta a la invitación del editor artístico Mario F. Barberá. Éste ofrecía anualmente a sus suscriptores la posibilidad de adquirir obras de tirada limitada de distintos artistas. Con el objeto de que los abonados pudieran seleccionar sus compras, el editor organizó una exposición en el Instituto Alemán de Madrid en la que se mostró un ejemplar de cada obra. Como forma de presentar su obra, el artista se expuso a sí mismo vestido con camisa y pantalón a rayas sentado en una esquina de la sala. Quien compraba la pieza adquiría el derecho a recibir en su casa una visita del artista.

8
El Sena por París
París, 1975
Acto de medición realizado en forma de paseo urbano el 21 de febrero de 1975. El objeto de medición fue el tiempo que una pelota tardaba en recorrer el Sena entre el primero y el último de los veintiséis puentes que entonces atravesaban el río a su paso por París. Para efectuar la medición se emplearon veintiséis pelotas de plástico de distinto color, una por cada

puente. El tiempo de la acción se registró en una grabación magnetofónica, que recogió el sonido urbano y la conversación del artista con Esther Ferrer, que le acompañó en el recorrido.

9
Retratos callejeros
Barcelona y Madrid, 1975
Acción urbana y ejemplo de arte sociológico. Consistía en "ponerse alevosamente delante de un viandante cualquiera y dispararle una foto". A continuación, el artista le entregaba un papel en el que se indicaba que la fotografía estaba destinada a formar parte de "una exposición de retratos" y que se le invitaba a visitarla y dar su conformidad "tanto al resultado de la imagen como a su exhibición". Las fotografías se presentaron en grupos de seis y ocho y montadas sobre cartulina. En algunos casos se retiró el retrato por no estar de acuerdo la persona retratada y así se indicó al pie del hueco dejado por la foto. En otras ocasiones ésta aparece acompañada de "Vino a ver el retrato y dio su conformidad". El resto de retratados no visitó la exposición. Las fotografías se mostraron en la Sala Vinçon de Barcelona (1975) y en Studio Levi de Madrid (1976) como parte de la exposición *3 ejercicios*.

10
Hombres anuncio
Madrid, 1976
Acción participativa. Formó parte de *3 ejercicios*, exposición individual en Studio Levi de Madrid. Se invitaba a los visitantes de la galería a escribir un mensaje sobre una pizarra transportable y, colocándosela sobre los hombros, pasearse por Madrid. En una nota se explicaba: "Por nuestra parte sacaremos la documentación gráfica del sucedido; a la vez, le agradeceríamos que nos comunicara sus experiencias durante el mismo, para que todo ello pudiera ser exhibido posteriormente en la galería". Entre los distintos mensajes escritos estaban "Amnistía" y "¿Qué piensa de los hombres-anuncio? ¿¡Nada!? ¿No piensa nada? Por favor, piense". Por su parte, el artista se paseó por las calles con el mensaje "Por un arte ambulante". Su "Manifiesto del arte ambulante", presentado ese mismo año, decía: "Arte ambulante cuando tú deambules. Arte quieto cuando estés inmóvil. Pero, el arte de los artistas, mientras dure o sea necesario, ha de ser activo."

11
136 manzanas de Asunción
Asunción, 1976
Acción urbana y ejemplo de arte sociológico. Una vez seleccionada una manzana del centro de la capital paraguaya, el artista se dirigía a una persona en la calle con la proposición de que le acompañara a dar una vuelta a la manzana, explicándole que su propósito era primordialmente informativo. En cada una de las 136 manzanas seleccionadas, repetía el intento un número de veces fijo. Caso de no obtener aceptación, pasaba a la siguiente manzana. El artista mecanografió los apuntes de las conversaciones mantenidas en su "Informe y resumen general de actividades en Sudamérica":

"Manzana número 8. hombre joven."

"Aquí nieva, a veces. Señalando el césped de un jardín, me dice que hay nieve en los pastos."

"Me cuenta la historia de un español del que se ve un monumento en las inmediaciones, que fue el fundador de la ciudad, 'el que trajo la cultura a estas tierras tan abandonadas antes'."

12
Etiquetas adhesivas
Buenos Aires, 1976
Acción urbana desarrollada en julio de 1976. Durante la inauguración de una exposición individual en el Centro de Arte y Comunicación de Buenos Aires, el artista propuso a los asistentes que eligieran dos etiquetas adhesivas entre las que había dispuestas sobre una mesa y salieran a la calle a pasearse con ellas colocadas sobre la solapa. Hacía cuatro meses que los militares habían dado el golpe de estado que llevó a la instauración de una Junta Militar en Argentina. Nadie se atrevió a salir a la calle y la acción se realizó finalmente en el interior de la sala. En cada una de las etiquetas adhesivas aparecía escrita una palabra de la frase "El arte es una acción personal que puede valer como ejemplo pero nunca tener valor ejemplar."

13
El diccionario de la gente
São Paulo, 1976
Acción urbana participativa. Consistió en la compilación de un catálogo de palabras portuguesas. El artista repartió por las calles de São Paulo y en el interior del Museu de Arte Contemporânea, Universidade de São Paulo, MAC USP, unas tarjetas que decían en portugués: "Soy un artista extranjero de visita en Brasil. No sé nada de portugués y le estaría muy agradecido si escribiese en esta tarjeta una palabra cualquiera de su idioma."

Las respuestas recogidas en 174 tarjetas se expusieron ese mismo día en el museo. Después se reunieron en el "Informe y resumen general de actividades en Sudamérica" en forma de listado alfabético que recoge los términos, manteniendo sus repeticiones, acompañados de su significado en castellano. Realizada con ocasión de *A cidade e o estrangeiro*, exposición comisariada por Walter Zanini en el MAC USP.

14
El pintor en la calle
Madrid, 1978
Ejercicio de pintura del natural realizado con el utillaje requerido (caballete, lienzo, colores y pincel) pero sin aplicar el pincel a la tela. Realizado en dos ocasiones, en el exterior de la Escuela de Bellas Artes de Madrid y en la Plaza Cibeles de la misma ciudad. En el primer caso, el artista fue pronto expulsado por los bedeles del centro. Primero de la puerta y luego, de la escalinata de acceso al edificio. Antes de que la expulsión se hiciera efectiva, una profesora que pasaba por allí con sus alumnos se detuvo y les dijo: "Es una buena acción."

15
Encuesta en la cola del besamanos del Jesús de Medinaceli
Madrid, 1978
Acción ejemplo de arte sociológico en la que participaron alrededor de cuarenta personas. Sin contar con un cuestionario fijo, el artista inquiría a aquéllas por los motivos de su espera a las puertas de una iglesia en la que periódicamente se celebra un acto devocional. El artista no tomó nota de las conversaciones y redactó posteriormente un informe de dos folios. Cada conversación se realizaba de tal manera que, "por un lado, aclarara la concepción e información que cada persona tenía del suceso histórico y actual, mientras que por otro dejara entrever mi postura de desacuerdo con la acción como puro ritual". Algunas de las preguntas más habituales fueron: "¿Pide usted bienes materiales o espirituales?", "¿Sigue creyendo en la posibilidad de los milagros en nuestra época?", "A qué concede más importancia, ¿a lo que pide o a lo que ofrece?", "¿Es cierta la historia del incendio, del pesaje?"

16
Maratón
Madrid, 1981
Acción urbana consistente en la participación en el maratón popular de Madrid. El artista realizó el recorrido establecido de 42 km y 195 m en 5 horas, y fue uno de los últimos corredores en llegar a la meta. Previamente se entrenó durante varios meses ya que, no siendo aficionado a la práctica del deporte, no se encontraba en forma. Antes de la carrera, envió una carta en la que invitaba a sus destinatarios a encontrarse con él en distintos puntos del recorrido según el horario previsto.

17
S/T (conocida como Herramientas de precisión)
Milán, 1987
Acción realizada en *Milanopoesía: VII Festival Internazionale di poesia, musica, video, performance, danze e teatro*. Consistía en la construcción de una casa unifamiliar, con sus paredes, puertas, ventanas y techo, pero prescindiendo de los materiales de construcción. Empleando las herramientas de precisión necesarias —plomadas, niveles, etc.— el artista trazaba gestualmente y marcaba en el espacio los límites estructurales de la edificación. La acción se daba por concluida una vez que la casa, definida en su integridad pero sin haber levantado obra, podía mantenerse, con propiedad, en el aire.

18
El discurso sigue... su curso
Granada, 1993
Acción urbana y conferencia ambulante y discontinua realizada durante el *2º Encuentro de performances y nuevas formas de creación* por las calles de Granada. El artista leía fragmentos de una conferencia a los transeúntes que se prestaran a escucharle durante un minuto. Una vez transcurrido el tiempo acordado, se iba a otro lugar en busca de nueva audiencia. Junto a *No escribiré arte con mayúscula* (Salamanca, 1994), será una de las últimas acciones que el artista realice dentro de un contexto programado.

* Para la elaboración de las sinopsis se ha contado con la información proporcionada por Isidoro Valcárcel Medina, el material documental de su obra y la publicación *Ir y venir de Valcárcel Medina*. Barcelona / Murcia / Granada: Fundació Antoni Tàpies / Comunidad Autónoma de la Región de Murcia / Centro José Guerrero, 2002.

TOUR
18 PICTURES AND 18 STORIES / 18 FOTOGRAFÍAS Y 18 HISTORIAS

* 26 February 2012 – 26 febrero 2012:
If I Can't Dance at Het Veem Theater,
Amsterdam – Ámsterdam
Storytellers/Narradores: Moosje Goosen,
Esteban Pujals Gesalí, Emilio Moreno

* 6 July 2012 – 6 julio 2012:
Fundació Antoni Tàpies, Barcelona
Storytellers/Narradores: Nuria Enguita Mayo,
Aimar Pérez Galí, Manuel Martínez Ribas

* 20 April 2012 – 20 abril 2012:
Bulegoa z/b, Bilbao
Storytellers/Narradores: José Díaz Cuyás,
Azucena Vieites, Jaime Vallaure

* 27 October 2012 – 27 octubre 2012:
CAC Brétigny, Greater Paris – Gran París
Storytellers/Narradores: Esther Ferrer,
Jon Mikel Euba, Pierre Bal-Blanc

* 6 November 2012 – 6 noviembre 2012:
BNV Producciones, Seville – Sevilla
Storytellers/Narradores: Miren Jaio,
Isaías Griñolo, Pedro G. Romero

* 29 November 2012 – 29 noviembre 2012 /
Exhibition until 28 July 2013: MAC USP
São Paulo
Storytellers/Narradores: GEACC,
Juan Domínguez, Carla Zaccagnini

* 4 October 2013 – 4 octubre 2013:
Tate Modern, London – Londres
Launch publication/Presentación de la
publicación *18 pictures and 18 stories /
18 fotografías y 18 historias*

* 11 November 2012 – 11 noviembre 2012:
Playground Festival at STUK arts centre/
Museum M in Leuven – festival Playground del
centro de arte STUK/ Museum M en Lovaina
Storytellers/Narradores: Koen Brams,
Dora García, Myriam Van Imschoot

*Photography credits /
Créditos de las fotografías:*
Het Veem Theater: Sal Kroonenberg
Bulegoa z/b: Marion Cruza, Tania Argandoña
Fundació Antoni Tàpies: Rafa Barber
CAC Brétigny: Twongvi Nguyen
BNV Producciones: Manuel Prados
Playground Festival: Joeri Thiry
MAC USP: Douglas Romão

BIOGRAPHIES

Pierre Bal-Blanc is the Director of CAC Brétigny (Contemporary Art Centre of Bretigny, Greater Paris), France, where, since 2003, he has run Phalanstère Project, a site-specific artist works series parallel to the exhibitions and residencies programme of the art centre. As an independent curator he created, amongst others, *La Monnaie Vivante—Living Currency* (STUK, Leuven; Tate Modern, London; Moma, Warsaw; Berlin Biennale) and *Draft Score for an Exhibition* (Le Plateau, Paris; Artissima, Torino; The Secession, Vienna; Index, Stockholm).

Koen Brams (Turnhout, 1964) is a freelance researcher and writer. He is the former editor-in-chief of *De Witte Raaf* (1992-2000) and former director of the Jan van Eyck Academie (2000-2011). Together with Dirk Pültau he conducts a research project about art in Belgium since 1945. Recent publications: *The Encyclopedia of Fictional Artists*, JRP Ringier (2010); *The Clandestine in the work of Jef Cornelis* (together with Dirk Pültau), Argos/De Witte Raaf/Jan van Eyck Academie/Marcelum Boxtareos (2010); *Matt Mullican: Im Gespräch/Conversations* (together with Dirk Pültau), DuMont, Köln (2011).

José Díaz Cuyás (Valencia, 1962) is Professor of Aesthetics, Universidad de La Laguna. He curated *Los Encuentros de Pamplona 1972: fin de fiesta del arte experimental*, Museo Nacional Centro de Arte Reina Sofía (2010); and *Ir y venir de Valcárcel Medina*, Fundació Antoni Tàpies (2002). He has given talks and lectures and published in specialized catalogues and magazines since the 1980s. He directs the publishing venture Acto ediciones, and *Acto: revista de pensamiento artístico contemporáneo (revista-acto.net)*.

Juan Domínguez (Valladolid, 1964) is a performer, choreographer, stage director and curator. His work proposes a merging between fiction and reality. His current focus is on the autonomy of performative practices and their impact on social reality. Recent titles: *Blue* (2009); *Clean Room* (scenic mini-series) (2010), and *Ya llegan los personajes* (in collaboration with Los Torreznos) (2011). Between 2003 and 2012 he was the artistic director of the Festival In-Presentable (La Casa Encendida, Madrid). Since 2010 he has been co-director of Living Room Festival (Madrid/Berlin).

Nuria Enguita Mayo (Madrid, 1967) is a member of the team directing arteypensamiento de la Universidad Internacional de Andalucía-UNIA, where she runs the programme *Narrativas de Fuga*. She is co-editor of *Concreta*, and also of *Afterall*. She was Art Director at the Fundació Antoni Tàpies from 1998 to 2008, and worked as museum curator at the IVAM from 1991 to 1998. In 2002 she was a member of the curatorial team of Manifesta 4, Frankfurt, and co-curated *Encuentro Internacional de Medellín MDE11* in 2011.

Jon Mikel Euba (Amorebieta, 1967) is an artist and lives in Bilbao. Solo exhibitions include *PRIMER PROFORMA 2010. BADIOLA EUBA PREGO*, MUSAC, León (2010); and *Kill'em all + Fiesta 4 Puertas* at Fundació Antoni Tàpies, Barcelona (2003). His work was included in Manifesta 4, Frankfurt, (2002); Istanbul Biennale (2005); Busan Biennale (2004), and Venice Biennale (2003). Performances by him have been staged at both Stedelijk Museum Bureau Amsterdam and de Appel arts centre, Amsterdam (2008), Project Arts Centre, Dublin (2009), Van Abbemuseum, Eindhoven, as part of If I Can't Dance, Edition III—Masquerade (2008–2010), and Valparaíso Intervenciones, Valparaíso (2010).

Esther Ferrer (Donostia-San Sebastián, 1937) is an artist living in Paris. In 1967 she did her first performance, which, as an ephemeral practice, runs through all her work. She has produced objects, photographs, and systems based on prime numbers. In 1967 she joined ZAJ, set up in 1964 by Ramón Barce, Juan Hidalgo and Walter Marchetti, and disbanded in 1996. In 2008 she was awarded the Premio Nacional de Artes Plásticas, and in 2012 Basque Government's Gure Artea prize.

Dora García (Valladolid, 1965) uses a range of media including performance, video, text, and installation. García's pieces often involve staging unscripted scenarios that elicit doubt as to the fictional or spontaneous nature of a given situation. They predetermine set rules of engagement or utilize recording devices to frame both conscious and unconscious forms of spectator participation. Dora García has had solo exhibitions at, among others, Index, Stockholm (2011) and Kunsthalle Bern (2010). She participated in dOCUMENTA 13 (2012), Venice Biennale (2011), and São Paulo Biennial (2010).

Moosje Goosen (Bergen op Zoom, 1980) is a writer who lives and works in Rotterdam, the Netherlands. She has contributed fiction, essays and art criticism to various art and artist publications, and collaborates with, among others, the Uqbar Foundation. In her ongoing research on phantom limbs, she attempts to 'look' at absent and a-visual matter by means of speculative writing.

Isaías Griñolo (Bonares, 1963) is an artist, who lives and works in Seville, Huelva and Badajoz. He is a member of PRPC (Plataforma de Reflexión de Políticas Culturales) and develops projects relating to memory, ecology, economics, poetry and art, such as *Asuntos Internos. La Cultura como cortina de humo*; *Desmemoria. 14 documentos sobre un lugar de olvido* y *Escombros: imágenes, relatos y discursos de las prácticas ecologistas* on the relationships between financial flows and territory. Since 2006, he has collaborated with *Sobre capital y territorio* (UNIA, arteypensamiento, Sevilla).

The **Grupo de Estudos em Arte Conceitual e Conceitualismos no Museu– GEACC** (Group for Research on Conceptual Art and Conceptualisms) is made up of graduate and postgraduate students and directed by Professor Cristina Freire. Associated with the CNPq (National Research Council), it is a laboratory for the elaboration of a critical history of art using the collection of the Museu de Arte Contemporânea da Universidade de São Paulo as a starting point. Contributors to this project were Adriana Palma, Heloísa Louzada, Douglas Romão, Emanuelle Schneider Atania, Carolina Castanheda Moura, Eduardo Akio Shoji and Jonas Pimentel.

Miren Jaio (Bermeo, 1968) is an art critic. Since 2010 she has been a member of Bulegoa z/b, an office of art and knowledge, along with Beatriz Cavia, Isabel de Naverán and Leire Vergara. She is currently working on her PhD thesis at the Department of Art History of Universidad del País Vasco, EHU/UPV.

Manuel Martínez Ribas (Barcelona, 1965) is a lawyer specializing in Intellectual and Industrial Property and Information Technology. In 1991, he co-founded a law firm, which specializes in legal transactions and contentious procedures relating to copyright, computers, data protection, protection of privacy and e-commerce; and including phishing, corporate social responsibility, computer forensics and open source software, and consultancy for open source developers, artists and other creative entities. He also has some experience as a musical performer.

Emilio Moreno (Ávila, 1980) is an artist. Recent public viewings of his work include *Abridged*, South African National Gallery, Cape Town (2012) and the group projects *The Autonomy Project*, Van Abbemuseum/Onomatopee, Eindhoven (2011), *The Grand Domestic Revolution*, Casco, Utrecht (2011–2012) and *Un Sistema Hechizado*, Centro de Arte Dos de Mayo, Móstoles (2012).

Aimar Pérez Galí (Barcelona, 1982) works in the performing arts. He trained as a contemporary dancer at Amsterdam School of the Arts (AHK) and is currently following the Independent Studies Programme at the MACBA. He works internationally with Xavier Le Roy and Nicole Beutler. Alongside his own work as a creator, researcher and teacher, he runs Espacio Práctico.

Esteban Pujals Gesalí (Madrid, 1952) is a poet (*Blanco nuclear*, 1986; *Juegos de artificio*, 1987; *La cólera del caracol*, unpublished) and translator (T.S. Eliot, *Four Quartets*, 1990; John Ashbery, *April Galleons* 1994; Gertrude Stein, *Tender Buttons*, 2011; Lyn Hejinian, *My Life*, 2011). He teaches English and American literature (Universidad Autónoma de Madrid) and is the author, among other publications, of two essays on Isidoro Valcárcel Medina's work, 'La medida de lo posible: Vida y obra de Isidoro Valcárcel Medina,' published in the artist's exhibition catalogue, *Ir y venir de Valcárcel Medina* (Fundació Antoni Tàpies, Barcelona, 2002), and 'Valcárcel Medina's Constellations' (*Afterall*, 26, 2011).

Pedro G. Romero (Aracena, 1964) has been working as an artist since 1985. He is a member of PRPC (Plataforma de Reflexión sobre Políticas Culturales) in Seville, and works with UNIA's arteypensamiento, Seville. Since 2007, he has been director of the project *De rasgos árabes* (Buenos Aires, São Paulo, Santiago de Chile, San Salvador and México DF), and since the late '90s he has been developing *F.X. Archive* (http://www.fxysudoble.org/) and *Máquina P.H.*

Isidoro Valcárcel Medina
21-12-1.9371.9381.9391.9401.9411.9421.9431.9441.9451.946
    1.9471.9481.9491.9501.9511.9521.9531.9541.9551.956
    1.9571.9581.9591.9601.9611.9621.9631.9641.9651.966
    1.9671.9681.9691.9701.9711.9721.9731.9741.9751.976
    1.9771.9781.9791.9801.9811.9821.9831.9841.9851.986
    1.9871.9881.9891.9901.9911.9921.9931.9941.9951.996
    1.9971.9981.9992.0002.0012.0022.0032.0042.0052.006
    2.0072.0082.0092.0102.0112.0122.013

Jaime Vallaure (Asturias, 1965) is a multidisciplinary artist who works with performance, action art, video art and experimental creative projects. He teaches courses on themes related to stage presence, space and the public. He has been one of the two members of Los Torreznos since 1999, appearing at Museo Serralves Oporto, Venice Biennale, and Hot Artic Festival, Kirkenes,

Finland. He co-directs the publishing venture Entreascuas, which has published two works by Isidoro Valcárcel Medina: *2000 d. de J.C.* (2001). and *Intonso* (2011).

Myriam Van Imschoot (Ghent, 1969) is a writer and performance artist based in Brussels, who works with sound and interview archives and has an interest in the performative nature of sonic documents, and the construction of alternative historiographies. Fascinated by the phenomena of long distance communication, she has embarked on a cycle of works that deal with yodelling, crying and waving. Recent works include the videos *Efemeriden* (2012), and *Lift* (2013); the platform for multimodal publication *Oral Site* (2012), and *Yodel Portraits* (ongoing 2013).

Azucena Vieites (Hernani, 1967) is an artist and lives and works in Madrid. Recent exhibitions include: *Tableau Vivant*, Museo Nacional Centro de Arte Reina Sofía, Madrid (2013), and *Fundido encadenado-Break You Nice*, MUSAC, León (2012). She is a co-founder of Erreakzioa-Reacción, a space between art and feminisms, which was conceived 1994 with a will to influence pertinent contexts of reception and production. She currently works as Associate Professor at the Facultad de Bellas Artes, Universidad de Salamanca.

Carla Zaccagnini (Buenos Aires, 1972) is an artist and critic. Group exhibitions in 2012 included *Trienal Poligráfica*, San Juan, Puerto Rico; *You Are Now Entering*, Centre for Contemporary Art, Derry-Londonderry; *9th Shanghai Biennale*, Shanghai; and *Planos de Fuga, uma exposição em obras*, CCBB, São Paulo. Solo exhibitions include *Pelas Bordas*, Galeria Vermelho, São Paulo; *Plano de falla*, Ignacio Liprandi, Buenos Aires; *Imposible pero necesario*, Galería Joan Prats, Barcelona; and *no. it is opposition.*, Art Gallery of York University, Toronto.

BIOGRAFÍAS

Pierre Bal-Blanc es director del CAC Brétigny (Centro de Arte Contemporáneo de Brétigny, Gran París) en Francia, donde coordina desde 2003 el proyecto Phalanstère, una serie de trabajos específicos de artista paralela al programa de residencias y exposiciones del centro. Ha comisariado, entre otras, las exposiciones *La Monnaie vivante – The Living Currency* (STUK, Lovaina; Tate Modern, Londres; Moma, Varsovia; Sexta Bienal de Berlín) y *Draft Score for an Exhibition* (Le Plateau, París; Artissima, Turín; Secession, Viena; Index, Estocolmo).

Koen Brams (Turnhout, 1964) es investigador y autor independiente. Ha sido editor jefe de *De Witte Raaf* (1992-2000) y director de la Jan van Eyck Academie (2000-2011). Junto a Dirk Pültau dirige un proyecto de investigación sobre el arte en Bélgica desde 1945. Últimas publicaciones: *The Encyclopedia of Fictional Artists*, Zúrich, JRP Ringier (2010); *The Clandestine in the Work of Jef Cornelis* (con Dirk Pültau), Argos/De Witte Raaf/Jan van Eyck Academie/Marcelum Boxtareos (2010); *Matt Mullican: Im Gespräch/Conversations* (con Dirk Pültau), Colonia, DuMont (2011).

José Díaz Cuyás (Valencia, 1962). Profesor de Estética en la Universidad de La Laguna. Ha comisariado *Los Encuentros de Pamplona 1972: fin de fiesta del arte experimental*, MNCARS Museo Nacional Centro de Arte Reina Sofía, Madrid (2010), e *Ir y venir de Valcárcel Medina*, Fundació Antoni Tàpies, Barcelona (2002). Desde los años ochenta viene impartiendo conferencias y publicando artículos en catálogos y revistas especializadas. Es director de Acto ediciones y de *Acto: revista de pensamiento artístico contemporáneo* (revista-acto.net).

Juan Domínguez (Valladolid, 1964) es intérprete, coreógrafo, director de escena y comisario. Su trabajo propone la disolución entre la ficción y la realidad. Actualmente se centra en la independencia de las prácticas escénicas y en su impacto en la realidad social. Títulos recientes: *Blue* (2009), *Clean room* (miniserie escénica, 2010), *Ya llegan los personajes* (2011, en colaboración con Los Torreznos). Entre 2003 y 2012 fue el director artístico del Festival In-Presentable (La Casa Encendida, Madrid). Desde 2010 es codirector de Living Room Festival (Madrid/Berlín).

Nuria Enguita Mayo (Madrid, 1967) es miembro del equipo de dirección del programa arteypensamiento de la UNIA, Sevilla, donde desarrolla el programa *Narrativas de Fuga*. Coeditora de *Concreta*, y coeditora de *Afterall*. Directora artística de la Fundació Antoni Tàpies entre 1998 y 2008. De 1991 a 1998 trabajó en el IVAM como conservadora de exposiciones. En 2002 formó parte del grupo comisarial de Manifesta 4, Fráncfort, y en 2011 fue co-curadora del *Encuentro Internacional de Medellín MDE11*.

Jon Mikel Euba (Amorebieta, 1967) es artista y vive en Bilbao. Sus exposiciones individuales incluyen *PRIMER PROFORMA 2010. BADIOLA EUBA PREGO*, MUSAC, León (2010) y *Kill 'em all + Fiesta 4 Puertas*, Fundació Antoni Tàpies, Barcelona (2003). Ha participado en Manifesta 4, Fráncfort (2002), Bienal de Estambul (2005), Bienal de Busan (2004), Bienal de Venecia (2003). Sus performances se han presentado en de Appel arts centre y Stedelijk Museum Bureau, Ámsterdam (2008), Project Arts Centre, Dublín (2009), Museo Van Abbe, Eindhoven, dentro de If I Can't Dance, Edition III– Masquerade (2010), y Valparaíso In(ter)venciones, Valparaíso (2008–2010).

Esther Ferrer (Donostia-San Sebastián, 1937) es artista y reside en París. En 1967 realizó su primera performance, práctica efímera que constituirá el hilo conductor de su obra. Su producción incluye objetos, fotografías y sistemas basados en series de números primos. En 1967 se incorporó a ZAJ, fundado en 1964 por Ramón Barce, Juan Hidalgo y Walter Marchetti y disuelto en 1996. En 2008 recibió el Premio Nacional de Artes Plásticas y en 2012 el Gure Artea del Gobierno Vasco.

Dora García (Valladolid, 1965) utiliza medios diversos como la performance, el vídeo, el texto o la instalación. Con frecuencia las piezas de García ponen en escena guiones sin texto que generan dudas sobre la naturaleza ficticia o espontánea de una situación dada. Un conjunto predeterminado de normas de intervención o el empleo de aparatos de grabación delimitan las formas conscientes e inconscientes de participación de los espectadores. Dora García ha expuesto en solitario, entre otros centros, en Index, Estocolmo (2011), y Kunsthalle Bern (2010). También ha participado en dOCUMENTA 13 (2012), Bienal de Venecia (2011) y Bienal de São Paulo (2010).

Moosje Goosen (Bergen op Zoom, 1980) es una autora que vive y trabaja en Róterdam, Países Bajos. Ha escrito ficción, ensayos y crítica de arte en diversas publicaciones sobre arte y artistas, y colabora, entre otras instituciones, con la Uqbar Foundation. En la investigación que realiza actualmente acerca de los miembros fantasma del cuerpo, se propone "mirar" mediante la escritura especulativa a la materia ausente y a-visual.

Isaías Griñolo (Bonares, 1963). Artista, vive y trabaja en Sevilla, Huelva y Badajoz. Miembro de la PRPC (Plataforma de Reflexión sobre Políticas Culturales), trabaja en proyectos sobre memoria, ecología, economía, poesía y arte como *Asuntos Internos. La Cultura como cortina de humo*; *Desmemoria. 14 documentos sobre un lugar de olvido* y *Escombros: imágenes, relatos y discursos de las prácticas ecologistas*, sobre las relaciones entre flujos financieros y territorio. Desde 2006, colabora en *Sobre capital y territorio* (programa arteypensamiento de la UNIA, Sevilla).

Grupo de Estudos em Arte Conceitual e Conceitualismos (GEACC), MAC USP está compuesto por alumnos de grado y postgrado orientados por la profesora Cristina Freire. Vinculado al CNPq (Consejo Nacional de Investigación), es un laboratorio para la elaboración de una historia crítica del arte a partir de la colección del Museu de Arte Contemporânea da Universidade de São Paulo, MAC USP. Participan en este proyecto Adriana Palma, Heloísa Louzada, Douglas Romão, Emanuelle Schneider Atania, Carolina Castanheda Moura, Eduardo Akio Shoji y Jonas Pimentel.

Miren Jaio (Bermeo, 1968) es crítica de arte. Desde 2010 es miembro de la oficina de arte y conocimiento Bulegoa z/b junto con Beatriz Cavia, Isabel de Naverán y Leire Vergara. En la actualidad realiza su tesis doctoral en el Departamento de Historia del Arte de la Universidad del País Vasco, EHU/UPV.

Manuel Martínez Ribas (Barcelona, 1965) es abogado especializado en derecho sobre Propiedad Industrial e Intelectual y Tecnologías de la Información. En 1991 cofunda un despacho de abogados, donde ha desarrollado una amplia experiencia en transacciones jurídicas y procedimientos contenciosos sobre derechos de autor, ordenadores, protección de datos e intimidad y comercio electrónico, incluyendo *phishing*, responsabilidad social corporativa, computación forense y programas de código abierto y asesoría a desarrolladores de código, artistas y otras entidades creativas. Tiene experiencia como intérprete de música.

Emilio Moreno (Ávila, 1980) es artista. Recientemente, su obra ha llegado al público a través de la exposición individual *Abridged* (South African National Gallery, Ciudad del Cabo, 2012) y de los proyectos colectivos *The Autonomy Project*, Van Abbemuseum/Onomatopee, Eindhoven (2011), *The Grand Domestic Revolution*, Casco, Utrecht (2011-2012) y *Un sistema hechizado*, Centro de Arte Dos de Mayo, Móstoles (2012).

Aimar Pérez Galí (Barcelona, 1982) trabaja en el campo de las artes escénicas y performáticas. Formado como intérprete de danza contemporánea en la Escuela Superior de Artes de Ámsterdam (AHK), actualmente cursa el Programa de Estudios Independientes del MACBA. Trabaja internacionalmente con Xavier Le Roy y Nicole Beutler, desarrolla su propio trabajo como creador, investigador y pedagogo y es responsable de Espacio Práctico.

Esteban Pujals Gesalí (Madrid, 1952) es poeta (*Blanco nuclear*, 1986; *Juegos de artificio*, 1987; *La cólera del caracol*, inédito) y traductor (T.S. Eliot, *Cuatro cuartetos*, 1990; John Ashbery, *Galeones de abril*, 1994; Gertrude Stein, *Botones blandos*, 2011; Lyn Hejinian, *Mi vida*, 2011). Enseña literatura inglesa y estadounidense (Universidad Autónoma de Madrid) y es autor, entre otras publicaciones, de dos ensayos sobre la obra de Isidoro Valcárcel Medina: "La medida de lo posible: Vida y obra de Isidoro Valcárcel Medina", en el catálogo de la exposición *Ir y venir*, Fundació Antoni Tàpies, Barcelona, 2002, y "Valcárcel Medina's Constellations" (*Afterall*, núm. 26, 2011).

Pedro G. Romero (Aracena, 1964) desarrolla su trabajo como artista desde 1985. Forma parte de la PRPC (Plataforma de Reflexión sobre Políticas Culturales) en Sevilla y es miembro del equipo de contenidos del programa arteypensamiento de la UNIA, Sevilla. Desde 2007 ha dirigido el proyecto *De rasgos árabes* (Buenos Aires, São Paulo, Santiago de Chile, San Salvador y México DF). Desde finales de los noventa trabaja en el *Archivo F.X.* (http://www.fxysudoble.org/) y *Máquina P.H.*

Isidoro Valcárcel Medina
21-12-1.9371.9381.9391.9401.9411.9421.9431.9441.9451.946
    1.9471.9481.9491.9501.9511.9521.9531.9541.9551.956
    1.9571.9581.9591.9601.9611.9621.9631.9641.9651.966
    1.9671.9681.9691.9701.9711.9721.9731.9741.9751.976
    1.9771.9781.9791.9801.9811.9821.9831.9841.9851.986
    1.9871.9881.9891.9901.9911.9921.9931.9941.9951.996
    1.9971.9981.9992.0002.0012.0022.0032.0042.0052.006
    2.0072.0082.0092.0102.0112.0122.013

Jaime Vallaure (Asturias, 1965). Artista multidisciplinar, trabaja con la performance, el arte de acción, el videoarte y los proyectos de experimentación creativa. Imparte cursos vinculados a la presencia escénica en relación con el espacio y el público. Es componente del dúo Los Torreznos desde 1999, donde desarrolla piezas presenciales (Museo Serralves, Oporto; Bienal de Venecia; Hot Artic Festival, Kirkenes, Finlandia). Codirige la editorial Entreascuas, donde ha publicado dos trabajos de Isidoro Valcárcel Medina: *2000 d. de J.C.* (2001) e *Intonso* (2011).

Myriam Van Imschoot (Gante, 1969) es escritora y artista de performance radicada en Bruselas; trabaja con archivos de sonido y de entrevistas y se interesa por la naturaleza performativa de los documentos sonoros y la construcción de historiografías alternativas. Fascinada por el fenómeno de la comunicación a larga distancia, ha iniciado un ciclo de obras en torno al yódel, el grito y el saludo con la mano. Obras más recientes: los vídeos *Efemeriden* (2012) y *Lift* (2013), la plataforma de publicación multimodal Oral Site (2012) y *Yodel Portraits* (2013, en curso). myriamvanimschoot.wordpress.com

Azucena Vieites (Hernani, 1967). Vive y trabaja en Madrid. Artista. Entre sus últimas exposiciones se encuentran: *Tableau vivant*, MNCARS Museo Nacional Centro de Arte Reina Sofía, Madrid (2013) y *Fundido encadenado – Break You Nice*, MUSAC, León (2012). Cofundadora de Erreakzioa-Reacción, un espacio entre el arte y los feminismos que surge en 1994 desde una voluntad de incidir en los contextos de recepción y producción propios. En la actualidad trabaja como profesora asociada en la Facultad de Bellas Artes de la Universidad de Salamanca.

Carla Zaccagnini (Buenos Aires, 1972) es artista y crítica. En 2012 participó en las colectivas *Trienal Poligráfica* (San Juan, Puerto Rico), *You Are Now Entering* (Centre for Contemporary Art, Derry–Londonderry), *9th Shanghai Biennale* (Xangai, China) y *Planos de Fuga, uma exposição em obras* (CCBB–SP), entre otras. Sus exposiciones individuales incluyen *Pelas Bordas* (Galeria Vermelho, São Paulo), *Plano de falla* (Ignacio Liprandi, Buenos Aires), *Imposible pero necesario* (Galería Joan Prats, Barcelona); y *no. it is opposition.* (Art Gallery of York University, Toronto).

This publication is conceptualized and produced by If I Can't Dance, I Don't Want To Be Part Of Your Revolution in collaboration with Bulegoa z/b. It is the pendant of *18 pictures and 18 stories*, a touring performance project in the frame of If I Can't Dance's Performance in Residence series.

The publication is co-produced by Bulegoa z/b, Bilbao; If I Can't Dance, I Don't Want To Be Part Of Your Revolution, Amsterdam; the Museu de Arte Contemporânea da Universidade de São Paulo (MAC USP); and Tate Modern, London (as part of BMW Tate Live).

The performance tour of *18 pictures and 18 stories* is co-produced by BNV Producciones, Seville; Bulegoa z/b, Bilbao; CAC Brétigny, Greater Paris; If I Can't Dance, I Don't Want To Be Part Of Your Revolution, Amsterdam; Museu de Arte Contemporânea da Universidade de São Paulo (MAC USP); Playground Festival in STUK/Museum M, Leuven; Fundació Antoni Tàpies, Barcelona; Tate Modern, London (as part of BMW Tate Live); and Het Veem Theater, Amsterdam.

The publication and the performances are realized with the support of Corpus, a network for performance practice, financed by the European Union. Corpus is If I Can't Dance, I Don't Want To Be Part Of Your Revolution, Amsterdam; Playground Festival at STUK arts centre/Museum M, Leuven; Tate Modern, London (as part of BMW Tate Live), and associated partners Bulegoa z/b, Bilbao; CAC Brétigny, Greater Paris; and The Kitchen, New York.

This publication reflects the views only of the author, and the European Commission cannot be held responsible for any use which may be made of the information contained therein.

Concepción y producción de esta publicación por If I Can't Dance, I Don't Want To Be Part Of Your Revolution en colaboración con Bulegoa z/b. La publicación acompaña a *18 fotografías y 18 historias,* un proyecto itinerante de performances dentro del programa Performance in Residence de If I Can't Dance.

Publicación coproducida por Bulegoa z/b, Bilbao; If I Can't Dance, I Don't Want To Be Part Of Your Revolution, Ámsterdam; Museu de Arte Contemporânea da Universidade de São Paulo (MAC USP); y Tate Modern, Londres (como parte de BMW Tate Live).

La gira de performances de *18 fotografías y 18 historias* ha sido coproducida por BNV Producciones, Sevilla; Bulegoa z/b, Bilbao; CAC Brétigny, Gran París; If I Can't Dance, I Don't Want To Be Part Of Your Revolution, Ámsterdam; Museu de Arte Contemporânea da Universidade de São Paulo (MAC USP); festival Playground del centro de arte STUK/Museum M, Lovaina; Fundació Antoni Tàpies, Barcelona; Tate Modern, Londres (como parte de BMW Tate Live); y Het Veem Theater, Ámsterdam.

La publicación y las performances se realizan con el apoyo de Corpus: a network for performance practice, red financiada por la Unión Europea. Constituyen Corpus las siguientes instituciones: If I Can't Dance, I Don't Want To Be Part Of Your Revolution, Ámsterdam; festival Playground del centro de arte STUK/Museum M, Lovaina y Tate Modern, Londres (como parte de BMW Tate Live). Bulegoa z/b, Bilbao; CAC Brétigny, Gran París; y The Kitchen, Nueva York, son miembros asociados.

Esta publicación refleja únicamente
las opiniones de sus autores; la Comisión
Europea no asume ninguna
responsabilidad por el uso que pueda
darse a la información que contiene.

Performance in Resistance
Isidoro Valcárcel Medina
Photography by Rocío Areán Gutiérrez

18 pictures and 18 stories
Editors
Tanja Baudoin
Frédérique Bergholtz
Miren Jaio

Contributors
Pierre Bal-Blanc, Koen Brams, José Díaz Cuyás, Juan Domínguez, Nuria Enguita Mayo, Jon Mikel Euba, Esther Ferrer, Dora García, GEACC—Grupo de Estudos em Arte Conceitual e Conceitualismos no Museu, Moosje Goosen, Isaías Griñolo, Miren Jaio, Manuel Martínez Ribas, Emilio Moreno, Aimar Pérez Galí, Esteban Pujals Gesalí, Pedro G. Romero, Isidoro Valcárcel Medina, Jaime Vallaure, Myriam Van Imschoot, Azucena Vieites, Carla Zaccagnini

Design
Filiep Tacq

Spanish language editor and Spanish translator
Fernando Quincoces

English language editor
Janice McNab

Spanish-English translators
Toni Crabb
Bureau Translations (text by Juan Domínguez)

French-English translator
Paula Cook

Portuguese translators
Marcia Macedo and Bureau Translations (text by GEACC from MAC USP)
Aurea Dal Bó Traduções S/C Ltda (text by Carla Zaccagnini)

Print
Artes Gráficas Lorea
Printed in the EU

Published by
If I Can't Dance, I Don't Want To Be Part Of Your Revolution

Distribution
Idea Books
Belleza Infinita (Spain)

© Authors, artists, If I Can't Dance, I Don't Want To Be Part Of Your Revolution, 2013

All rights reserved. No part of this book may be reproduced in any form without written permission by the publisher.

We thank all copyright owners for their kind permission to reproduce their material. Should, despite our intensive research, any person entitled to rights have been overlooked, legitimate claims shall be compensated within the usual provisions.

ISBN 978-90-814471-2-6

Performance in Resistance
Isidoro Valcárcel Medina
Fotografía de Rocío Areán Gutiérrez

18 fotografías y 18 historias
Editoras
Tanja Baudoin
Frédérique Bergholtz
Miren Jaio

Autores
Pierre Bal-Blanc, Koen Brams, José Díaz Cuyás, Juan Domínguez, Nuria Enguita Mayo, Jon Mikel Euba, Esther Ferrer, Dora García, GEAAC—Grupo de Estudos em Arte Conceitual e Conceitualismos no Museu, Moosje Goosen, Isaías Griñolo, Miren Jaio, Manuel Martínez Ribas, Emilio Moreno, Aimar Pérez Galí, Esteban Pujals Gesalí, Pedro G. Romero, Isidoro Valcárcel Medina, Jaime Vallaure, Myriam Van Imschoot, Azucena Vieites, Carla Zaccagnini

Diseño
Filiep Tacq

Edición de textos en castellano y traducciones al castellano
Fernando Quincoces

Edición de textos en inglés
Janice McNab

Traducciones castellano-inglés
Toni Crabb
Bureau Translations (texto de Juan Domínguez)

Traducción francés-inglés
Paula Cook

Traducciones del portugués
Marcia Macedo y Bureau Translations (texto del GEAAC en el MAC USP)
Aurea Dal Bó Traduções S/C Ltda (texto de Carla Zaccagnini)

Impresión
Artes Gráficas Lorea
Printed in the EU

Editor
If I Can't Dance, I Don't Want To Be Part Of Your Revolution

Distribución
Idea Books
Belleza Infinita (España)

© autores, artistas, If I Can't Dance, I Don't Want To Be Part Of Your Revolution, 2013

Reservados todos los derechos. Ninguna parte de este libro puede ser reproducida por medio alguno sin la autorización escrita del editor.

Damos las gracias a todos los titulares de copyright por su amable autorización para reproducir los materiales. Si a pesar de nuestras gestiones para su localización hubiese algún titular de derechos no reconocido, se atenderán sus legítimas reclamaciones conforme a las disposiciones al uso.

ISBN 978-90-814471-2-6

If I Can't Dance,
I Don't Want To Be Part
Of Your Revolution

Westerdok 606–608
1013 BV Amsterdam
The Netherlands
Tel. +31 (0)203378711
info@ificantdance.org
www.ificantdance.org

Director
Frédérique Bergholtz

Financial Director
Hans Schamlé

Curators
Tanja Baudoin
Vivian Ziherl

Communications
Marcel van den Berg

If I Can't Dance is an association dedicated to exploring the evolution and typology of performance and performativity in contemporary art. If I Can't Dance develops, produces and presents projects with artists, curators, and researchers on the basis of long term collaborations. These projects are presented (inter)nationally through a network of partner institutions.

If I Can't Dance is financially supported by the Amsterdam Fund for the Arts, the City of Amsterdam, the Mondriaan Fund and co-funded by the European Union.

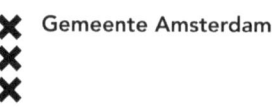

This publication reflects the views only of the author, and the European Commission cannot be held responsible for any use which may be made of the information contained therein.

If I Can't Dance,
I Don't Want To Be Part
Of Your Revolution

Westerdok 606–608
1013 BV Amsterdam
Países Bajos
Tel. +31 (0)203378711
info@ificantdance.org
www.ificantdance.org

Directora
Frédérique Bergholtz

Director financiero
Hans Schamlé

Comisarias
Tanja Baudoin
Vivian Ziherl

Comunicación
Marcel van den Berg

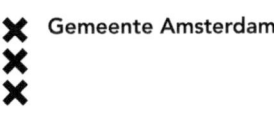

If I Can't Dance es una asociación dedicada a explorar la evolución y tipología de la performance y la performatividad en el arte contemporáneo. If I Can't Dance desarrolla, produce y presenta proyectos con artistas, comisarios e investigadores en el marco de colaboraciones a largo plazo. Dichos proyectos se presentan (inter)nacionalmente a través de una red de instituciones asociadas.

If I Can't Dance recibe apoyo económico del Amsterdam Fund for the Arts, de la Ciudad de Ámsterdam, del Mondriaan Fund y de fondos de la Unión Europea.

Esta publicación refleja únicamente las opiniones de sus autores; la Comisión Europea no asume ninguna responsabilidad por el uso que pueda darse a la información que contiene.